전문코치를 위한

ICF 8가지 코칭핵심역량

도미향, 김두연, 유충열, 최동하, 황현호 공저

신정

머리말

코칭이 한국에 들어온 지가 어언 20여 년이 흘렀다. 이제 코치(coach)와 코칭(coaching)은 한국뿐만 아니라 전 세계 모든 사람들의 관심의 대상이 되고, 성장 가능성이 큰 사업 분야로 부상하게 되었다.

코칭은 개인과 조직의 목표 실현을 서포트하는 시스템으로서 외부로부터 문제해결에 대한 도움을 받기보다는 조직 내부와 개인의 내적 잠재역량을 발견하고 성장시켜 스스로 문제를 해결하는 역량을 키워 주는 것이다. 이러한 코칭은 조직 차원에서 비즈니스 코칭, 리더십코칭, 커리어 코칭뿐만 아니라 라이프 코칭, 학습 코칭, 독서 코칭 그리고 대상별로 부모, 아동, 청소년, 실버코칭 등으로 활발하게 확산되고 있다. 또한 여러 대학에서 코칭 관련학과 대학원 석·박사 과정이 개설되고, 교양 과목 혹은 정규 교과목이 개설되고 있으며, 또한 석·박사 학위 논문뿐만 아니라 코칭관련 논문들이 코칭연구 등의 저널을 통해 발표되고 있다.

이처럼 여러 분야에서 상호작용과 시너지효과, 양방향 의사소통이 강조되면서 코칭이 새로운 비전과 변화를 주는 효율적인 대안으로 등장하고 있다. 그리고 코칭능력이 직원들의 직무역량 개발을 촉진하고, 전략적인 목표를 달성하게 하며, 일터를 변혁시킨다는 것을 인지하는 조직이 점차 늘어나고 있다. 이러한 추세 속에 점점 더 많은 개인과 조직이 코칭을 채택함에 따라 코칭 기술 및 접근 방식의 사용은 전문적으로 훈련된 코치 프랙티셔너(coach practitioners)뿐만 아니라 직장 내 상호 작용에서도 코칭역량을 적용하는 매니저, 리더, HR 및 인재 개발 전문가가 점점 늘어나고 있다.

이에 코치는 전문코치로써의 역량을 잘 갖추는 것이 우선되어야 하며 그 핵심 요소를 정확히 이해하는 것이 중요하다. 고객과 나누는 대화는 일반대화와 달리 전문적인 커뮤니케이션 스킬을 활용한 대화이기 때문에 전문코치가 되려고 하거나 전문코치로서의 역량을 강화하려는 경우 핵심 코칭역량의 개념과 내용을 이해하고 실제적 적용 연습을 해야 한다. 그럼에도 불구하고, 전문 코치의 코칭역량을 배가하기 위한 지침서와 초보코치와 일반인이 코칭역량을 두루 이해하기 위한 전문서, 대학에서의 코칭역량에 대한 교재로 사용할 교재는 부족한 상황이다. 특히 한국의 많은 코치들은 한국코치협회와 한국코칭학회에서 강조하는 역량들을 코치의 기본으로 배우고 이해하고 있으나 ICF에서 전달하고자 하는 핵심역량 내용에 대한 이해도가 다소 부족하거나 친숙하지 않고, 잘 전달받지 못하는 경우도 있다. 이는 영어를 한국어로 번역하여 전달함에 따라 다소 이해의 측면에서 모호하고 한국적 정서에도 그대로 적용하기에는 애매한 점 때문이기도 하다.

이 책은 이러한 맥락에서 전문 코치들에게 코칭핵심역량을 좀 더 정확하게, 심도 깊게 이해시키고자 국제코칭연맹(International Coaching Federation: ICF) 코리아챕터에서 마음을 모아 시작하게 되었으며, ICF 코리아챕터 이사를 중심으로 책의 집필을 담당하게 되었다. 또한 본서는 ICF에서 제시하는 최근 업데이트된 8가지 핵심역량을 중점으로 다루고 있어 전 집필진이 MCC 혹은 PCC 자격을 보유하고 있으며, 대학에서 코칭 관련 과목을 강의하는 교수로 한정하였다.

이 책은 크게 2부로 구성되어 있다. 1부 코칭역량의 기초 편에서는 코칭역량의 기본적인 내용을 이해하기 위하여 코칭역량의 개념과 구성요소, 코칭의 본질과 패러다임, 코칭의 환경과 대화모델 그리고 최근 업데이트된 핵심역량의 배경과 동향, 코칭핵심역량의 신구비교에 대하여 살펴보았다.

2부에서는 코칭핵심역량의 실제로 8가지 핵심역량을 중심으로 살펴보았다. 기초세우기로 '역량 1. 윤리적 실천을 보여준다. 2. 코칭 마인드셋을 구현한다.'에 관해, 관계의 공동 구축을 위해 '역량 3. 합의를 도출하고 유지한다. 4. 신뢰와 안전감을 조성한다. 5. 프레즌스를 유지한다.'에 대해 살펴보았다. 그리고 효과적으로 의사소통하기를 위해 '역량 6. 적극적으로 경청한다. 7. 알아차림을 불러일으킨다.'를, 학습과 성장 북돋우기를 위해 '역량 8. 고객의 성장을 촉진한다.'에 관해 다루었다. 핵심역량 1~8까지의 내용은 역량의 정의, 실행 지침 및 역량 실천을 위한 주안점, 실제 코칭사례 등을 중심으로 제시하였다.

1, 4장은 도미향 교수, 2, 10장은 유충열 교수, 3, 7장은 최동하 교수, 5, 6, 12장은 김두연 교수, 8, 9, 11장은 황현호 교수가 맡아 집필하였다. 그리고 저자들은 8가지 코칭 '핵심역량'의 정의와 실행 지침은 ICF 코리아챕터에서 ICF 본부의 승인을 받은 한글본을 그대로 사용하여 제시하였고, 〈부록〉에서 제시한 '코칭윤리'와 '팀 핵심역량'도 ICF로부터 한글본 번역을 승인받고, 그 내용을 제시하였다. 본 저자들은 ICF 본부가 제시하는 코칭역량을 최대로 원래의 의미대로 독자들에게 전달하고자 노력하였으며 특히 현장에서 코칭을 진행할 때도 응용이 가능하도록 가이드를 주고자 노력하였다.

영어로 된 '코치(coach)'와 '코치이(coachee)'의 용어는 어떻게 번역할 것인가에 관해 고심을 하였다. '코치'는 '코치'그대로 사용하지만 '코치이'를 그대로 사용할 경우 발음상 혼동되는 부분도 있어 '고객'으로 통일하기로 하였다. 또한 각 장마다 생각할 문제를 제공하여 각 장에서 다루었던 내용에 관해 다시 검토하고 논의하고 연습할 수 있도록 하였다.

본 저자들은 공통 집필 과정에서도 여러 번 코로나 19 상황으로 온라인 화상 회의를 통해 목차와 내용을 검토하면서 집필 방향의 일관된 관점을 잃지 않도록 의견 교환과 원고의 교정을 거치며 조율하려고 노력하였다. 그럼에도 불구하고 기본적으로 코칭의 핵심역량에 관한 연구 역사가 짧아 선행 연구를 참조하여 집필하기에는 한계가 있었다. 향후 연구가 축적되면 더 알찬 책으로 거듭날 것임을 믿고 독자들의 양해를 구하며, 이 책이 보완될 수 있도록 코칭에 관심 있는 분들의 따뜻한 애정과 피드백을 부탁드린다.

국제코칭연맹 코리아챕터와 한국코치협회는 한국에서 2003년 설립되어 이제 20여 년이 다 되어 간다. 한국의 짧은 코칭 역사 속에 그동안 코치의 양성과 역량개발 등에 온 힘을 쏟고, 코칭의 저변 확대에 총력을 기울여 왔다. 특히 국제코칭연맹 코리아챕터는 2020년 전 세계 우수챕터상을 수상함으로써 한국의 코칭을 전 세계에 알리고 한국코칭의 역사에서 길이 남을 엄청난 성과를 거두었다. 앞으로도 ICF코리아챕터와 한국코치협회, 한국코칭학회 등 코칭계를 이끄는 대표적 기관들이 계속 성장하고 코칭을 사랑하는 모든 코치들이 우리사회의 지속성장 가능한 의미 있는 일에 함께 하고 코칭문화를 확장시켜 나가기를 기대해 본다. 또한 코로나 19 속에 힘든 사회구성원들에게 코치들이 코칭역량을 발휘하여 좀 더 따듯한 사회를 만들어 나가는 데 더욱 크게 기여하고, 코치들도 지치지 않고 자기계발 및 역량개발을 통해 앞으로 나아가기를 바란다.

이 책의 출간을 위해 지난 2년 동안 심혈을 기울여준 ICF 코리아챕터 김두연 고문님, 황현호 부회장님, 유충열 이사님, 최동하 교수님께도 깊은 감사를 드린다. 또한 이 책이 지닌 의미에 뜻을 같이 하셔서 기꺼이 출간을 맡아 주신 신정출판사 최용구 대표님께도 감사를 드린다.

이 책을 읽은 독자가 코칭역량을 더 잘 이해하고 훌륭한 코칭역량을 갖춘 코치로 날마다 멋지게 성장하기를 기대한다.

국제코칭연맹 코리아챕터 회장
전 한국코칭학회 회장
저자 대표 도미향

추천사

▌(사)한국코치협회
회장 강용수

한국코치협회(KCA)가 설립된지는 18년이 되었고, 미국의 국제코칭연맹(ICF)은 26년이 되었다. 그동안 코칭은 현대 사회에 매우 긍정적인 영향을 미치면서 발전해왔고 학계와 코칭 전문가들은 효과적인 코칭 방법론을 지속적으로 개발하고 있다. 그로 인해 이제 코칭은 삶의 모든 부분에서 사용되는 지혜의 도구로 자리매김을 하고 있으며 직업적 위상도 점점 높아지고 있다. 동시에 직업적 전문성의 품질도 함께 제고되어야 하는 과제도 생겨나고 있다.

국제코칭연맹(ICF)은 창립 초기에 제정한 11가지 핵심역량을 전 세계 코치들과 공유해왔고 2020년에 8가지 핵심역량으로 개정을 완료해서 배포하고 있으며, 한국코치협회(KCA)도 2019년부터 그간의 경험을 토대로 한국인의 정서에 맞는 코칭핵심역량을 자체적으로 개발하여 KCA코칭역량모델을 완료했다. 코칭이 한층 더 전문적인 차원에서 도움을 주는 서비스로 인정받기 위해서는 이름만 코칭이라고 붙여서 제공하는 서비스와는 다른 차별적이고 고유한 전문 역량이 확보되어야 한다. 이런 차원에서 소위 코칭핵심역량이 최근에 새롭게 개정되고 있는 것은 그 전문성을 더욱 공고히 하기 위해 꼭 필요한 과정이라고 할 수 있다.

국제코칭연맹(ICF) 코리아챕터의 도미향 회장과 네 명의 전문코치들이 새롭게 제정된 8가지 핵심역량을 기반으로 해설서를 펴낸 것은 코치들에게 매우 반가운 일이 아닐 수 없다. 전 세계 코칭의 기준을 제시하고 주도하는 국제코칭연맹

(ICF)의 개정 의도와 자세한 내용을 알게 된다는 것은 향후 코칭역량의 발전 방향을 이해하는 것이기 때문이다. 향후 코치들은 이러한 핵심역량의 내용을 토대로 각자의 코칭 역량을 향상시킬 것이며, 활동하는 영역에 맞게 응용하여 적용할 것이다. 이러한 노력들로 인해 코치들의 전문 서비스 품질은 더욱 높아질 것이며 전술한 유사 영역들과의 차별성이 명확해 지면서 전문 직업으로 빠르게 자리매김할 것이다.

한국코치협회(KCA)는 현재 민간자격인 코치자격의 국가공인화를 추진하고 있는데 이것 역시 코칭의 직업적 위상을 확고히 하고자 하는 노력으로서 코치들의 역량 제고를 촉진하게 될 것이다. 역량이란 그 역량이 있는 사람과 없는 사람이 확연히 구별될 수 있는 것이라야 한다. 특히 코칭 서비스를 받는 고객이 그것을 알 수 있어야 전문 직업으로 인정받는 것이다. 따라서 전문코치라면 이 코칭핵심역량을 필수적으로 마스터해야 하며 완전히 자기 것이 될 수 있도록 끊임없이 노력해야 한다. 전문가의 길이 쉽지 않은 것은 코칭도 마찬가지일 것이다.

그동안 대학원 강의와 전문코치 육성을 통해 이러한 어려움을 잘 알고 있는 다섯 분의 코치님들이 코칭핵심역량을 친절한 설명과 함께 알기 쉽게 풀어주셔서 매우 다행스럽고 감사드리는 바이다.

어려운 것을 알기 쉽게 안내해 주는 것만큼 고마운 일도 드물다. 이 책은 전문코치와 코칭 관련 전공자들에 이르기까지 코칭역량을 키우고 싶은 사람이라면 반드시 읽고 학습해야 할 책이다. 아무쪼록 우리나라 코치들의 코칭역량이 세계적인 수준을 넘어 세계를 선도하는 위치에 올라서길 바라며 응원의 박수를 보낸다.

추천사

❙ 한국코칭학회
회장 김응자

코칭은 성장과 발전하려는 의지가 있는 개인과 조직의 잠재력을 최대로 이끌어 개인과 조직이 원하는 성과, 성취, 성공, 행복을 이룰 수 있도록 돕는 과정이다. 코칭을 하는 사람은 코치이고, 코칭을 받는 사람은 고객이다. 코치는 고객이 원하는 목표를 이룰 수 있도록 서포트하는 파트너라고 볼 수 있다. 이러한 코치에게 강조되는 것은 코치가 개인과 조직의 내면의 잠재력과 동기를 이끌어 가능성으로 연결할 수 있는 역량을 가지고 있는가에 있다. 역량이란 전문가가 갖추어야 할 지식, 기술, 태도를 의미한다. 코칭 전문가로서 코치는 코칭의 정의 및 철학에 이해가 깊고, 코칭을 가능하도록 하는 코칭의 기술을 연마해야 하며, 무엇보다 전문가로서의 태도와 윤리를 갖춰야 한다.

우리나라에 코칭이 들어온 초창기에는 코칭이론이 유사학문과 비교되면서 코칭의 정체성을 갖기에 혼돈이 있었다. 이에 한국코칭학회는 2005년 설립하며 코칭의 학문적 근거 및 코칭의 기술을 정립했으며, 현재는 코치로서의 역량을 갖출 수 있도록 연구에 매진하고 있다. 이때 주축이 되었던 전임회장인 도미향 회장을 비롯한 교수진이 코칭역량 책을 발간한다는 소식을 듣고 반가움에 박수를 보냈다. 이 책의 목차와 내용을 보면서 우리 학회가 그동안 노력하고 세우려고 했던 코칭 역량의 이론적 근거에 실제를 ICF 8가지 핵심역량을 중심으로 기술되어 읽는 독자로 하여금 이해도와 적용력을 높일 수 있을 것에 대한 기대감이 생겼다.

이 책은 전문적으로 활동하는 코치에게는 자신을 돌아보고, 기존에 학습된 코칭에 대한 이론과 실제의 경험을 토대로 형성된 패러다임을 파악하고 새로운 패러다임으로의 전환의 기회를 제공할 것이며, 이제 코칭에 관심을 갖고 코치가 되고자 하는 예비코치들에게는 기초단계에서 이론과 이론을 적용한 실제 사례 중심의 예시를 통해 한 단계 한 단계 올라갈 수 있는 체계를 마련해 줄 것이라 사료된다. 이에 이 책은 코치가 소장하고 지속적으로 도움을 받아야 하는 교과서와 같은 역할을 할 것이며, 코치로서의 학문적, 실천적 발전과 성장을 높일 수 있을 것이라 기대한다.

차례

Part 02 코칭핵심역량의 실제

Chapter 05 코칭핵심역량 1: 윤리적 실천을 보여준다 / 124

Chapter 06 코칭핵심역량 2: 코칭 마인드셋을 구현한다 / 144

Chapter 08 코칭핵심역량 4: 신뢰와 안전감을 조성한다 / 196

Chapter 09 코칭핵심역량 5: 프레즌스를 유지한다 / 214

Chapter 12 코칭핵심역량 8: 고객의 성장을 촉진한다 / 282

부록

1부

코칭역량의 기초

1장

코칭역량의 개념과 구성요소

코칭은 개인의 변화와 성장을 위해 현재를 탐구하고 미래를 계획하며 개인 및 조직의 잠재력을 극대화시키는 파트너십 과정이다. 이러한 코칭은 짧은 역사 속에서도 괄목할 만한 성과를 다양한 분야에서 드러내고 있으며, 코치가 역량을 갖추고, 전문코치로써 활동을 하고 있다. 이러한 코치가 전문성을 드러내고 코칭의 성과를 극대화하기 위해서 갖추어야 할 코칭역량들이 있다. 이에 관해서 전 세계 코칭계의 가장 큰 코칭연합체인 국제코칭연맹(ICF)에서는 코칭의 핵심역량을 최근 8가지로 변경하여 제시하였다.

이에 본장에서는 코칭에 대한 다양한 정의와 타 용어와의 비교를 통해 코칭의 개념과 추세를 살펴보고, 코칭역량의 정의와 코칭역량의 구성요소를 기존 선행연구 및 ICF의 코칭핵심역량을 중심으로 살펴보고자 한다.

1. 코칭의 개념

1) 코칭에 관한 다양한 정의

코칭(coaching)은 현대적 개념으로서 코치(coach)라는 말에서 파생되었는데, 코치는 1500년대 초 현재 여기에(here & now) 있는 사람들을 그들이 가고자 하는 곳으로 이동시켜 주는 운송수단으로서의 말(馬)을 지칭하는 용어였다(이소희 외, 2014).

코치(coach)의 어원은 헝가리의 도시 코치(Kos)에서 개발된 네 마리의 말이 끄는 마차에서 유래한다. 전 유럽으로 퍼진 이 마차는 코치(Kocsi) 또는 콧지(Kotdzi)라는 명칭으로 불렸으며 영어로는 코치(coach)다. 코치는 훈련(training)의 어원인 기차(train)와 대비하여 코칭의 특성을 잘 설명한다. coach는 현재 승객이 있는 지점에서 출발하여 원하는 목적지까지 데려다주는 개별 서비스인 데 반해 train(훈련)은 승객이 역까지 가서 승차한 후 다른 사람들과 함께 같은 속도와 경로로 정해진 종착지에서 하차해야 하는 집단 서비스이다. 즉, 코칭은 코치가 목표를 정하고 끌어가는 것이 아니라, 고객이 스스로 목표를 정하고 그 목표를 성취할 수 있도록 코치가 지지하는 과정이다(도미향 외, 2007).

코칭은 개인의 변화와 성장을 위해 현재를 탐구하고 미래를 계획하며 잠재력을 극대화시켜 삶을 주도적으로 이끄는 리더로 성장시키는 파트너십 과정으로, 누구나 구성원들에게 대화를 통해서 역량개발과 동기를 부여하고, 자발적으로 일을 할 수 있도록 지원하고 격려하며 수시로 피드백하여 주는 것이다. 따라서 코칭을 한마디로 정의해 보면 목표를 지향하는 행동으로(Grant & Cavanagh, 2011), 코칭은 보는 시각에 따라 다양하게 정의되고 있다(도미향 외, 2006).

한편 국제코칭연맹(ICF)은 코칭을 코치와 발전하려고 하는 의지가 있는 개인이 잠재능력을 최대한 개발하고, 발견 프로세스를 통해 목표설정, 전략적인 행동, 그리고 매우 뛰어난 결과의 성취를 가능하게 해주는 강력하면서도 협력적인 관계이며 코치가 코칭을 받는 사람에게 직업적 또는 개인적인 성과를 향상시키고, 삶의 질을 높이는 데 도움을 주는 지속적인 파트너십으로 정의한다. 그리고 한국코치협회는 '개인과 조직의 잠재력을 극대화하여 최상의 가치를 실현할 수 있도록 돕는 수평적 파트너십'으로 정의하였다. 스토웰(Stowell, 1986)은 코칭에 관한 최초의 연구에서 코칭을 리더가 토의나 대화로 개입하거나 중재하는 것으로써 구체적인 행동 또는 기능을 포함하는 프로세스로 정의하였다. 또한 휘트모어(Whitmore, 2007)는 성과를 최대화하기 위해 개인의 잠재가능성을 발휘하는 것으로 교육하기보다는 고객이 학습할 수 있도록 돕는 것이라 하였고, 도미향(2017)은 코칭은 스스로 자신의 잠재력을 발견하고 스스로 목표를 정하고 정한 목표를 성취할 수 있도록 격려하고 지지하는 커뮤니케이션 과정이라고 하였다.

이상과 같이 코칭에 관해 학자마다 다양한 정의를 내리고 있으며 이를 표로 정리하여 제시하면 〈표 1-1〉과 같다.

〈표 1-1〉 연구자별 코칭의 정의

연구자	코칭의 정의
이소희 (2008)	'매일 멋진 삶'을 살 수 있도록 지지하는 사랑과 지혜의 대화시스템
선종욱 (2010)	개인의 자아실현을 지원하는 시스템으로 외부에서 문제해결의 도움을 받기보다는 내부에 잠재된 장점을 발견하고 성장하여 스스로 자신의 문제를 해결해 나가는 역량
도미향 (2017)	코치의 변화와 성장에 관심을 두고, 개인의 변화와 발전을 지원하여 잠재력을 극대화시키며 자기의 삶을 주도적으로 이끄는 파트너십 과정
한국코치협회 (2018)	개인과 조직의 잠재력을 극대화하여 최상의 가치를 실현할 수 있도록 돕는 수평적 파트너십
Stowell (1986)	리더가 토의나 대화로 개입하거나 중재하는 것으로써 구체적인 행동 또는 기능을 포함하는 프로세스
Gallway (2001)	성과를 최대한 끌어올리기 위해 고객이 지닌 잠재능력을 발휘할 수 있도록 일깨워주고, 스스로 주도권을 가지고 배우고 깨달을 수 있도록 도와주는 것
Crane (2002)	개인적 효율성을 높이기 위해 알고 있는 무언가를 용기 있게 실천하도록 도와주는 일

G.Kollns (2004)	한 개인이나 그룹을 현재 있는 지점에서 그들이 바라는 더 유능하고 만족스러운 지점까지 나아가도록 인도하는 기술이자 행위
Whitmore (2007)	성과를 최대화하기 위해 개인의 잠재가능성을 발휘하는 것으로 교육하기보다는 고객이 학습할 수 있도록 돕는 것
Hidetaka Ennomoto (2007)	개인의 자아실현을 지지하는(support) 시스템
ICF (2019)	인생, 경력, 비즈니스와 조직에서 뛰어난 성과를 달성할 수 있도록 도와주는 지속적이며 협력적 관계
Davies 외 (2020)	전문성을 개발하고 실행할 수 있는 체계적이고 지속적인 프로세스

출처: ICF 홈페이지, KCA 홈페이지, 도미향 외(2017)를 인용하여 재구성.

요약해 보면 코칭은 코치가 고객으로 하여금 자기 삶의 현실을 이해하게 하고, 스스로 목표와 비전을 수립하여 변화하고 성상할 수 있는 강력한 동기를 부여하고, 목표를 실현하도록 돕는 것이다. 즉, 코칭은 효과적인 커뮤니케이션을 통하여 고객의 삶의 가치를 기반으로 열정과 주도성을 가지고 변화, 성장하는 동력행위이다.

2) 코칭과 타용어의 비교

1990년대까지만 해도 코칭은 컨설팅, 상담, 치료기법 등의 접근방법을 통해 기업의 리더를 대상으로 제공되었다(Kilburg, 2000). 2000년대에 들어와서 코칭은 상담, 심리학 치료, 가족 치료학, 교육훈련, 심리학, 아동 및 성인교육을 대상으로 연구되어 왔으며, 각 분야의 특성과 대상에 따라 학문적 이론을 기반으로 적절하게 융합되어 분야마다 다양한 개념으로 사용되고 있다(Kilburg, 2000; Talarico, 2002). 그래서 코칭(coaching)은 카운슬링(counseling), 치료(therapy), 교육훈련(training), 컨설팅(consulting), 멘토링(mentoring) 등과 유사한 접근방법으로 광범위하게 사용되고 있지만, 코칭은 나름의 독특성을 가지고 있다. 즉, 코치와 고객 간의 수평적인 파트너십 관계에서 고객이 지닌 문제를 고객 스스로 해결하도록 코치가 효과적으로 지원하는 전문적 접근이라는 측면에서 다른 지원 전문직과의 차별성을 지닌다. 또한 발전과 성장의 주체가 바로 고객이라는 인식하에서 코치는 고객의 맥락과 가치, 상황 등을 고려하여 스스로 변화되고, 성장하도록 고객의 책임을 강조한다는 점에서 다른 지원방법과 명확하게 차이점을 지니고 있다. 그리고 각 영역의 차이를 비교해 보면 〈표 1-2〉와 같다.

〈표 1-2〉 코칭과 유사용어의 특징비교

분야	Purpose	Focus	Method	Sets Agenda	Model
Coach	자아발견과 빠른 성장을 지원	미래의 목표와 실행계획	강력한 질문하기	고객	파트너
Consultant	전문적인 지식과 자문	문제해결	관찰, 대화, 조언	완료 또는 해결해야 할 과업이나 문제	스승과 학생
Counselor	지나간 고통과 문제, 상심에서 벗어나게 도움	지나간 감정적 상처들	치유	카운셀러	의사와 환자
Mentor	삶의 경험에서 획득한 지식과 방법 전수	멘토의 강점과 실제 경험	공유, 본보기, 지도	주제, 멘토	부모와 자식

출처: Donaldson, J. (2013).

이상과 같이 다른 영역의 개념을 정리해 봄으로서 코칭에 대한 이해를 좀 더 명확히 할 수 있다(김응자 · 도미향 · 정미현, 2020; 도미향 외, 2007).

(1) 카운슬링

상담(counseling)의 여러 가지 접근 중, 동기강화 인터뷰 접근, 해결중심적 상담 접근, 내담자 중심의 접근 등은 코칭기법 면에서 유사한 점이 많으며, 또한 내담자 중심의 접근과 코칭은 인본주의 철학을 부분적으로 공유하고 있기도 하다. 그러나 상담과 코칭을 구분하는 기준은 기법이라기보다는 인간 본성에 대한 관점이며, 지향하는 방법이라 볼 수 있다(김은정, 2016).

상담은 내담자가 직면하고 있는 과거에서 현재까지의 문제를 해결하도록 돕는다. 상담가는 문제를 해결하는 데 초점을 두지만, 코치는 가능성에 중점을 두며, 상담은 내담자가 과거에 받았던 정서적, 영적 고통을 회복시켜 주도록 돕지만 코칭은 사람들이 더 나은 미래로 나아갈 수 있도록 목표를 설정하고 돕는다(Collins, 2001). 또한 상담가는 내담자의 정서나 심리적 상태, 전반적인 부분을 돕거나 진단하지만 코치는 고객이 목표를 세우고 문제해결을 위한 행동을 취하도록 지원한다(김지유, 2016). 상담가는 내담자를 치유의 대상으로 바라보고 깊숙한 개입을 통해 해결책을 제시하지만, 코치는 고객을 성장과 발전의 주체로 바라보고 최소의 개입을 통해 고객의 해결책 발견을 지원한다는 점에서 차이가 있다.

(2) 치료

치료(therapy)는 정신적·육체적인 병리 증상을 없애고 싶은 사람을 위한 것이다. 클라이언트(client)는 정신적인 치료를 원한다. 치료(therapy)와 카운슬링(counseling)에서 클라이언트의 동기는 원하는 목표를 추구하기보다는, 대체로 고통이나 불안에서 벗어나고자 하는 것이다. 치료나 카운슬링은 모두 과거의 경험에 대한 이해와 작업을 포함한다.

(3) 교육훈련

교육훈련(training)은 작업환경에서 생산성 향상을 위하여 기술, 규정, 개념 또는 태도를 체계적으로 습득하는 것을 말한다(Goldstein, 1993). 이때 참여자의 자발성은 강제적이거나 수동적이지만 코칭에서는 자발적이며 능동적인 부분에 차이가 있다. 교육훈련에서 참가자에 대한 인식은 대부분 지식, 기술, 태도 등의 전수의 대상으로 인식되지만, 코칭에서의 고객은 성장과 발전의 주체로 인식된다. 또한 교육훈련에서 주목하는 시점은 현재로, 사전에 설정된 목표가 있으며 정해진 교육과정에 따라 진행된다. 반면에 코칭에서 주목하는 시점은 현재와 앞으로 나아가야 하는 미래에 주목한다. 목표는 코치와 고객이 함께 설정하며, 정해진 과정에 의해 진행되는 것만은 아니며 고객의 각 상황에 따라 다르게 진행된다. 트레이닝과 교육이 스킬(skill)에 초점을 맞추고 있다는 점에서는 코칭과 비슷하지만, 접근 방법은 다르다.

(4) 컨설팅

캠프워스(Kampwirth, 2002)는 컨설팅(consulting)은 심의나 논의를 위해 회의를 하는 행위를 뜻하며, 컨설턴트는 이러한 조언을 제공하는 사람이라고 하였다. 코칭이 다른 전문 분야와 다른 점 중에 하나는 관계의 위계적 특성과 전문지식의 활용 방법이다(김은정, 2016). 컨설팅은 해당 분야에서 전문적인 지식과 풍부한 경험을 가지고 있는 컨설턴트가 주도적으로 고객이 갖고 있는 문제를 파악하고 진단하여 원인을 분석하고 해결책을 제시한다. 이때, 컨설팅은 고객이 지닌 현재의 능력과 잠재적 역량보다도 컨설턴트가 가지고 있는 전문지식과 경험 및 관점, 의견에 의해 해결책이 좌우되는 일방향 커뮤니케이션이라는 점에서 코칭과는 차이가 있다. 즉, 컨설턴트는 고객의 이슈나 해결 과제에 대해 더 많은 전문지식을 갖추고 있으며, 이를 활용하여 진단과 솔루션을 제공해 주는 역할을 한다. 반면, 코치는 직접적인 조언이나 솔루션은 제시하지 않는다.

(5) 멘토링

멘토(mentor)는 『오디세이』에 나오는 인물로, 현재 멘토는 교사, 충고자, 조언자, 상담자, 촉진자로 통하고 있으며, 멘토링(mentoring)은 해당 분야의 전문적인 식견과 지혜를 가진 사람인 멘토가 그것을 필요로 하는 사람인 멘티(mentee)에게 자신의 노하우를 전수해 주는 것을 말한다(이소희, 2008). 멘토링의 목적은 멘토가 갖고 있는 지식이나 노하우 등을 멘티에게 전달하는 데 중점을 두고 있지만, 코칭의 목적은 고객이 열망하는 목표를 상호 협의하여 설정한 후 그 목표의 달성을 돕는 것이다(홍의숙, 2009). 멘토링에서 멘토와 멘티의 관계는 수직적이며, 커뮤니케이션의 방향은 단방향을 이룬다. 그러나 코칭에서 코치와 고객의 관계는 상호 수평적이며, 커뮤니케이션의 방향은 양방향을 이룬다는 차이점이 있다.

3) 코칭의 추세

코칭은 20세기 말에 구체화되기 시작하여 21세기에 들어 급속히 확장되고 있다. 이러한 코칭이 국내에 도입된 이래, 급격하게 확산되어 지금은 대기업은 물론 중소기업, 공공조직 및 비영리 단체 등에서 본격적으로 코칭을 적용하는 사례가 급증하고 있고, 대학교를 비롯한 초 · 중 · 고교 등에서도 코칭을 도입하는 곳이 늘어나고 있다(장명옥, 2016). 또한 2016년 1월 스위스 다보스 포럼 이후 첨단 정보통신기술(ICT)이 경제와 사회 전반에 융합되어 혁신적인 변화를 만들어 내는 4차 산업혁명에 대한 논의가 활발해지고 있다. 인공지능(AI), 사물인터넷, 가상현실, 로봇 등 기계가 인간의 노동과 지능을 대신하는 4차 산업혁명의 시대에 인간 존재와 가능성에 대한 관심과 연구가 더욱 가속화되고 있다는 점은 주목할 만하다. 이러한 때에 전 세계조직의 인력개발을 지원해 오고 있는 ATD는 업무성과 향상, 변화 관리, 지식 경영 등과 함께 코칭을 주요한 전문 영역으로 선정하여 매년 비중 있게 다루고 있다(이희주 · 김현수, 2016).

이와 같이 여러 분야에서 상호작용과 시너지효과, 양방향 의사소통이 강조되면서 코칭이 새로운 비전과 변화를 주는 효율적인 대안으로 등장하고 있다. 그리고 코칭능력이 직원들의 개발을 촉진하고, 전략적인 목표를 달성하게 하며, 일터를 변혁시킨다는 것을 발견하는 조직의 수가 늘어나고 있다. 이러한 추세 속에 점점 더 많은 개인과 조직이 코칭을 채택함에 따라 코칭기술 및 접근 방식의 사용은 전문적으로 훈련된 코치 프랙티셔너(coach practitioners)뿐만 아니라 직장 내 상호 작용에서도 코칭역량을 적용하는 매니저, 리더, HR 및 인재 개발 전문가가 점점 늘어나고 있다(도미향, 2021).

전 세계적으로 2019년 기준 약 71,000명의 코치가 있는 것으로 추정되고, 이는 2015년보다 33% 증가한 수치이고, 코칭 기술을 사용하는 매니저와 리더의 수는 거의 두 배 정도 증가한 것으로 추정된다(ICF, 2020a). 2020년 기준 한국코치협회에서 인증 받은 전문코치의 숫자는 7,000명을 넘어서고 있으며(한국코치협회, 2020) 한국코칭학회에서도 매년 400여 명씩 지난 15여 년간 6,000여 명의 전문코치를 배출하고 있다(한국코칭학회, 2021).

2. 코칭역량의 정의

1) 역량의 정의

HRD용어사전에서는 역량(力量)을 '특정한 상황이나 직무에서 준거에 따른 효과적이고 우수한 수행의 원인이 되는 개인의 내재적인 특성으로 개인이 성공적인 수행을 위하여 개별적으로 결합해서 사용하는 어떤 특징들'이라고 하였다. 즉, 역량은 어떤 일을 해낼 수 있는 힘이나 기량을 의미하는 것으로 어떤 역할을 수행하는데 있어 긍정적이면서도 성공적인 결과를 가져오는 내적인 특성이다(Boyatzis, 1982). 또한 라이첸과 살가닉(Rychen & Salganik, 2002)은 '역량'은 개인이 갖고 있는 심리·사회적 기술을 바탕으로 자신에 대한 성취와 그에 따른 효과적인 행동이 가능하도록 하는 능력을 의미한다고 하였다(황현호·도미향, 2017). 역량의 사전적 의미는 '어떤 일을 해낼 수 있는 힘'을 말하며 ability, capability, capacity, competences 등으로 표현하기도 한다(도미향, 2021).

2) 코칭역량의 정의

코칭역량(Coaching Competency)은 코칭과 역량의 합성어이다. 전문코치들을 훈련하고 양성하는 과정에서 꼭 필요한 것이 코칭역량으로 대두되고 있다. 그러나 현실적으로는 많은 코치들이 '코칭핵심역량'의 개념에 대해 모호한 이해와 더불어 실제적으로 코칭상황에서 어떻게 적용해야 할지 어려워한다. 특히 ICF 인증 자격시험을 치루기 위한 준비에서는 더욱 더 어려움을 호소한다.

코칭역량은 코치로써 어떤 일을 할 수 있는 힘인데 고객의 잠재력과 성과 달성을 위하여 코치가 고객을 위하여 코칭할 수 있는 코칭력이라 할 수 있다. 코치로서의 역할을 성공적으로 수행하기 위해 필요한 지식, 기술, 태도 및 가치 등의 내재적 특성과 이를 바탕으로 드러나는 행동을 의미한다(김정겸 · 민세홍, 2014; 이미옥 · 도미향, 2016). 즉, 코칭핵심역량이란, 전문코치로 활동하면서 필요로 하는 핵심적인 코칭역량들에 대한 지식(Knowledge)과 그것을 실제 적용할 수 있는 기술(Skill)과 이것이 숙달되어 삶의 태도(Attitude)로 나타나는 것을 말한다(황현호 · 도미향, 2017).

코치가 성장 · 발전하기 위해서는 단계적이고 체계적인 코칭역량이 필요하다. 코칭역량은 코칭 철학을 바탕으로 코칭을 능숙하게 할 수 있는 여러 가지 스킬과 접근방법들을 지원하기 위해 개발되었다. 코칭역량은 코치가 따라야 할 프레임워크를 제공하며, 코칭 관계는 그러한 역량에 기초를 두고 있다. 국제코칭연맹(ICF)에서 코칭역량은 코칭 상호작용을 구성하는 요소들이 포함되며 또한 효과적인 코칭을 위한 뼈대와 근간이 되고, 코치자격인증을 위한 근간이기도 하다.

코칭이 전문적, 직업적 독립분야로 발전하기 위해서는 변별력 있고 독자적인 통일된 지식과 이론적으로 정교한 연구방법이 확립되어야 하고 역량 인증을 위한 공식화된 훈련과정이 필요하다. 즉, 코치들의 전문성의 지속적인 개발이 필요하다. 코치가 세션 안에서 구현하는 역량은 비록 특정한 역량을 드러내는 경험이지만, 동시에 전체 역량이 응축된 것이다. 역량들은 서로 연결되어 있고 순환하는 비선형적 발전을 한다. 또한 역량과 경험은 다르다. 경험은 시간과 연습으로 구성되지만 경험이 많다고 역량이 높은 것은 아니다. 역량은 경험과 숙달을 통해 이루어지고, 역량을 위해서는 반드시 숙달의 과정이 필요하다. 실제 코칭은 다시 되풀이될 수 없고 대체하기 어려운 코칭 상황이 수시로 일어난다. 따라서 전문코치가 되기 위해서는 코칭세션 안에서 일관되고 적절하게 코칭스킬을 적용할 수 있는 역량을 바탕으로 다양한 상황과 맥락에서 코칭역량을 활용할 수 있어야 한다.

3) 코칭역량에 관한 선행연구

2010년 이후 국내에서 코칭역량과 관련된 연구들이 꾸준히 이루어졌다. 대상별로 보면 관리자, 경영자, 리더(우수명 · 장영철, 2013; 임몽택, 2016; 도미향 · 박용권 · 최성남, 2020)의 코칭역량에 관한 연구가 있다. 그리고 아동 및 청소년 부모의 코칭역량이 다른 변인에 미치는 영향에 관한 연구(이미옥 · 도미향, 2016; 정숙희 · 도미향, 2016; 홍은영 · 도미향, 2017)와 척도개발(도미향 · 박은경, 2019; 도미향 · 한민아, 2019; 도미향 · 한민아 · 허윤경, 2020)에 관한 연구 등이 있다. 이들 연구는 코칭역량 척도를 바탕으로 한 실증연구이고, 코칭역량을 해석하고 그 의미를 검토한 연구는 별로 없다. 다만 최근 들어서 ICF의 11가지 역량에 대한 연구(홍삼열 · 사용석, 2017; 황현호 · 도미향, 2017; 김경미 · 정희정, 2019; 도미향 · 김수영, 2019; 정희정 · 김경미, 2020)가 일부 이루어졌다.

3. 코칭역량의 구성요소

1) 코칭역량 구성요소에 관한 선행연구

코칭의 정의가 다양한 만큼 효과적인 코칭을 위해 요구되는 역량 또한 학자마다 다양하게 제시되고 있다(McLean et al., 2005). 코칭역량에 대한 선행연구들을 살펴보면 역량은 크게 외현적으로 관찰할 수 있는 요소와 관찰할 수 없는 내재적 요소로 구분할 수 있다(Spencer ,1993).

코치의 내적 특성과 자세를 코칭역량으로 언급하는 연구자들은 개인적 특성역량인 자신감, 세심함, 솔선수범, 열정, 친절한 성격, 인식능력, 긍정적 에너지가 코칭에서 겉으로 드러나는 행위와 행동뿐만 아니라 코치의 기본 성향이 고객에게 직·간접적으로 영향을 줄 수 있다고 하였다. 웬젤(Wenzel, 2000)은 기존의 코칭 연구가 코칭 자체에만 초점을 두고 있다는 문제의식에서 효과적인 코칭에 영향을 미치는 개인의 특성요인과 관리스킬을 강조하였다. 조직 중간관리자의 코칭역량에 관한 연구에서 한허정(2007)은 코치 마인드 역량에서 인간능력 및 잠재력에 대한 믿음, 부하직원 육성에 대한 사명감, 다양성 존중 등이 중요한 역량이라고 하였으며, 박근수(2012)는 중간관리자에게 있어서 업무성과와 목표 달성 추구가 구성원 코칭의 궁극적 목적일지라도 코치의 마인드가 갖춰지고 신뢰관계가 형성된 후에 효과적으로 코칭을 할 수 있다고 하였다. 즉, 코칭이 개인을 성장시키고 발전시킨다는 점에서 스킬 부분이 중요한 요소이기는 하나 먼저 코치의 내재적 특성인 품성과 자질, 마음자세와 태도가 변화와 성과를 만들어 내는데 중요한 요소라 할 수 있다.

한편, 코스트르제와(Kostrzewa, 2001)는 코칭 활동의 영역을 대인관계적 행동이라 규정하고 중립적 관찰, 적극적 경청, 생각을 유도하는 질문, 협력적 분석, 숙고하여 피드백하기, 솔직하게 피드백하기, 상호작용적 아이디어 탐구, 협력적 목표설정, 지원적인 의사소통의 중요성을 강조하였다(한허정, 2007). 그리고 효과적인 코칭을 하기 위해 코칭역량 중 코칭스킬 중심으로 접근한 엘링거(Ellinger, 2003)는 경청스킬, 분석스킬, 인터뷰스킬, 효과적인 질문기술, 관찰, 피드백 주고받기, 기대사항 설정 및 의사소통이 중요하다고 하였다. 이러한 코칭스킬은 코칭세션 중에 고객과 직접 대면하면서 외현적 행동으로 나타나기 때문에 코칭의 효과성에 직접적 영향을 미치는 중요한 요소임이 틀림없다.

각 학자별 코칭역량 구성 요소를 살펴보면 〈표 1-3〉과 같다.

〈표 1-3〉 학자별 코칭역량 구성 요소

연구자	코칭역량 구성요소
Lukas (1994)	열정, 연민, 목표 및 사람 지향성, 촉진자 자세, 수용, 창조성 등 팀플레이에서 요구되는 성향
Kostrzewa(2001)	중립적 관찰, 적극적 경청, 생각을 유도하는 질문, 협력적 분석, 숙고하여 솔직하게 피드백하기, 아이디어 탐구, 협력적 목표설정, 지원적인 의사소통
Haberleither (2002)	관계형성, 질문, 적극적 경청, 정보의 제공, 피드백
Ellinger(2003)	경청스킬, 분석스킬, 인터뷰스킬, 효과적인 질문기술, 관찰, 피드백 주고받기, 기대사항 설정 및 의사소통
Hussain(2007)	공감, 친절한 성격, 모호성에 대한 인내력, 인식, 외교적 수완, 촉진스킬, 학습스킬, 인터뷰스킬, 경청스킬, 변화관리
Hidetaka Ennomoto(2007)	질문과 경청, 직관과 자기관리 및 확인기술
Henry Kimsey –House 외(2016)	경청, 직관, 호기심, 실행 촉진과 학습 심화, 자기관리
ICF(2021)	윤리적 실천 보여주기, 코칭 마인드셋 구현하기, 합의 도출 및 유지하기, 신뢰와 안전감 조성하기, 프레즌스 유지하기, 적극적 경청하기, 알아차림 불러일으키기, 고객의 성장 촉진하기
이소희 외(2014)	경청과 질문, 인정과 칭찬, 피드백
도미향(2021)	코치로써의 윤리, 코치의 마인드, 코칭합의하기, 경청과 질문기술, 공감 및 인정기술, 알아차림, 행동 실천관리, 코칭프로세스 진행능력, 고객과 함께하기
한국코치협회 (2021)	적극적 경청하기, 효과적으로 질문하기, 의식 확대하기
한국코칭학회 (2021)	맥락적 경청하기, 인정하기, 강력한 질문하기, 긍정적 피드백하기

로, 아일랜드와 후세인(Law, Ireland & Hussain, 2007)은 코칭에 필요한 역량을 공감, 친절한 성격, 모호성에 대한 인내력, 인식, 외교적 수완, 촉진스킬, 학습스킬, 인터뷰스킬, 경청스킬, 변화관리 10가지를 제시하였고, 루카스(Lukas, 1994)는 열정, 연민, 목표 및 사람 지향성, 촉진자 자세, 수용, 창조성 등 팀플레이에서 요구되는 성향이라고 보았다(도미향 · 한민아 · 허윤경, 2020). 그리고 하버리더(Haberleither, 2002)는 관계형성, 질문, 적극적 경청, 정보의 제공, 피드백 등의 기술을 제안하였다.

또한 에노모토 히데타케(Hidetaka Ennomoto, 2007)는 5가지의 핵심코칭스킬로 질문과 경청, 직관과 자기관리 및 확인기술을 제시했다. 헨리 킴시 하우스와 필립 샌달, 로라 휘트워스(House, Sandahl & Whitworth, 2016)는 코액티브 코칭에서 5가지의 주요한 구성요소를 경청, 직관, 호기심, 실행 촉진과 학습 심화, 자기관리로 제시하고 있다. 그리고 이소희와 길영환, 도미향, 김혜연(2014)은 경청과 질문, 인정과 칭찬, 피드백을 주요한 코칭의 기술로 다루고 있다. 도미향(2017)은 학습능력, 오픈마인드, 신뢰와 친밀감, 코칭윤리 준수, 다양한 상황에서의 협의능력, 코치로서의 태도, 코칭철학 적용, 주제 협의 및 목표 확인, 경청, 질문, 인정기술, 피드백기술, 패러다임 전환능력, 실행관리, 코칭프로세스 실행, 고객에너지관리, 고객의 존재감 살리기 등을 코칭에 필요한 역량으로 제시하였다.

이상을 정리하면 코칭핵심역량은 코치로서의 마인드셋(성격, 자기관리, 태도 등), 코칭스킬로 질문하기, 경청하기, 실행 촉진하기 등이라 할 수 있다(도미향, 2021).

2) ICF의 코칭핵심역량 구성요소의 개요

국제코칭연맹은 세계적으로 가장 큰 코치들의 글로벌 기구로서 전 세계에 38,249명의 유효회원이 146개 국가 및 영토에 있다(2020년 11월 기준; ICF, 2020b). ICF는 2020년에 설립 25주년을 맞았고, 이름을 국제코치연맹(International Coach

Federation)에서 국제코칭연맹(International Coaching Federation)으로 변경하였다. 그 취지는 ICF의 비전 추구를 가속화하면서 코칭이 번창하는 사회의 필수적인 부분이고 모든 ICF 코치가 최고 수준의 프로 코치를 대표하기 위함이다. 그리고 ICF의 비전은 모든 ICF 코치가 최고 수준의 전문 코칭을 대표하고, 번성하는 사회의 필수 부분이 되도록 코칭을 보장하는 것이다(도미향, 2021; ICF, 2021).

이러한 ICF는 전문코치로써 갖추어야 할 코칭핵심역량을 11가지로 제시하였는데 이를 2020년 업데이트된 핵심역량(Updated Core Competency)으로 새롭게 제시하였다. 8가지 코칭핵심역량은 ICF의 정의에 따라 현재 코칭계에서 사용되는 기술과 접근방법에 대한 이해를 돕기 위해 만들어졌다. 또한 이 핵심역량은 코칭교육에 대한 기대수준과 실제로 경험하는 교육 사이의 갭을 좁히는 데 도움이 될 것이다. 또한 이 코칭핵심역량과 ICF의 정의는 ICF 인증시험의 기초로 사용되고 있다.

더불어 코칭핵심역량은 각 역량을 보는 일반적인 방식에 기초하여, 논리적으로 비슷한 성격을 지닌 역량들을 묶어서 4개의 그룹으로 나누었다. 또한 각 그룹과 개별 역량에는 경중이나 선후가 없으며, 모두 유능한 코치들이 필수적으로 갖추어야 하는 핵심역량들이다. 즉, 8가지 코칭핵심역량은 전문코치가 코칭과정에서 발휘해야 할 아주 핵심적이고 필수적인 코칭역량으로, 각종 자격인증의 심사기준이 되는 역량이다.

ICF가 제시하는 8가지 코칭핵심역량은 각 역량마다 6~11개씩 총 63개 항목을 제시하고 있어 기존의 구역량에서 다룬 총 70개의 세부항목보다 줄어들었다. 그리고 8가지 역량은 11가지 역량보다 더 명료하고 간결해졌고, 역량의 내용이 모두 동사형으로 변경되어서 역량 자체를 알려주는 것도 중요하지만 더욱 중요한 것은 코치로써 이러한 역량을 얼마나 잘 유지하고 실천하는지에 중점을 두고 있음을 확연히 잘 드러내고 있다. 이에 관한 구체적인 사항은 이 책의 4장에서 다룰 것이다.

이러한 역량들은 타기관의 역량과 비교해 보면 상당히 유사함을 알 수 있다. 한국코치협회(2021)는 전문코치들을 양성하는 프로그램을 인증해줄 때 '적극적 경청하기', '효과적으로 질문하기', '의식 확대하기', 3가지 역량을 필수로 요구하고 있다. 또한 한국코칭학회(2021)도 C-PLUS모델에서 맥락적 경청하기, 인정하기, 강력한 질문하기, 긍정적 피드백하기를 핵심역량으로 다루고 있다(도미향, 2017). 이러한 역량과 ICF의 역량을 비교해 보면 차이점은 신역량에서는 '질문하기'가 삭제되었다는 점이다. 이는 '강력한 질문'이 중요하지 않아서가 아니라 코칭세션 전반에 걸쳐 가장 기본이 되는 역량이기에 모든 역량으로 녹여 들어감과 더불어 신역량 7로 흡수된 것을 알 수 있다.

이렇게 볼 때 결국 ICF의 업데이트된 8가지 핵심역량은 우리나라의 대표적 코칭 기관과도 맥락을 함께하고 있음을 알 수 있으며, 기존 선행연구의 핵심역량과도 거의 유사함을 알 수 있다(도미향 · 김수영, 2019; 도미향 · 박은경, 2019; 도미향 · 박용권 · 최성남, 2020).

이상에서 볼 때 코치는 전문코치로써의 역량을 갖추기 위해서는 그 핵심요소를 정확히 이해하는 것이 중요하다. 고객과 나누는 대화는 일반대화와 달리 전문적인 커뮤니케이션 스킬을 활용한 대화이기 때문에 전문코치가 되려고 하거나 전문코치로서의 역량을 강화하려는 경우 코칭핵심역량의 개념과 내용을 이해하고 실제적 적용 연습을 해야 한다.

한국의 많은 코치들은 한국코치협회와 한국코칭학회에서 강조하는 역량들을 코치의 기본으로 배우고 이해하고 있으나 ICF에서 전달하고자 하는 역량 내용에 대한 이해도가 다소 부족하거나 잘 전달받지 못하고 있다. 특히 영어를 한국어로 번역하여 전달하는 데는 다소 이해의 측면에서 모호하고 한국적 정서에도 그대로 적용하기에는 애매한 점들이 있다. 우리나라에서도 한국형 코칭역량을 한국코치협회가 8가지로 역량을 개발 중에 있지만, 아직 명확한 표준이 제시되지 않고 있으며 ICF의 기준을 그대로 사용하고 있는 실정이다. 따라서 ICF의 전문코치 역량 평가 심사기준들이 소개되면 이를 바탕으로 한국적 역량의 재정의와 평가기준들도 마련이 필요하다(도미향, 2021).

3) ICF의 코칭핵심역량 그룹

ICF 8가지 코칭핵심역량은 대표역량과 세부역량으로 나뉘는데 대표역량은 기초세우기, 관계의 공동 구축, 효과적으로 의사소통하기, 학습과 성장 북돋우기의 네 가지이며, 세부역량은 8가지로 〈표 1-4〉와 같다. 대표역량을 중심으로 살펴보면 다음과 같다(도미향, 2021).

〈표 1-4〉 ICF 8가지 코칭핵심역량

대표역량군	세부역량
기초 세우기	1. 윤리적 실천을 보여준다. 2. 코칭마인드셋을 구현한다.
관계의 공동 구축	3. 합의를 도출하고 유지한다. 4. 신뢰와 안전감을 조성한다. 5. 프레즌스를 유지한다.
효과적으로 의사소통하기	6. 적극적으로 경청한다. 7. 알아차림을 불러일으킨다.
학습과 성장 북돋우기	8. 고객의 성장을 촉진한다.

출처: https://coachfederation.org(2021).

(1) 기초 세우기

이 역량군은 'Setting the foundation'에서 기초세우기 'Foundation'으로 변경되었다. 이것은 신역량 2에서 '코칭 마인드셋을 구현한다.'가 추가되었고, 코칭의 시작에서 끝까지를 볼 때 코치는 코치로서의 윤리적 자세와 코칭표준을 이해하고 지속적으로 적용할 뿐만 아니라 전문코치로서 고객중심적 사고방식, 전문성을 갖추고 유지해야 함을 나타낸다. 코칭역량은 윤리에 대한 이해와 활용 없이는 불가하다고 해도 과언이 아니다. 또한 코칭윤리는 코칭기술과 역량 없이는 분명하게 드러날 수 없다. 코칭윤리 역량은 윤리적 행동 차원의 역량으로 이해해야 한다. 즉, 고객 정보에 대한 비밀유지와 다른 전문 분야와의 구별을 코칭 계약 시 검토해야 할 뿐만 아니라 코칭 중에도 일관되게 유지해야 하는 코칭역량의 기본 근거이다. 코치는 윤리적 민감성을 길러 코치의 행동이 다른 사람에게 어떤 영향을 주는지 인식하고 상호 관련된 상황 안에서 다른 사람과 윤리적 요구가 생길 수 있다는 점 역시 인식해야 한다.

한편, ICF의 핵심역량에서 새롭게 추가된 기초 세우기, 관계를 함께 만들어가기 '코칭 마인드셋을 구현한다.'는 코치가 코칭을 위한 기본적 마음가짐의 하나로 배움과 개발, 성장에 참여함과 더불어 지속적 성찰훈련을 자기 삶의 일부로 체화시켜야 한다. 코치가 갖춰야 할 개방성, 유연성, 호기심, 고객 중심의 태도는 코칭을 위해 지속적으로 개발해야 하며 코치 일상생활의 전제가 되어야 한다. 코치의 성찰에 대한 민감성은 고객의 존재에 대한 호기심을 유지할 수 있을 때 비로소 가능해진다.

(2) 관계를 함께 만들어 가기

이 역량군은 코치와 고객이 관계를 함께 만들어 가기(Co-Creating the Relationship)로써 코치가 고객과 함께 코칭 전반에 걸쳐 합의를 도출하고, 신뢰와 안전감을 조성하며, 개방적인 자세로 늘 깨어서 고객과 함께 하는 코치로서의 프레전스를 유지하여야 한다는 것이다.

티모시 골웨이(Timothy Gallway, 1974)는 코칭을 '성과를 최대로 끌어올리기 위해 개인이 가지고 있는 잠재능력을 발휘할 수 있도록 일깨워주는 것이며, 코치에게 의존하는 것이 아니라 스스로 주도권을 가지고 배우고 깨달을 수 있도록 도와주는 것'이라고 정의했다. 코칭에 대한 정의를 통해 코칭과정에 있어 코치가 고객과 신뢰와 친분을 쌓는 것은 상호 존중과 신뢰를 지속적으로 만드는 안전하고 지원적인 환경을 만들어 낸다는 점에서 핵심역량 요소임을 알 수 있다(김수영 · 도미향, 2017). 코치는 고객의 특성을 이해하기 위해 노력하고 고객을 존중하며 고객이 지닌 것을 인정해야 한다. 코치는 배려, 공감, 지지를 통해 고객의 삶의 맥락 안에서 각 개인이 개별적인 독특성을 지닌 고유성을 진정으로 이해하기 위해 노력해야 한다. 코치가 고객에 대한 집중을 유지하고 적절하게 반응하며 호기심을 갖고 감정을 관리하며 자신감 있는 태도로 알지 못하는 영역에서도 개방성을 갖고 침묵 및 성찰 공간을 가지는 사이 고객은 안전지대에 머물 필요를 가늠하고 새로운 도전지대로 가기 위한 준비가 가능해진다.

유능한 코치는 정기적인 코칭세션을 함께 하는 동안 고객과 함께 순간을 춤추면서 유연한 태도로 임한다. 코치는 고객이 과거보다는 미래에 관심을 집중하도록 관점의 전환을 유도하고 고객이 자신의 강점을 극대화하여 잠재된 가능성을 발견하게 돕는다. 인간은 안녕감에 영향을 주는 목표, 특히 내재목표는 그 목표를 추구하는 것만으로도 만족감을 주는데(Deci & Ryan, 2000), 코치는 목표하는 지점에 도달할 수 있도록 여러 가지 방법을 검토하고 그 순간에 가장 효과적인 방법을 선택할 수 있도록 도울 수 있다.

(3) 효과적으로 의사소통하기

이 역량군은 효과적으로 의사소통하기(Communicating Effectively) 위해서는 알아차림을 불러일으키는 것이 중요한데 이는 강력한 질문과 직접적 커뮤니케이션, 알아차림을 통해 가능하다는 것을 나타내는 것이다. 이는 코치로써 고객의 내면에 대해 경청하고, 코칭에서 활용할 수 있는 다양한 도구와 기술을 사용하여 고객이 알아차리도록 학습과 촉진을 불러일으켜야 한다는 것이다.

효과적인 커뮤니케이션은 말하는 것에서 시작하는 것이 아니라 듣는 것에서부터 시작된다는 점에서 코칭에서의 적극적 경청은 코칭의 시작이며, 가장 기초가 되는 기법이다. 적극적인 경청이란 고객이 말로 표현하는 것뿐만 아니라 말하지 않는 내면의 욕구까지 인식하고 자기를 표현할 수 있도록 지원하는 코치의 능력을 말한다(김수영 · 도미향, 2017).

코치는 고객이 인생의 중요한 순간을 맞이할 때 고객 스스로 인생의 의미를 탐구하고 활력을 불어넣도록 돕는 역할을 한다(Law et al, 2007). 정진우(2009)

는 코칭스킬 중 질문을 통해 고객의 목표를 높고, 넓고, 깊이 변화시키고 경청과 신뢰 주는 말로 용기를 북돋아 주며, 진정한 관계를 통해 동기부여를 하고, 통찰을 주어 문제를 해결하도록 안내한다고 하였다. 그리고 코치가 갖추어야 할 핵심역량 중 하나로 코칭을 통해 알게 된 고객의 다원적 정보소스를 정확하게 평가하고 통합하여 고객의 의식 확대를 도와주고 합의된 결과를 얻게 할 수 있는 능력으로 '알아차림을 불러일으킨다(Evokes Awareness).'를 꼽는다. 이 역량은 '다원적인 정보의 출처를 정확하게 평가하고 통합할 수 있는 능력과 고객이 자각을 얻을 수 있도록 도와줌으로써 합의된 결과를 성취하도록 돕는 능력'으로(황현호 · 도미향, 2017), 코칭세션 과정 중에 고객이 자신과 자신의 행동에 영향을 미치는, 서로 다르지만 상호 연관된 요소들(사고, 감정, 신체, 배경)을 볼 수 있도록 도움을 주는 코치의 역할과 밀접한 연관성을 가진다.

(4) 학습과 성장 북돋우기

이 역량군은 학습과 성장 북돋우기(Cultivating Learning and Growth)로 신역량의 전반적인 변화 경향과도 맥락을 같이하는데 결과(Results) 중심에서 성장(Growth) 및 과정 중심, 행동 중심에서 사람(Being) 중심으로 변화된 것이다. 또한 촉진하기(Facilitating)에서 북돋우기(Cultivating: 일구기, 경작하기)로 변경된 것은 고객의 지속적인 성장을 염두에 둔 표현이다(도미향, 2021). 코치는 고객에게 의미 있고 궁극적인 인생의 목표와 비전을 주제로 다룸으로써 고객에게 내재되어 있는 목표를 수립하게 돕는다. 더불어 이를 달성하는 과정에서 당면한 문제와 이와 관련된 외적 목표를 적정한 수준으로 세울 때 코칭의 효과는 극대화된다. 코치는 고객이 여러 가지 아이디어와 해결방안들을 탐구하고, 대안을 평가하고, 결정을 내리게 하며 새로운 아이디어를 불러오고 새로운 행동 가능성을 발견하도록 고객의 가정과 시각에 도전한다. 마무리 단계에서 고객은 스스로 성찰하고 느낀 것을 정리하고, 코치는 고객의 성찰과 성장을 알려주고 축하하며 함께 세션을 마칠 때, 고객과 코치가 진정한 파트너로서 역할을 하게 된다.

코치는 고객의 배움과 통찰을 실천행동으로 전환할 수 있도록 파트너로 협력하며, 고객이 원하는 목표를 설정하고 실행계획을 세워 끝까지 수행하면서 스스로 책임질 수 있도록 코칭 과정에서 고객의 자율성을 높여야한다. 코치는 세션 사이, 세션 안에서 얻은 통찰과 배움을 요약하도록 고객과 파트너로 협력하며 고객이 더 많이 노력하고 도전하도록 격려하되 고객의 자발성을 강화해야 한다.

코치는 전문코치로써의 역량을 갖추기 위해서는 그 핵심요소를 정확히 이해하는 것이 중요하다. 고객과 나누는 대화는 일반대화와 달리 전문적인 커뮤니케이션 스킬을 활용한 대화이기 때문에 전문코치가 되려고 하거나 전문코치로서의 역량을 강화하려는 경우 앞서 살펴본 코칭핵심역량의 개념과 내용을 이해하고 실제적 적용 연습을 해야 한다.

▮ 생각해 봅시다

1. 코칭에 관한 다양한 정의들을 살펴보고 나만의 코칭 정의에 관해 생각해 봅시다.

2. 코칭과 다른 전문서비스인 상담, 심리치료, 컨설팅, 멘토링 등과의 유사점과 차이점에 관해 논의해 봅시다.

3. 코칭역량의 대표적 구성요소로 어떤 것이 필요하며, 전문코치로써 더욱 중점을 두어야 할 코칭역량에 관해 생각해 봅시다.

2장

코칭의 본질

전문코치라는 직업은 21세기 가장 가치 있고, 가장 매력적인 직업이다. 국내에서 전문 코치를 신 직업으로 자리매김하기 위해서 무엇보다도 중요한 것은 코칭이 다른 도움 전문직과 어떻게 다른지 코칭의 정체성을 분명히 하는 것이다. 코칭의 정체성을 분명히 하기 위해서는 코칭의 본질이 무엇인지 정확하게 이해하여야 한다. 코칭의 본질이 무엇인지 알게 되면 4가지의 긍정적인 결과를 얻을 수 있다. 첫째, 코칭을 다른 도움 전문직인 상담, 심리치료, 컨설팅, 멘토링과 차별화할 수 있게 된다. 둘째, 다른 학문과 차별화된 코칭학을 발전시킬 수 있게 된다. 셋째, 사회의 다양한 이슈에 코칭적인 접근을 하게 되므로 이전과는 전혀 다른 새로운 방법론을 만들어 낼 수 있게 된다. 넷째, 다양한 전문분야에 코칭적인 접근을 하므로 더 나은 세상을 만들어 갈 수 있다.

이번 장에서는 전문코칭이라는 신흥분야를 만드는 데 기여한 초기 코치들은 코칭을 어떻게 이해하였으며, 이들이 발견한 코칭 패러다임은 무엇이었으며, 그러한 패러다임 속에 녹아 있는 코칭의 본질이 무엇인지 살펴보고 이러한 코칭의 본질이 다른 도움 전문직과 어떻게 차별화할 수 있는지 살펴보고자 한다.

1. 초기코치들의 코칭의 이해

전문코칭이라는 신흥분야를 만드는 데 기여한 초기코치들 가운데 가장 큰 영향력을 행사한 사람은 베르너 에르하르트(Werner Erhard), 티모시 골웨이(Timothy Gallwey), 존 휘트모어(John Whitmore), 그리고 토마스 레너드(Thomas Leonard)이다. 이러한 초기 코치들은 코칭을 어떻게 이해하였으며, 그들의 가슴을 뛰게 한 코칭의 핵심은 무엇이었는지 살펴보고자 한다.

1) 베르너 에르하르트

전문코칭이라는 신흥분야를 만드는 데 기여한 사람 중 한 명은 베르너 에르하르트(Werner Erhard)이다. 그는 1972년 캘리포니아에 있는 샌프란시스코에서 대규모 집단 인지 훈련인 est(Erhard Seminar Training)를 시작했다. est의 초점은 어떻게 자기 자신을 경험하는가? 즉 나 자신의 존재가치를 인식함으로 개인의 성장과 개발을 돕는 것이었다. 대규모 집단 인지훈련은 인간개발을 위해 철학과 심리학과 사회학과 영성과 삶의 지혜를 통합하여 자신의 존재를 인식하도록 돕는 훈련이다. 이 훈련의 특징은 강의, 데모, 참가자들 간의 대화, 구조화된 연습, 그리고 참가자들의 개인적인 경험 나눔 등이다. 참가자들은 그들 자신의 삶을 향상시키는 방향으로 원칙과 통찰을 적용하도록 격려를 받는다(Rhinehart, 2010). 이 훈련에 참여한 사람들의 삶은 놀랍게 변화되었고, 변화된 사람들의 입소문에 의하여 10년 동안 75만 명이 훈련을 받았다.

이 훈련을 받은 초기의 코치들은 현대 코칭의 아버지라 부르는 토마스 레너드(Thomas Leonard), Coach Training Institute를 설립하여 수만 명의 코치를 양성한 로라 휘트워스, GROW 모델을 만든 그레함 알렉산더, 영국에서 코칭을 기업에 적용한 존 휘트모어(John Whitmore), 경영자 코칭의 대가라고 인정받는 로버트 하그로브, 존재론적 코칭을 만든 훌리아 올라야, 라이프코칭의 기초를 만들고 내 생애 최고의 해를 만든 지니 디츨러, 리더십의 대가로 인정받는 워렌 베니스 등이 있다.

에르하르트는 어려운 상황을 회피하지 않고 돌파하는 사고법과 패배하는 삶이 아니라 이기는 삶을 위한 공식을 만들었다. 그는 이기는 공식을 습득한 사람은 자신의 한계를 넘어서는 자신만의 방법을 찾을 필요가 있다는 개념을 만들었다. 그리고 이러한 개념에 대한 철학자의 이론에 대해 연구하여 발견한 것을 나누기 위해 철학과 언어학의 배경을 가진 플로레스를 고용하였다. 또한 그는 자기에게 영향을 준 캘리포니아 대학의 철학교수인 허버트 드레이퍼스와 콜로라도 대학의 교수인 마이클 짐머만 그리고 인지생물학자이고 철학자인 움베르토 마투라나를 고용하였다(Brock, 2015). 그들은 est훈련을 관찰하고, 연구하고 est 훈련과 다른 철학자의 생각 사이의 공통된 점을 묘사하도록 고용되었다. 이렇게 완성된 개인 변화이론을 개인 변화기술로 확대했다.

에르하르트는 다양한 활동으로 참가자들로 하여금 자기의 존재가치를 인식하게 함으로 심리학적 고통 또는 현재 환경에 대한 불만을 가능한 변화행동을 추구하도록 동기부여 할 수 있게 하였다. 그리고 개인이 지닌 가치와 세계관이 삶의 변화를 향해 나아가도록 하였다(Klar, 1990). est의 초대 CEO였던 에모리는 est의 기초가 되는 아이디어는 개인책임이라고 하였고, 쇼(Shaw)는 est는 참가자로 하여금 정신적 기능과 행동에 대한 분석보다는 경험을 통한 발견을 하도록 돕기 위해 고안된 과정이라고 하였다(Shaw, 1975). 또한 에버레드와 셀먼은 에르하르트를 코치로 인정한다. 에르하르트는 10년간 코칭에 치중한 est의 창시자로, 코치로서, 그의 연구와 공부는 다양한 분야에서 코칭의 원리를 구현하기 위한 포괄적인 이론과 기술을 완결시켰다고 평가했다(Evered, & Selman,1989). 그는 코칭에 관한 어떤 책도 쓰지 않았지만 전문코칭의 원리를 형성하는 데 큰 공헌을 하였다.

에르하르트(Erhard)의 est훈련을 통해 발견하게 되는 코칭적인 요소는 자기존재가치 인식과 가능성 확장을 통한 개인의 성장과 개발, 자기인생에 대한 개인적인 책임의식, 문제에 대한 분석보다는 경험을 통한 발견이다.

2) 티모시 골웨이

티모시 골웨이(Timothy Gallwey)는 현대코칭을 만든 주인공이라고 해도 될 만한 사람 가운데 한 명이다. 그는 심리학의 이론을 스포츠의 기술에 접목시키고, 그 결합된 기술이 유용하다는 것을 증명함으로 코칭이라는 신흥분야를 만드는데 기여했다. 그는 인본주의 심리학의 선구자라 할 수 있는 로저스와 매슬로우의 이론으로부터 많은 것을 가져왔고, 그 이론을 테니스에 적용하였다(Brock, 2015). 그가 발견한 것이 이너게임의 원리이다.

이너게임의 원리는 우리가 매일 하는 것보다 훨씬 더 잘할 수 있는 잠재력이 있다고 믿는 것이다. 그 잠재력을 발견하는 방법은 외부로부터 밀어 넣는 것이 아니라, 억누르고 있는 뚜껑을 열어 안에서부터 밖으로 흘러나오도록 하는 것이다. 바로 그 뚜껑이 성과를 방해하는 정신적 불안이다. 바로 이 점이 가르침(teaching)과 다른 점이다. 가르침은 밖에서 뭔가를 안으로 밀어 넣는 것이고, 코칭은 안에서 밖으로 끄집어내는 것이다. 기본적으로 이너게임은 '우리에게 태어날 때부터 모든 것이 갖추어져 있다'는 전제에 기초한다. 따라서 이너게임 코치는 학생에게 표준적인 기법을 가르치거나 또는 기술적인 문제에 대한 해결책을 찾아주는 사람이 아니다. 이너게임 코치는 잠재역량의 표출을 방해하는 내적 요인을 제거하는 방법에 전문가이다(Whitmore, 2007).

티모시 골웨이는 어느 날 두 개의 자아가 있다는 사실을 발견한다. 자아 1은 항상 나에게 지시하고 평가하고 비판하는 자아이고 자아 2는 인간 그 자체, 즉 자신의 실체라고 할 수 있다. 태어날 때부터 모든 것이 갖추어져 있기 때문에 자아 2는 굉장히 신뢰할 수 있는 존재이다. 그런데 그 역할을 제대로 못하는 것은 자아 1이 항상 비판하고 명령하기 때문이라는 것이다. 자아 1이 조용히 있을 때, 즉 자아 2가 집중된 상태일 때 최고의 실력을 발휘할 수 있다고 주장한다

(Gallwey, 2006). 그는 최근 인터뷰를 통해 코칭 시장은 확장되고 있고, 수많은 기술, 도구들이 존재하지만 도구, 기술을 떠나서 코칭의 본질을 잊지 말아야 하는데 그것은 코칭은 사람에 관계된 것임이라는 것이다. 티모시 골웨이(Timothy Gallwey)는 코칭을 이렇게 정의한다. '코칭은 성과를 극대화하기 위해 묶여있는 개인의 잠재능력을 풀어주는 것이다. 사람들이 코칭의 가르침에만 의존하지 않고 스스로 배우도록 도와주는 것이다'(Whitmore, 2007).

티모시 골웨이를 통해 발견하게 되는 코칭적인 요소는 잠자고 있는 잠재력을 끌어내는 것, 태어날 때부터 모든 것이 갖추어져 있다는 자기 존재 가치에 대한 인식과 믿음, 가르치는 것이 아닌 스스로 배우게 하는 것이다.

3) 존 휘트모어

존 휘트모어(John Whitmore)는 1970년 에살렌을 통해 인간 잠재력 회복 운동을 접한 후 골웨이의 이너게임 교육을 받고 이너게임 접근법을 영국에 소개하면서 이를 코칭이라고 불렀다. 이너게임을 기업에 도입하여 비즈니스 코칭의 문을 열고 기업의 관리자의 지시하고, 설득하고, 감독하고, 통제하는 전통적인 리더십을 질문으로 자각과 책임을 불러일으키는 코칭리더십으로 바꾸는 일을 하여 기업의 성과를 극대화하였다. 그는 『Coaching for performance』라는 저서를 통해 기업에 성과향상을 위한 GROW 코칭모델을 소개하였고, 그의 책은 전 세계 40개국에 23개의 언어로 번역이 되어 코칭의 세계화하는 데 큰 기여를 하였다(Brock, 2008).

존 휘트모어는 그의 저서에서 도토리 코칭모델을 제시한다. 도토리는 거대한 떡갈나무로 성장할 잠재력을 가지고 있다. 마찬가지로 우리가 성장하기 위해 영양분, 격려, 빛이 필요하지만 떡갈나무로 성장할 가능성은 이미 우리 내면에 잠재되어 있다. 사람들로부터 최대의 능력을 끌어내는 것이 코칭이다. 사람들에게서 최대의 능력을 끌어내기 위해서 그들이 최대의 능력을 보유하고 있다는 믿음이 필요한 것이다. 그래서 코치는 사람들을 드러난 성과가 아닌 잠재능력의 측면에서 평가해야 한다. 성공적인 코칭을 위해서는 사람들의 잠재능력에 대해 보통 사람들보다 훨씬 더 낙관적인 견해를 가져야 한다. 코치의 목표는 고객의 자각능력, 책임감, 자신감을 증대시키는 것이다(Whitmore, 1992).

그의 저서에서 그는 '코칭은 과거의 잘못이 아닌 미래의 가능성에 초점을 맞춘다', '코칭은 사람들이 스스로 일할 의욕을 가질 수 있도록 도와준다.', '코칭은 코치와 고객 간의 상호관계 및 의사소통에 의해 결과를 만들어내고, 코치의 질문에 의한 자극으로 고객이 자기 자신으로부터 해답을 찾아내는 것이다.'라고 하였다. 그리고 그는 코칭의 본질에 대해서 말하기를 '코칭의 본질은 자각과 책임을 불러일으키는 것이다.'라고 하였다. 이러한 자각과 책임을 불러일으키기 위해서 가장 좋은 수단은 열린 질문이다. 열린 질문은 사람들이 스스로 생각하게 만든다. 존 휘트모어는 자각과 책임을 높여주기 위해 GROW모델을 제시한다. 그는 GROW가 중요한 것이 아니라 자각과 책임이 중요하다고 강조한다(Whitmore, 2002). GROW모델은 목표(Goal), 현실(Reality), 대안(Option), 실행(will)이다.

목표(Goal)에서 중요한 것은 목표소유권이다. 코치가 목표를 제시하는 것이 아니라 고객이 가장 원하는 목표를 고객 스스로 따라 가도록 격려하는 것이다. 고객이 자발적으로 목표를 정할 수 있도록 돕는 것이다.

현실(Reality)에서 중요한 것은 고객이 더 깊은 자각이 일어날 수 있도록 돕는 것이다. 그러기 위해서 코치는 판단의 언어를 자제하고 서술의 언어를 사용해야 한다. 그리고 고객의 관심과 생각의 흐름을 따라가면서 고객의 이슈와 어떻게 연관되었는지를 질문을 하는 것이다. 또한 드러난 현상 뒤에 숨은 원인을 고객이 자각할 수 있도록 돕는 것이다. 고객이 생각하고 검토하고 살펴보고 참여하게 해야 한다.

대안(Option)에서 중요한 것은 옳은 답을 찾는 것이 아니라 가능한 많은 대안을 찾는 것이다. 대안의 숫자가 각 대안의 질과 실현 가능성보다 더 중요하다.

창의력을 발휘하는 두뇌 활성화 과정으로 선호도, 검열, 비난, 장애물, 실현 가능성이 배제되어야 한다. 코치는 더 많은 아이디어를 끌어내기 위해서 부정적 가정을 긍정적 가정으로 바꾸는 질문을 한다. 존 휘트모어가 이해하는 코칭은 판단하지 않고 더 많은 가능성을 끌어내는 것이다.

실행(Will)에서 중요한 것은 고객이 스스로 선택권을 가지고 고객 스스로 자기에게 책임을 지도록 돕는 것이다. 목표를 이루기 위한 아이디어를 구체적인 행동으로 옮길 수 있도록 전폭적으로 지원하는 질문을 한다. 존 휘트모어가 이해하는 코칭은 고객이 스스로 선택하고 자기가 선택한 것에 책임을 다하도록 전폭적으로 지원하는 것이다.

존 휘트모어를 통해 발견하게 되는 코칭적인 요소는 사람들의 내면에 있는 잠재력을 끌어내는 것이고, 자발적인 목표설정, 깊은 자각을 불러일으키는 것, 더 많은 가능성을 확장하는 것, 스스로 선택하고 스스로 책임지게 하는 것이다.

4) 토마스 레너드

토마스 레너드(Thomas Leonard)는 코칭이라는 신흥분야를 성문화하고 대중화하고 국제화하는 데 기여한 사람이다. 그는 자신의 비즈니스 배경지식을 코칭에 접목하였고 코칭을 산업화하는 데 기여했다. 또한 그는 전화를 통해 국제적으로 코칭을 가르칠 수 있는 코칭교육과정을 만들었고, 일대일 코칭을 단순화하고 상품화하여 어디에서나 누구에게나 코칭을 가르칠 수 있게 하였다. 그리하여 코칭을 대중화하는데 기여했고 코칭을 세상에 알리는 중요한 일을 하였다(Brock, 2008). 그는 고객이 코치를 고용하게 하려면 무엇보다도 코치는 고급 코칭역량을 갖추어야 함을 강조하고 20년간의 연구를 통해 코칭 시스템을 만들어내었다. [그림 2-1]은 토마스 레너드의 코칭 시스템을 잘 보여준다. 토마스 레너드의 코칭 시스템이 코칭을 산업화하고 전문코치라는 직업을 만들어 내는 데 크게 기여했다.

토마스 레너드의 코칭 시스템은 15가지 경청분별(Listening Clarifiers), 15가지 새로운 프레임워크(New Frameworks), 15가지 의사소통 스타일(Communication Stylepoints), 15가지 고급 코칭역량(Coaching Proficiencies), 15가지 고객제공물(Clients Deliverables)로 이루어진다. 15가지 고급 코칭역량은 코칭 시스템의 엔진에 해당되고, 코치는 90%의 시간을 고급 코칭역량을 사용한다. 코치는 코칭 세션에서 어떤 고급 코칭역량을 사용해야 하는지 알기 위해 15가지 경청분별을 사용한다. 코치가 고객에게 어떤 서비스를 제공하는지 알 수 있도록 15가지 고객제공물을 사용한다. 고객이 적은 노력으로 더 빠르게 앞으로 나아가도록 고객의 생각을 확장하기 위해 15가지 새로운 프레임워크를 사용한다. 그리고 고객과 효과적인 상호작용을 위해 15가지 의사소통 스타일을 사용한다(Thomas Leonard Coaching School Class Learning Guide #2401, 2002).

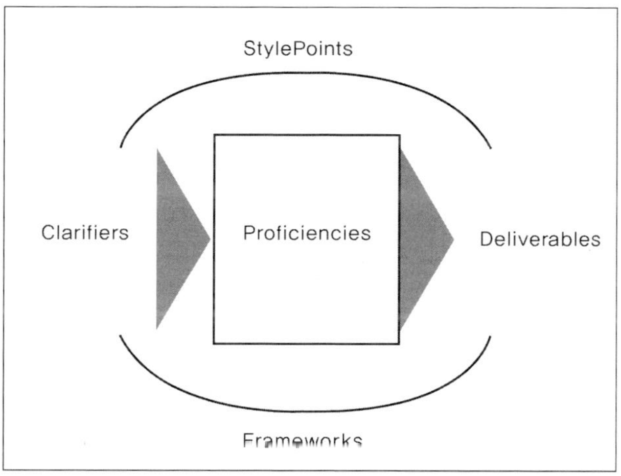

[그림 2-1] 토마스 레너드(Thomas Leonard) 코칭시스템

토마스 레너드는 15가지 고급 코칭역량을 5가지로 분류하였다. 그것은 고객의 정보 드러내기(Revealing Information), 행함이 아닌 존재(Being not Doing), 적극적인 코칭(Active Coaching), 결과에서 행동으로(Outcomes into Action), 능수능란한 공동작업(Masterful Collaboration)이다(Coachville, 2002).

고객의 정보 드러내기는 외부에서 내부로 정보를 주입하는 것이 아니라 고객이 이미 내부에 가지고 있는 정보를 드러내게 함으로 고객 스스로 자각을 일으키게 하는 것이다. 고객의 정보를 드러내는 데 있어서 레너드가 강조한 것은 고객이 이미 가지고 있는 위대함이다. 고객이 가지고 있는 위대함을 고객이 인식하게 될 때 고객 스스로 자각을 일으키게 되고 자발성을 촉진하게 된다.

고객의 정보 드러내기와 연관된 고급 코칭역량은 도발적인 대화에 참여하기와 고객을 자신에게 드러내기와 호기심을 가지고 항해하기와 새로운 영역으로 들어가기이다.

행함이 아닌 존재는 고객이 무엇을 행하느냐에 초점을 두는 것이 아니라 고객의 존재에 초점을 두는 것이다. 고객이 행함으로 결과를 얻는 것이 아니라 고객의 존재가 얼마나 가치가 있는지 스스로 인식하게 될 때 좋아서 기뻐서 하게 되므로 결과를 얻게 되는 것이다. 코치가 코칭을 할 때 고객이 가지고 있는 이슈를 중심에 두고 접근하는 것이 아니라 코칭에 참여하는 고객을 중심에 두고 접근하는 것이다. 이것은 무엇(What)과 어떻게(How)가 아닌 누구(Who) 패러다임이다. 행함이 아닌 존재와 연관된 고급 코칭역량은 고객을 엄청나게 즐기기와 모든 상황에서 완벽함을 인식하기와 진리를 즐기기와 고객의 인간성을 존중하기이다.

적극적인 코칭은 고객의 문제를 해결하기 위해 실행계획을 도출해 내는 차원을 넘어 고객의 인생에 강력한 영향을 줄 수 있는 내적인 전환에 초점을 두고 있다. 코칭은 문제해결이 아니라 고객의 내적전환이다. 고객의 내적 전환은 자발성을 촉진하게 되므로 좋아서 기뻐서 하게 한다. 이것은 코칭이 심리적인 차원을 넘어 영적인 차원에 있음을 보여준다. 코칭은 단순히 생각을 바꾸는 것을 넘어 영감을 주는 것이다. 영감이란 영이 움직여 감동을 받는 것을 말한다. 사람들이 영감을 받을 때 가슴이 뛰게 되고, 가슴이 벅차고, 가슴이 떨리게 되고 자발성이 촉진되어 좋아서 기뻐서 하게 되므로 놀라운 변화를 경험하게 된다. 적극적인 코칭과 연관된 고급 코칭역량은 고객에게 가장 중요한 것에 관심 가지기와 깨끗하게 의사소통하기와 거기 있는 것 나누기, 고객을 옹호하기이다.

결과에서 행동으로는 행동으로 결과를 도출하는 것이 아니라 결과에서 행동을 도출하는 것이다. 이것은 고객이 원하는 미래로부터 행동을 도출해 내는 기술이다. 이것은 미래를 긍정함으로 가능성을 확장하는 것이다. 행동으로 결과를 도출하기 위해서는 목표를 세우고 그 목표를 이루기 위해 고군분투하여야 한다. 그러나 결과에서 행동이 나오는 것은 결과가 너무 매력적이고 가슴을 뛰게 함으로 좋아서 기뻐서 힘을 안 들이고 하게 되는 것이다. 이것을 결과(Outcome) 패러다임이라고 할 수 있다. 결과에서 행동으로와 연관된 고급 코칭역량은 고객의 위대함을 끌어내기와 고객의 최고의 노력을 확장하기이다.

능수능란한 공동작업은 코치와 고객이 상호작용을 하면서 고객에게 가장 적합하고 지속가능한 솔루션을 공동으로 설계하는 것이다. 코치는 공동으로 작업하는데 능수능란해야 한다. 이것은 고객의 성과를 2배, 10배 그 이상을 올릴 수 있도록 돕는 기술이다. 이 기술은 코치와 고객 모두에게 패러다임 전환을 가져다주어 자기 의존에서 벗어나 지원적인 환경이 동역자가 되도록 하는 것이다. 지원적인 환경은 자발성을 촉진하여 좋아서 기뻐서 함으로 고성과를 올리게 되는 것이다. 레너드가 말하는 7가지의 지원적인 환경은 관계적인 환경, 물리적 환경, 지적인 환경, 무형적인 환경, 나 자신의 환경, 네트워크 환경, 그리고 자연적인 환경이다. 능수능란한 공동작업과 연관된 고급 코칭역량은 지원적인 환경을 설계하기이다(Thomas Leonard Coaching School, 2002).

토마스 레너드를 통해 발견하게 되는 코칭적인 요소는 고객 안에 있는 정보를 밖으로 끌어내어 스스로 인식하게 하는 것, 자기존재 가치를 인식하게 하는 것, 새로운 자각을 일으키고, 고객 안에 잠재되어 있는 가능성을 끌어내고, 고객의 효과성을 확장하는 것이다.

초기코치들이 이해한 코칭을 정리해 보면 〈표 2-1〉과 같다(유충열, 2018).

〈표 2-1〉 초기코치들의 코칭이해

초기 코치들	코칭적 요소
베르너 에르하르트	자기존재가치 인식, 가능성 확장, 개인의 성장과 개발, 개인적인 책임의식, 경험을 통한 발견이다.
티모시 골웨이	잠재력(가능성)을 끌어냄, 자기존재 가치인식, 믿음, 스스로 배움
존 휘트모어	잠재력(가능성)을 끌어냄, 자발적인 목표설정, 깊은 자각을 불러일으킴, 가능성 확장, 스스로 선택, 스스로 책임
토마스 레너드	정보를 끌어냄, 자기존재 가치인식, 새로운 자각 일으킴, 가능성을 끌어냄, 고객의 효과성 확장

출처: 유충열(2018).

초기코치들의 코칭이해에서 가장 많이 나오는 단어는 자기존재 가치인식과 끌어냄, 그리고 스스로와 가능성(잠재력)임을 발견하게 된다. 이 네 단어가 코칭이라는 신흥분야를 만들어낸 핵심이라는 사실을 필자는 발견하였다. 이 요소들이 코칭을 상담, 심리치료, 컨설팅, 멘토링과 차별화할 수 있게 한 것이다. 코칭은 그 동안의 패러다임과 전혀 다른 새로운 패러다임이다. 코칭의 본질은 이 네 단어의 융합으로 잠재되어 있는 능력을 끌어내어 인간을 개발함으로 미래를 창조하는 것이다.

상담, 심리치료와 컨설팅의 공통점은 문제를 해결하는 데 초점을 맞추고 있다. 그러나 멘토링과 코칭만이 인간을 개발하는 데 초점을 맞추고 있다. 그런데 멘토링은 멘토의 통찰력과 능력 기술로 인간을 개발하는 데 비해 코칭은 코칭을 받는 고객의 통찰력과 잠재되어 있는 능력을 끌어내어 개발하는 차이가 있다. 따라서 코칭의 본질은 사람들 내면에 있는 잠재력을 끌어내어 인간을 개발함으로 미래를 창조하는 것이라고 할 수 있다. 이러한 코칭의 본질이 코칭을 산업화할 수 있었고 전문코치라는 신 직업을 만들어낼 수 있었던 것이다. 그리고 본 연구자는 코칭의 핵심 네 단어 안에 새로운 패러다임이 숨겨져 있음을 발견할 수 있었다.

첫 번째 단어는 자기존재 가치 인식이다. 에르하르트의 EST훈련도, 티모시 골웨이의 이너게임 원리도 내가 얼마나 소중하고 가치 있는 존재임을 알게 해주는 것이었다. 이들의 영향을 받은 존 휘트모어와 토마스 레너드의 코칭의 프로세스 가운데도 자기존재 가치인식이 녹아져 있다. 코칭은 고객으로 하여금 자기의 존재가치를 알게 해주는 최고의 기술이다. 상대의 존재가치를 알게 해주는 상대중심의 패러다임이 숨겨져 있음을 발견하게 된다. 두 번째 단어는 끌어냄이다. 밖에서 안으로 주입하는 것이 아니라 안에 있는 것을 끌어내어 줌으로 스스로 발견하게 하는 것이다. 그 동안의 교육은 외부에서 강의를 통해 새로운 지식을 전달하는 방식으로 이루어졌다. 그런데 코칭은 외부지식이 아니라 고객이 이미 가지고 있지만 알지 못하는 내부지식을 끌어내어 알게 하는 것이다. 세 번째 단어는 스스로이다. 스스로 라는 말은 외부의 압력으로 마지 못 해서 하는 것이 아니라 좋아서 기뻐서 하는 자발성 촉신이라는 패러다임이 숨겨저 있음을 발견하게 된다. 이것은 안에서 밖으로 끌어냄으로 발견된 결과로 이루어진다. 네 번째 단어는 가능성(잠재력)이다. 코칭은 과거의 잘못이 아닌 미래의 가능성에 초점을 맞춘다. 그래서 문제의 원인을 찾아서 문제를 해결하는 것이 아니라 미래의 가능성을 믿고 미래를 긍정하는 새로운 패러다임이 숨겨져 있음을 발견하게 된다.

이상을 토대로 코칭의 본질을 구성하는 3가지의 요소는 상대중심, 자발성 촉진, 미래긍정관점으로 정리할 수 있다, 따라서 코칭의 본질적인 정의는 '코칭이란 상대중심으로 존재가치를 발견하게 하고, 미래긍정 관점으로 가능성을 확장하고, 자발성을 촉진함으로 자각과 책임을 불러일으키고 탁월함(잠재력)을 끌어내어 인간을 개발하는 창의적인 프로세스이다.'라고 할 수 있다. 또한 상대중심의 패러다임은 고객으로 하여금 자기존재가치를 인식하게 하고 고객이 정말로 원하는 것을 명확하게 하고 이룰 수 있도록 돕고, 고객이 원하는 미래를 향해 앞으로 나아가도록 돕고, 고객이 성장하고 변화할 수 있도록 돕고, 고객이 좋음에서 위대함으로 나아가도록 돕고, 고객의 상황에 맞는 학습을 촉진하도록 돕게 한다. 자발성촉진의 패러다임은 고객에게 무엇을 하라고 말하지 않고, 고객을 고치려고 하지 않고, 고객이 스스로 발견하도록 돕고, 고객 안에 있는 탁월함을 끌어내어 스스로 인식하도록 돕게 한다. 미래긍정 관점의 패러다임은 고객으로 하여금 문제 중심에서 해결 중심으로 이끌게 하고, 문제가 다 해결된 고객이 원하는 미래를 탐험하게 하고, 고객이 가지고 있는 자원을 탐색하게 하고, 미래를 부정적인 관점이 아니라 긍정적인 관점으로 보도록 돕게 한다. 이상의 내용을 정리하면 [그림 2-2]와 같다.

[그림 2-2] 코칭의 본질

2. 코칭의 패러다임

코칭의 아버지라 평가받고 있는 토마스 레너드는 고객이 코치를 고용하게 하려면 무엇보다도 코치는 고급 코칭역량을 갖추어야 함을 강조하고 20년간의 연구를 통해 새로운 패러다임의 코칭 시스템을 만들어 내었다. 코칭 시스템으로부터 3가지의 코칭 패러다임을 발견할 수 있다. 패러다임이란 무엇인가? 위키백과는 이렇게 패러다임을 정의한다. "패러다임은 어떤 한 시대 사람들의 견해나 사고를 근본적으로 규정하고 있는 테두리로서의 인식체계, 또는 사물에 대한 이론적인 틀이나 체계를 의미하는 개념이다." 새로운 패러다임이란 근본적인 테두리나 틀이나 체계를 뛰어넘는 개념을 말한다. 코칭은 새로운 패러다임이다. 코칭은 새로운 패러다임이기 때문에 변화와 성장에 탁월하다.

1) Who 패러다임

토마스 레너드가 누구(Who) 패러다임을 발견하게 된 이야기가 있다. 이 이야기는 레너드가 세상을 떠난 후 뉴욕 타임즈가 토마스 레너드의 친구인 데이브 벅(Dave Buck)과의 인터뷰에 의해 밝혀졌다. 레너드의 재무 고객 가운데 20대 부유한 부부가 있었다. 어느 날 그들이 레너드에게 재무에 관한 것이 아니라 그들의 삶에 대하여 이야기를 하고 싶다고 하였다. 그 부부는 레너드에게 BMW를 사야 하는데 어떤 색의 BMW를 사야 하는지 이것에 대하여 이야기를 나누고 싶다고 하였다. 레너드는 그들이 원하는 색깔이 무엇인지 물었고, 그들과 함께 대화를 하면서 레너드가 그들에게 자동차 딜러에게 물어보는 것이 어떠냐고 하였을 때 그 부부는 우리는 당신의 조언을 신뢰하기 때문에 당신의 견해를 듣고 싶다고 말을 하였고 레너드는 나는 당신들이 어떤 색을 원하는지 모르지만 대화를 하면서 당신들은 밝은 사람들이니까 밝음을 나타내는 빨간색이 떠올랐다고 말하였고 그것이 그들에게 통찰력을 주게 되었고 그들이 아주 만족스러워하는 것을 보게 되었다.

토마스 레너드는 이 첫 번째 코칭 경험을 통해 중요한 키워드를 발견하게 된다. 그것은 고객이 원하는 것을 중심으로 하는 대화(Preference), 고객이 코치를 신뢰하는 가운데 하는 대화(Trust) 그리고 레너드는 그들의 이슈가 아니라 그들의 존재에 집중하였을 때 하는 대화(Who)를 통해 고객이 원하는 솔루션을 발견하게 되는 것을 경험하게 된 것이 전문코칭(Professional Coaching)을 시작하는 출발점이 된 것이다. 레너드는 이 경험을 계기로 고객의 문제를 해결하는 새로운 방법을 발견하게 된 것이다. 고객의 존재를 문제와 연결할 때 고객에게 딱 맞는 해결책이 도출이 되는 것을 깨닫게 된 것이다. 고객은 문제를 가지고 오지만 코치는 고객에게 집중하여 고객의 위대함을 발견하도록 돕는 새로운 패러다임을 발견하게 된 것이다.

코칭은 고객이 무엇을 행하느냐에 초점을 두는 것이 아니라 고객의 존재에 초점을 두는 것이다. 고객이 행함으로 결과를 얻는 것이 아니라 고객의 존재가 얼마나 가치가 있는지 스스로 인식하게 될 때 좋아서 기뻐서 하게 되므로 결과를 얻게 되는 것이다. 코치가 코칭을 할 때 고객이 가지고 있는 이슈를 중심에 두고 접근하는 것이 아니라 코칭에 참여하는 고객을 중심에 두고 접근하는 것이다.

코칭은 상담과 심리치료와 컨설팅과 멘토링과 전혀 다른 패러다임을 가지고 있다. 상담과 심리치료와 컨설팅과 멘토링의 패러다임은 What과 How에 초점을 맞춘다. 그래서 문제가 무엇인지를 정확하게 규명을 하고, 진단을 하고 그 원인을 찾아내고, 어떻게 해결해야 할지에 초점을 맞춘다. 그러나 코칭의 패러다임은 What과 How가 아니라 Who에 초점을 맞춘다. 그래서 문제를 규명하고 분석하고 원인을 찾지 않는다. 코칭에서 고객의 문제나 이슈는 고객의 존재의 가치와 위대함을 발견하게 하는 통로가 되는 것이다. 코칭을 통해 자기 존재의 위대함과 가치를 알게 되면 나에게 가장 필요한 것이 무엇인지 그리고 나의 존재에 맞는 What을 스스로 알게 된다. 내가 무엇을 해야 하는지 What을 알게 되면 나에게 딱 맞는 How를 스스로 발견하게 된다. 이 과정을 통해 자발성이 촉진되어 좋아서 기뻐서 How를 실행하게 됨으로 가능성이 확장되고 잠재력이 개발되는 것이다. 레너드는 Who 패러다임과 연관이 되는 코칭역량이 숙달되어야 함을 강조하였다. 레너드는 이것을 Being not Doing이라고 불렀다. Being not Doing과 관련된 코칭역량은 고객을 엄청나게 즐기기와 모든 상황에서 완벽함을 인식하기와 진리를 즐기기와 고객의 인간성을 존중하기이다.

2) PULL 패러다임

토마스 레너드가 PULL 패러다임을 발견하게 된 이야기가 있다. 그는 성격이 내성적이어서 재무 설계사로 일하는 데 있어서 그에게 가장 부담이 되었던 것은 사람들을 만나 명함을 주고 자기가 하고 있는 일에 대하여 설명을 하고 고객이 되도록 설득하는 일이었다. 그는 어느 날 우연히 자기 계발 프로그램을 소개하는 브로셔를 읽다가 맨 밑에 아주 작은 글씨로 이렇게 쓰여 있는 것을 보게 된다. "우리는 프로그램을 홍보하는 것이 아니라 사람을 우리 프로그램으로 오게 하는 것입니다." 이 문구에서 레너드는 영감을 얻게 되어 고객에게 홍보하지 않고 어떻게 고객을 오게 할 것인가에 관심을 갖고 연구하게 된다. 그의 연구로 인해 그는 PULL 패러다임을 발견하게 된다. 레너드의 PULL 패러다임이 매력의 원리 (Attraction Principle)이다. 레너드는 사람들에게 매력을 줄 수 있는 그가 발견한 12가지 원리를 300명의 코치들과 함께 토론하면서 28가지 원리를 만들어낸다(Leonard, 1998). 그리고 레너드는 전문코치들이 Attraction Program을 이수하도록 했고 이를 통해 한 해에 150개 이상의 변화된 삶의 이야기가 만들어지게 된다. 레너드는 모든 전문코치들이 늘 휴대하고 가지고 다니며 실천해야 한다는 것을 강조하는 의미로 『Portable Coach』라는 책을 출판하게 되었고 아마존 전체 책 가운데 판매 9위를 차지하게 되었다(Vikki, 2012).

레너드는 우리가 원하는 것을 얻기 위해 컴퓨터를 사용하기 위해서는 Operating System 운영체제인 윈도우가 있어야 하는 것처럼 28가지 매력의 원리를 Attraction OS라고 불렀다. 레너드는 전문코치의 삶에는 Attraction OS가 장착되어 있어야 삶이 진화될 수 있다고 강조한다. 이 매력의 원리는 모든 유형의 성격, 상황, 문제에 지속적으로 잘 작동된다. 코치가 매력의 원리대로 살면서 변화를 경험하게 되면 코칭을 하는 데 있어서 고객에게 더 큰 도움을 줄 수 있다(Leonard, 1998) 이 매력의 원리의 핵심은 성공을 좇는 것을 중단하고 성공이 나를 좇아오게 하는 것이다.

PULL 패러다임이란 PUSH 패러다임과 다르다. PUSH 패러다임은 원하는 것을 이루기 위해 나를 밀어붙여 수고하고 노력하고, 고군분투하여 이루는 것을 말한다. 그러나 PULL 패러다임은 나에게 매력을 주는 어떤 것이 나를 잡아당겨 원하는 것을 아주 쉽게 좋아서 기뻐서 하게 하는 것이다.

코칭은 다른 도움 전문직인 상담과 심리치료와 컨설팅과 멘토링과 전혀 다른 패러다임을 가지고 있다. 상담과 심리치료와 컨설팅과 멘토링은 PUSH 패러다임을 가지고 있다. 상담과 심리치료와 컨설팅과 멘토링이 필요한 고객이 원하는 것을 이룰 수 있도록 돕는 것이다. 이러한 도움 전문직은 전문가인 카운슬러와 심리치료사와 컨설턴트와 멘토의 전문성이 아주 중요하다. 즉 외부의 영향으로 원하는 것을 이루게 한다. 그러나 코칭은 코치가 전문가가 아니라 고객이 인생의 전문가이다. 그래서 코치는 지시, 명령, 충고를 하지 않고 그가 스스로 발견하고 스스로 책임지고 스스로 행동하게 하는 것이다.

코칭은 고객의 문제를 해결하기 위해 실행계획을 도출해내는 차원을 넘어 고객의 인생에 강력한 영향을 줄 수 있는 내적인 전환에 초점을 맞춘다. 코칭은 문제해결이 아니라 고객의 내적전환이다. 고객의 내적 전환은 자발성을 촉진하게 되므로 좋아서 기뻐서 하게 한다. 이것은 코칭이 심리적인 차원을 넘어 영적인 차원에 있음을 보여준다. 코칭은 단순히 생각을 바꾸는 것을 넘어 영감을 주는 것이다. 영감이란 영이 움직여 감동을 받는 것을 말한다. 사람들이 영감을 받을 때 가슴이 뛰게 되고, 가슴이 벅차고, 가슴이 떨리게 되고 자발성이 촉진되어 좋아서 기뻐서 하게 되므로 놀라운 변화를 경험하게 된다. 레너드는 이것을 진화라고 불렀다. 코칭은 고객이 변화하는 것을 넘어 진화하게 하는 것이다. 개인이 진화하는 것은 영이 움직일 때 가능한 것이고 이것이 코칭에 생명력을 불어넣는 것이다. 레너드는 코칭에 생명력을 불어넣을 수 있는 코칭역량이 숙달되어야 함을 강조하였다. 레너드는 이것을 적극적인 코칭(Active Coaching)이라고 불렀다. Active Coaching과 관련된 고급 코칭역량은 고객에게 가장 중요한 것에 관심 가지기와 깨끗하게 의사소통하기와 거기 있는 것 나누기와 고객을 옹호하기이다.

3) Outcome 패러다임

코칭은 목표 Goal 패러다임이 아니라 목표가 이루어진 결과 Outcome 패러다임이다. 코칭은 목표에 초점이 맞추어 있지 않고 목표가 이루어진 결과에 초점이 맞추어 있다. 목표에 초점을 맞추게 되면 원하는 목표를 이루기 위해 계획을 세우고, 계획을 이루기 위해 행동단계를 만들고 실행을 한다. Goal 패러다임은 현재에서 미래를 향한다. 현재에서 미래를 향하면 현재를 점검하고 무엇을 해야 할지 생각하게 된다. 그러나 목표가 이루어진 결과인 Outcome 패러다임은 미래에서 현재를 향한다. 미래에서 현재를 향하면 현재를 점검하지 않고 이루어진 미래에서 이루어진 미래의 단서를 발견하게 된다. 코칭은 종결을 염두에 두고 시작한다(Szabo et al., 2008). 종결을 염두에 두고 시작하면 코치와 고객은 고객의 일상생활을 어떻게 변화시킬지 탐색할 수 있다. 그래서 고객이 정말 원하는 것이 무엇인지 명확하게 할 수 있는 것이다. 이것은 코칭 시간을 단축시켜 준다.

Outcome 패러다임은 질문을 다르게 할 수 있다. 예를 들어 고객이 원하는 것을 현실로 이루기를 원할 때 Goal 패러다임은 이렇게 질문을 한다. 목표를 이루기 위해 무엇을 할 수 있나요? 이러한 질문은 목표에 도달할 수 있는 일반적인 방법을 알아내고 앞으로 나아갈 수 있는 행동을 생각하게 한다. 그러나 Outcome 패러다임은 이렇게 질문을 하게 된다. 목표를 이루었다는 것을 어떻게 알 수 있나요? 이 질문은 목표가 이루어진 신호가 어떠하며 그러한 신호에 어떤 행동이 기여할 수 있는지 확실히 알게 한다. 이러한 질문은 일반적인 대답이 아니라 고객만의 대답을 하게 한다. 고객은 다르게 관찰하게 되고, 무엇이 나에게 효과적인지를 생각하게 되고 발견하게 된다면 자신이 이미 가지고 있는 자원과 자신의 효과적인 행동에 가까이 가게 된다. 이렇게 되면 변화는 빠르고 지속적으로 일어나게 된다.

토마스 레너드도 이러한 패러다임을 결과에서 행동으로(Outcomes into Action)라고 표현했다. 코칭은 행동에서 결과를 도출하는 것이 아니라 결과에서 행동을 도출하는 것이다. 이것은 미래를 긍정함으로 가능성을 확장하는 것이다. 결과에서 행동이 나오는 것은 결과가 너무 매력적이고 가슴을 뛰게 함으로 좋아서 기뻐서 힘 안들이고 하게 되는 것이다. 이것과 관련된 ICF의 코칭역량이 코칭합의(Coaching Agreement)이다. 토마스 레너드의 결과에서 행동으로와 연관된 고급 코칭역량은 고객의 위대함을 끌어내기와 고객의 최고의 노력을 확장하기이다.

코칭은 다른 도움 전문직인 상담과 심리치료와 컨설팅과 멘토링과 전혀 다른 패러다임을 가지고 있다. 상담과 심리치료와 컨설팅과 멘토링은 Goal 패러다임을 가지고 고객이 원하는 것을 이룰 수 있도록 돕는 것이다. 코칭은 문제를 해결하고, 고장 난 것을 고치고. 장애물을 제거하는 것이 아니라 문제가 해결된 미래, 고장 난 것이 고쳐진 미래, 장애물이 해결된 미래, 원하는 것이 이루어진 미래를 긍정함으로 가능성을 촉진하고 확장하는 것이다. 그래서 고객이 원하는 미래를 고객에게 가장 효과적인 방법으로 미래를 창조하는 것이다.

3. 코칭의 본질적인 요소

코칭에 대한 정의가 수없이 많이 있다. 전문코치들의 코칭에 대한 정의, 코치훈련기관의 코칭에 대한 정의, 코칭펌의 코칭에 대한 정의, 국내외 코치협회의 코칭에 대한 정의들이 다 다르다. 이 모든 코칭에 대한 정의를 전부 아우를 수 있는 것은 무엇인가? 그것이 코칭의 본질이다. 코칭의 본질이란 코칭이 코칭으로 있기 위해서는 없어서 안 되는 것이다. 즉 코칭에 있어서 가장 필연적인 요소를 말한다. 코칭의 본질은 코칭의 새로운 패러다임인 상대중심, 자발성촉진, 미래긍정이다. 이에 대해 자세히 알아보고자 한다.

1) 상대중심

코칭의 본질의 첫 번째 요소는 상대중심이다. 코칭은 상대를 중심에 두는 패러다임이라 할 수 있다. 코칭을 함에 있어서 상대중심이란 고객을 중심에 두고 코칭을 하는 것을 말한다. 사람들은 자기를 중심에 두고 삶을 살아간다. 그래서 내 생각, 내 감정, 내 의지를 중요하게 생각하고 자기 관점에서 선택하고 결정하고 행동한다. 그런데 문제는 내 생각과 상대방의 생각이 다르기 때문에 갈등을 겪게 된다. 갈등을 겪는 사람들은 다음과 같은 말을 하게 된다. "왜 저 사람은 저렇게 생각하지?" 우리가 만일 내 관점이 아니라 상대방의 관점에서 생각한다면 갈등이나 다툼은 일어나지 않을 것이다.

일반대화와 코칭대화는 다르다. 일반대화는 대화할 때 상대를 중심에 두고 대화를 하기보다는 나를 중심에 두고 대화를 하는 것이다. 그래서 내가 원하는 방향으로 대화를 이끌어가려고 한다. 그리고 대화를 통해 내 뜻을 이루기 위해 노력을 하게 된다. 상대방도 마찬가지로 자기의 뜻을 이루기 위해 자기가 원하는 방향으로 대화를 이끌어가려고 한다. 그래서 의사소통의 오류가 생기고 상대방과 관계가 깨어지는 결과를 낳게 된다. 그러나 코칭대화는 나를 중심에 두고 하는 대화가 아니라 상대를 중심에 두고 하는 대화이다. 나를 위해 하는 대화가 아니라 상대를 위해 하는 대화이다. 내 관점에서 상대를 위하는 것이 아니라 상대의 관점에서 상대를 위하는 대화인 것이다. 이렇게 하는 대화가 쉽지 않다. 그래서 코칭을 배워야 한다.

코치는 상대방을 위하여 경청하고, 상대방을 위하여 질문하고 상대방을 위하여 피드백을 한다. 코치는 코칭세션에서만 아니라 삶 속에서도 상대를 중심에 두고 살아가는 것이 익숙해져야 한다. 그렇게 되면 코칭세션에서도 아주 자연스럽게 고객을 중심에 두고 코칭을 하게 될 것이다.

사람들이 코칭의 본질적인 요소인 상대를 중심에 두는 패러다임을 갖게 된다면 세상은 놀랍게 변화될 것이다. 가정에서 부모가 상대중심의 패러다임을 가진 코치형 부모가 된다면 부모가 자녀에게 원하는 것보다 자녀가 정말 원하는 것이 무엇인지 발견하고, 자녀가 그것을 이룰 수 있도록 지지해주고 지원해 주게 될 것이다. 그렇게 되면 자녀는 더욱 더 부모를 존경하게 된다.

부부관계에서도 놀라운 변화가 일어나게 될 것이다. 남편이 상대중심의 패러다임을 가진 코치형 남편이 된다면 아내가 정말 원하는 것이 무엇인지 발견하고 최선을 다하여 아내가 원하는 것을 이룰 수 있도록 지지하고 격려하고 지원해 줄 것이다. 그러면 아내는 남편을 더욱더 존경하고 남편에게 순종하게 될 것이다. 아내가 상대중심의 패러다임을 가진 코치형 아내가 된다면 남편이 정말 원하는 것이 무엇인지 발견하고 최선을 다하여 남편이 원하는 것을 이룰 수 있도록 지지해 주고 도와주게 될 것이다. 그러면 남편은 아내를 더욱 사랑하게 될 것이다.

학교에서 교사가 상대중심의 패러다임을 가진 코치형 교사가 된다면 학생이 원하는 것이 무엇인지 발견하고 학생이 원하는 것을 이룰 수 있도록 지지해 주고 격려해주고 지원해 줄 것이다. 그렇게 되면 학생은 교사를 더욱 존경하여 교사의 말에 순종하게 될 것이다. 학생은 교사가 원하는 것이 무엇인지 발견하고 최선을 다하여 교사가 원하는 것을 이룰 수 있도록 돕는다면 교사는 학생을 더욱 사랑하게 될 것이다.

직장에서 상사가 상대중심의 패러다임을 가진 코치형 상사가 된다면 상사는 부하직원들이 정말로 원하는 것이 무엇인지 발견하고 그것을 이룰 수 있도록 최선을 다하여 도울 것이다. 그렇게 되면 부하직원들은 상사를 더욱 존경하게 되고 상사의 말을 따르게 될 것이다. 또한 부하직원들은 이러한 상사를 보면서 상사가 원하는 것이 무엇인지 발견하여 최선을 다하여 상사를 섬김으로 회사의 생산성이 올라가고 상사와 부하직원의 관계가 더욱 좋아질 것이다. 직장은 즐겁게 일하는 일터로 변하게 될 것이다. 상대를 중심에 두는 코칭 문화가 가정에 학교에 직장에 자리 잡게 되면 더 나은 세상이 될 것이다.

코칭의 본질적인 요소의 상대중심에서 핵심은 자기 존재 가치이다. 코칭은 코칭을 받는 고객이 얼마나 가치 있는 존재인지 스스로 인식하게 하는 최고의 기술이라고 할 수 있다. 보통 사람들은 자기 자신에 대하여 높이 평가하기보다는 자기 자신을 낮게 평가하는 경향이 있다. 그런데 사람들이 코치를 만나 코칭을 받으면 자기 안에 있는 위대함을 발견하게 되고 자기가 자기를 바라보는 인식이 바뀌게 된다. 이러한 자기 인식의 변화에서부터 삶의 변화가 시작되는 것이다. 필자가 코칭을 할 때 이러한 멘트를 한다. "고객님은 가치 있고 이 세상에 하나밖에 없는 유일한 사람이며, 탁월한 사람입니다. 지금 고객님의 현재 모습은 고객님의 인생 전체에서 5%도 되지 않습니다. 고객님 안에는 아직 발견하지 못한 어마 어마한 다이아몬드가 있습니다. 저와 함께 다이아몬드를 찾는 여행을 떠나지 않으시겠습니까?"

이 세상의 모든 사람은 다 가치 있고, 독특하며, 탁월한 사람들이다. 이것을 믿음으로 코칭이 시작되는 것이다. 지금 한국 사회에 우울증 환자가 점점 증가하고 있다. 그리고 자살하는 사람도 점점 더 늘어나고 있다. 왜냐하면 그들은 자기 존재 가치를 인식하고 있지 않기 때문이다. 전문코치는 존재 자체를 기뻐하는 사람들이다. 전문코치는 자신의 존재 자체를 기뻐할 뿐 아니라 모든 사람들의 존재를 기뻐한다. 필자는 학교에서 코칭학과 학생들에게 종종 이렇게 말을 한다."전문코치로 성공하려면 사람들의 태도와 행동이 내 마음에 들기 때문에 기뻐하는 것을 넘어서서 존재 자체를 기뻐할 수 있어야 한다."만일 누군가가 내 존재를 기뻐한다면 나의 삶은 변화를 넘어 진화하게 된다.

2) 자발성 촉진

코칭의 본질의 두 번째 요소는 자발성 촉진이다. 코칭은 상대를 중심에 둘 뿐 아니라 상대에게 지시하거나 명령하거나 가르치지 않고 자발성을 촉신하여 스스로 하게 한다. 코칭의 자발성 촉진에서의 핵심은 자각과 책임이다. 자발성 촉진이 일어나려면 선행되어야 하는 것이 자각이다. 자각이라는 말은 스스로 인식한다는 말이다. 우리가 지시하고 명령하고 충고하면 스스로 인식하는 것이 줄어든다. 그러나 스스로 발견하게 되면 자각이 일어난다. 코칭은 답을 주는 것이 아니라 스스로 답을 발견하게 하는 것이다.

토마스 레너드는 코칭은 발견하게 하는 비즈니스라고 했다. 코치는 고객을 고치려하지 않고, 해결책을 제안하지 않고 고객이 스스로 발견할 수 있도록 촉진하는 데 초점을 맞춘다(Creswell, 2015). 고객이 스스로 발견함으로 자각을 하게 되면 스스로 책임을 지게 된다. 자각이 없는 가운데 책임은 무거운 짐 또는 해야만 하는 의무가 되기 쉽다. 그러나 새로운 자각을 하게 될 때는 자발성이 촉진이 되어 스스로 책임을 지게 된다. 그리고 실행을 하게 된다.

자발성 촉진을 위하여 코치들이 사용하는 것이 경청과 질문이다. 코치는 고객에게 집중하는 경청을 통해 고객이 하는 말의 내용을 듣는 것을 넘어 고객을 위하여 경청함으로 고객의 위대함을 발견하고 말해줌으로 신뢰관계가 형성되고 깊이 있게 경청함으로 고객이 코치를 더욱 신뢰하게 되고 안전한 환경이 조성된다. 이러한 신뢰와 안전한 환경이 조성될 때 고객은 정말로 이해받는다고 느끼게 되고 고객이 스스로가 자신에게 필요한 답을 발견하게 된다. 새로운 것을 발견하게 되면 기쁨을 느끼게 되고 자발성이 촉진되어 좋아서 기뻐서 하게 되는 것이다.

또한 코치가 깊이 있는 경청을 통해 고객이 말하지 않은 것을 듣고 긍정적인 반응을 해줌으로 새로운 자각이 일어난다. 또한 코치가 고객이 제한된 믿음에 갇혀 있음을 알아차리게 되어 제한된 믿음에 도전함으로 새로운 자각이 일어나기도 한다. 그리고 코치는 강력한 질문을 통해 고객이 한 번도 생각해 보지 않은 것을 생각하게 한다.

코치가 하는 질문은 코치가 원하는 정보를 알아내기 위한 리포터 질문이 아니라 고객이 자기 자신과 대화를 촉진하는 질문이다. 이러한 과정을 통해 새로운 자각이 일어나게 된다. 새로운 자각은 문제를 해결하기 위한 해결책을 넘어 자기 자신의 존재에 대한 자각을 일으킨다. 코치의 질문은 강력하다. 왜냐하면 코치의 질문은 고객에게 최대의 유익을 줄 수 있는 질문이기 때문이다. 고객에게 새로운 자각이 일어나게 될 때 스스로 책임을 지게 되고 자발성이 촉진되어 좋아서 기뻐서 하게 된다.

코치는 전문지식을 가지고 문제를 분석하지도 않고 답을 제시하지도 않는다. 코치가 하는 중요한 일은 고객과 상호작용을 통해 고객 스스로 해결책을 발견할 수 있도록 돕는 일이다. 성인들은 외부에서 정보를 습득함으로 변화되는 것이 아니라 성인 스스로 아하 모멘트가 있어야 한다. "아 그렇구나! 왜 내가 이것을 몰랐지." 하고 스스로 인지하고 인식하게 될 때 스스로 책임의식을 갖게 되고 스스로 변화를 향하여 움직이게 되는 것이다. 성과향상을 위한 코칭리더십의 저자인 존 휘트모어는 자각과 책임을 불러일으키는 것이 코칭의 본질이라고 말했다 (Whitmore, 2007).

자발성을 촉진하게 되면 스스로 하게 된다. 스스로 하게 하는 리더십이 코칭리더십이다. 리더십이란 한 마디로 영향력이라 할 수 있다. 다른 사람을 움직이게 하는 힘인 것이다. 다른 사람을 조종하는 것이 아니다. 내가 원하는 방향으로 끌고 가는 것이 아니라 상대방이 스스로 좋아서 기뻐서 하게 하는 일대일 리더십인 것이다(Collins, 2004). 코칭은 사람들이 그들이 원하는 것을 이룰 수 있도록 도와주는 섬기는 리더십의 한 가지 형태이다. 이것은 사람들을 격려하고 동기를 부여해서 그들의 잠재력을 끌어내고 그들의 목표를 달성하도록 도와주는 리더십의 형태이다. 사람들에게 명령을 하달하는 지도력과는 아주 다른 리더십이다.

또한 교육과 전혀 다른 패러다임을 가지고 있다. 전통적인 교육은 가르치는 사람이 교사중심이었다. 교사가 교과과정을 만들고 교수목표를 정하고 교수목표를 이루기 위해 정해진 내용을 가르침으로 정보를 전달하는 방식이었다. 즉 교사가 외부에서 지식을 주입하는 것이다. 그러나 코칭은 고객과 대화의 주제를 코치가 정하는 것이 아니라 고객이 정한다. 그리고 코치는 외부지식을 주입하는 것이 아니라 고객이 이미 가지고 있는 내부지식을 발견하게 하고 그 내부지식을 지금 고객의 이슈에 활용하도록 연결을 한다. 코치가 그렇게 할 때 고객은 새로운 아이디어를 떠올리게 되고, 내부 지식을 활용하게 됨으로 스스로 배우게 된다.

학습과 코칭의 연관성을 바라보게 하는 지식 모델이 있다. 이 지식모델은 코칭이 왜 효과가 있는지 설명한다. 다음의 그림에서 보여주는 지식모델은 4가지 종류의 지식으로 되어 있다.

- KK 아는 것을 아는 것: What you know you know
- KDK 모르는 것을 아는 것: What you know you don't know
- DKK 아는 것을 모르는 것: What you don't know you know
- DKDK 모르는 것을 모르는 것: What you don't know you don't know

그래서 아는 사람에게 질문하고, 책을 읽거나, 세미나에 참석한다. 즉 외부에서 지식을 찾게 된다. 이때 교육이 필요한 것이다. 그런데 내가 안다는 것을 모른다는 것을 인식하는 길을 선택할 수 있다. 이것은 외부지식이 아니라 내부지식에 해당되는 것으로 아주 오랫동안 사용하지 않았거나 이 지식을 사용할 필요가 없어 깊이 묻혀있는 경험과 지식이다. 이 길이 코칭의 길이다. 코치는 발견질문을 통해 내부지식을 발견하도록 도울 수 있다. 그런데 외부지식을 얻게 되면 이 지식이 가치가 있는지를 판단해야 하고, 적합한지 따져야 하고 실행하기로 결정하는데 시간이 걸린다. 그러나 내부지식을 발견하게 되면 아하 모멘트가 생겨나게 되고 자발성이 촉진되어 더 큰 유지력과 적합성으로 좋아서 기뻐서 실행하게 된다. 지식모델은 [그림 2-2]와 같다(Creswell, 2015).

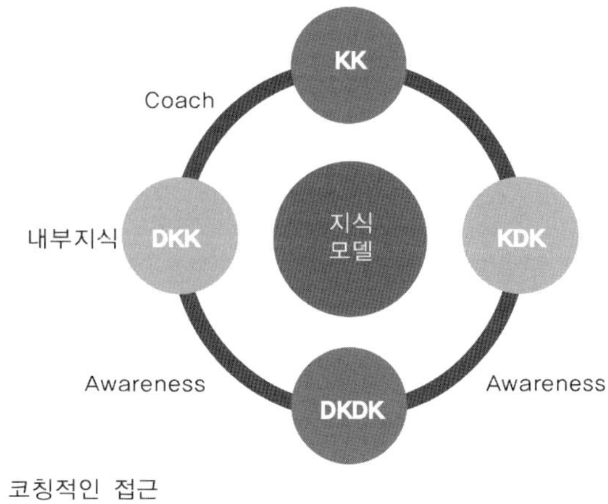

[그림 2-2] 지식 모델

3) 미래 긍정

코칭의 본질의 세 번째 요소는 미래 긍정이다. 코칭은 상대를 중심에 두고 자발성을 촉진할 뿐 아니라 미래를 긍정한다. 여기서 미래는 막연한 미래가 아니라 고객이 가장 선호하는 최고의 미래이다. 코칭은 고객이 가장 선호하는 미래를 향해 나아가도록 돕는 것이다. 일반적으로 문제를 해결하는 방식은 문제의 원인을 찾고, 원인을 제거함으로 문제를 해결한다. 일반적으로 우리가 심각한 문제에 직면하게 되면 문제 속으로 들어가 문제 상자 안에 갇혀 생각이 좁아지게 된다. 코칭은 문제 상자 속에 갇혀 있는 사람을 나오게 한다. 즉 코칭은 문제의 원인을 찾지 않고 문제가 다 해결된 때로 가서 미래행동을 탐색한다. 문제가 해결되었을 때 무엇이 달라지는지, 어떤 새로운 행동을 할 수 있는지를 탐색하는 과정을 통해 새로운 가능성을 발견하게 되고 새로운 해결책을 스스로 발견하게 된다.

코칭의 미래 긍정에서의 핵심은 가능성 확장이다. 보통 가능성이라는 말은 미래와 관련지어 사용된다. 가능성이 없는 미래는 희망이 없는 미래이다. 기대와 희망은 앞길을 밝히는 데 결정적인 역할을 한다. 가능성 확장은 가능성이라는 씨를 발견함으로 이루어진다. 가능성이라는 씨는 미래를 긍정함으로 발견된다. 그래서 코치는 고객에게 온전히 몰입하여 깊은 경청을 한다.

고객은 코칭세션에서 말을 하는 가운데 미래를 긍정할 수 있는 단서를 이야기한다. 이때 코치가 고객에게 온전히 집중하여 경청을 하면 이 단서를 발견하게 된다. 코치는 이 단서를 질문을 통해 가능성으로 바꾼다. 예를 들어 고객이 과거의 절망적인 이야기를 하면 코치는 그것을 희망으로 바꾼다. 코치는 이렇게 질문을 한다. 절망 대신에 무엇이 있으면 좋을까요? 지금 고객님이 원하는 것은 무엇인가요? 지금 고객님에게 어떤 일이 일어나면 좋을까요? 절망적인 이야기가 희망으로 가는 첫 단계라면 무엇을 할 수 있을까요?

이러한 질문을 통하여 고객은 자기가 원하는 것을 말을 하며 자신이 원하는 미래의 새로운 목표를 발견하게 됨으로 그 목표를 이루기 위하여 무엇을 해야 할지 스스로 깨닫게 되고 고객이 원하는 미래를 향해 나아갈 수 있게 된다. 가능성 확장을 위해 코치가 많이 사용하는 방법이 척도이다. 코치는 척도질문을 통해 고객이 가장 원하는 것을 향해 나아갈 수 있는 자원을 고객이 발견 할 수 있도록 도울 수 있다. 고객이 원하는 것이 명확해지면 그것이 가장 많이 이루어진 것을 10점이라고 하고, 그것이 전혀 이루어지지 않은 것을 1점이라고 한다면 지금 몇 점에 있는지를 묻는다. 그러면 고객은 현재 상태를 정확하게 표현한다.

그러면 현재 상태에 이르게 한 자원을 탐색하게 된다. 코치는 이렇게 질문을 할 수 있다. 지금 3점이라고 하셨는데 1점을 주지 않은 이유는 무엇인가요? 무엇이 3점에 이르게 하였나요? 어떻게 그렇게 할 수 있었나요? 고객이 이미 가지고 있는 자원을 탐색할 수 있게 된다. 그리고 코치는 몇 점까지 가고 싶은지 질문을 통해 가능성을 확장하게 된다.

고객이 원하는 점수를 말하게 되면 코치는 이렇게 질문을 할 수 있다. 만일 그 점수에 이르게 되면 무엇을 하게 될까요? 또 무엇을 하게 될까요? 코치는 고객이 원하는 미래가 현실로 이루어졌을 때 무엇을 할 수 있는지 가능성을 확장하게 된다. 미래행동이 이루어지기 위해서 무엇을 할 수 있는지 그리고 이미 고객이 가지고 있는 자원을 활용해서 무엇을 할 수 있는지 탐색하게 된다. 이러한 과정을 통해 새로운 가능성이 확장된다.

이상을 토대로 정리해보면 코칭의 본질은 상대를 중심에 두는 패러다임, 자발성을 촉진하는 패러다임, 미래를 긍정하는 패러다임이라 할 수 있다. 상대를 중심에 둠으로써 자기 존재 가치를 인식하게 하는 것이다. 자발성을 촉진함으로써 자각과 책임을 일으키는 것이다. 미래를 긍정함으로써 가능성을 확장하는 것이다. 이 세 가지 요소가 융합이 되어 엄청난 시너지를 내는 것이다. 코치가 코칭세션에서 코칭을 하게 될 때 이 코칭의 본질적인 요소가 다 구현되는 것이다. 이 코칭의 본질이 코칭세션에서만 구현되는 것이 아니라 코치의 라이프스타일이 되는 것이 중요하다.

상대중심의 패러다임은 고객으로 하여금 자기 존재가치를 인식하게 하고, 고객이 정말로 원하는 것을 명확하게 하고 그것을 이룰 수 있도록 지원하고, 고객이 원하는 미래를 향해 앞으로 나아가도록 지원하고, 고객이 성장하고 변화할 수 있도록 지원하고, 고객이 좋음에서 위대함으로 나아가도록 지원하고, 고객의 상황에 맞는 학습을 촉진하도록 지원하게 한다.

자발성 촉진의 패러다임은 고객에게 무엇을 하라고 말하지 않고, 고객을 고치려고 하지 않고, 고객이 자원을 스스로 발견하도록 지원하고, 고객 안에 있는 위대함을 끌어내어 스스로 인식하도록 지원하고. 고객이 이미 가지고 있는 지식과 위대함을 활용하도록 지원하고, 고객이 고객 자신에 책임을 다하도록 지원하고, 고객이 자기 자신에 대한 인식을 전환하도록 지원하게 한다.

미래 긍정의 패러다임은 고객으로 하여금 문제 중심의 관점이 아니라 해결 중심의 관점을 갖게 하고, 긍정적인 관점으로 미래를 탐험하고, 같은 것을 다르게 보게 하고, 다양한 아이디어를 생각하게 하고, 지원적인 환경과 구조를 공동으로 설계하도록 지원하게 한다.

생각해 봅시다

1. 초기 코치들의 코칭이해에서 가장 많이 나오는 단어인 자기 존재가치 인식과 끌어냄, 그리고 스스로와 가능성(잠재력)에 대하여 토의해 봅시다.

2. 코칭의 3가지 패러다임이 다른 지원 전문직과 어떤 차별화를 할 수 있는지 생각해 봅시다.

3. 코칭의 본질을 구성하는 3가지 요소인 상대중심의 자기 존재가치와 자발성 촉진의 자각과 책임, 미래긍정의 가능성 확장에 대하여 논의해 봅시다.

3장

코칭의 환경과 대화모델

코칭은 기본적으로 5가지 환경 안에서 행해진다. 이 환경들은 그대로 코칭의 특징이 될 수 있다. 다시 말하면, 코칭의 5가지 환경은 코칭의 바탕이 될 뿐만 아니라 코칭에 녹아있는 특징적 요소도 되는 것이다.

첫째, 코칭은 언어적 환경에 있고 동시에 언어적 특징이 있다. 둘째, 코칭은 관계적 환경에 있고 동시에 관계적 특징이 있다. 셋째, 코칭은 학습적 환경에 있고 학습적 특징이 있다. 넷째, 코칭은 심리적 환경에 있고 심리적 특징이 있다. 다섯째, 코칭은 시스템적 환경에 있고 시스템적 특징이 있다. 이 다섯 가지 환경과 특징은 서로 유기적으로 연결되어 있으며 코칭 전체 시스템의 일부이며 전체로 작동한다.

코칭대화는 언어로 이루어지지만 위 5가지 환경 안에 존재하며 대화프로세스와 대화스킬로 구성되어 있다. 여기서 다루는 대화모델은 대화프로세스에 해당되고, 대화스킬은 2부에서 다룬다. 코칭대화의 효과성을 보장하기 위해 개발된 구조적 프로세스를 코칭대화모델이라고 한다. 물론 코칭은 반드시 이 대화모델에 의해서 행해지는 것은 아니며, 경우에 따라 순서를 바꾸거나 생략하는 비구조화적 코칭대화가 이루어지기도 한다. 하지만 비구조화적 코칭대화라 하더라도 기본적으로 대화모델의 논리적 흐름을 따르고 있다고 볼 수 있다.

1. 코칭의 환경

코칭의 환경은 언어, 관계, 시스템, 심리, 학습 등 5가지 특징적 요소로 이루어져 있다. 코칭대화는 이 5가지 환경 안에서 행해지고 있고 5가지 특징을 지니고 있다. 코칭은 이 5가지 환경을 인식하고 그 특징을 온전히 지닐 때 제 기능을 다 한다고 할 수 있다. 코칭대화의 현장 환경을 고려할 경우, 다시 말해서 코칭대화가 일어나는 환경적 조건을 다룰 경우 5가지 환경을 강조해서 살펴볼 필요가 있다([그림 3-1] 참조).

코칭대화의 현장에서 코칭대화가 본격적으로 시작되기 전에 코치는 먼저 관계적 환경을 점검하고 최적화해야 할 의무가 있다. 현실적으로 고객 자신은 이러한 환경을 능동적으로 구축할 수 있는 경험이 없을 가능성이 크고, 코칭이 진행되는 동안 고객은 코치가 구축한 환경의 영향을 받기 때문이다. 이 절에서는 코칭이라는 대화 행위를 둘러싼 기능적 환경(관계, 시스템)과 코칭대화를 가능하게 하는 조건적 환경(언어, 학습, 심리)을 살펴보겠다.

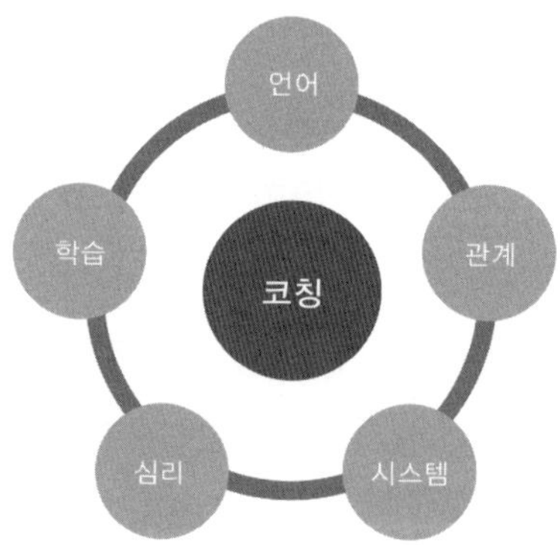

[그림 3-1] 코칭의 환경

1) 언어적 환경

코칭은 외형적으로 언어적 소통의 모습을 갖는다. 언어는 사람들 간의 소통에 있어서 가장 기본적인 수단이며, 코칭에서 기능적 대화를 하기 위해 언어를 사용하는 것은 당연한 일이다. 개인과 개인, 개인과 집단, 집단과 집단 간의 의사소통 혹은 문제해결부터 서로를 위해 감사하고 축하하고 격려하는 행위까지 언어를 사용하는 것이 우리 사람들의 모습이다. 이렇게 언어는 우리가 살고 소통하는 데 도움이 되는 필수적인 수단인 것이다.

그런데 한편으론 개인과 개인, 개인과 집단, 집단과 집단 간의 불화 역시 언어에 의해 발생되고 있는 것이 현실이다. 사소한 말실수 혹은 오해로 인해 상대에 대한 적개심이 생기고 부정적인 감정이 촉발되며 나중엔 서로 내뱉은 말(어휘)만을 가지고 대립하고 싸우게 되는 상황도 종종 발생한다. 언어는 우리를 소통하도록 돕는 좋은 도구이지만 우리를 힘들게 하는 나쁜 도구이기도 한 것이다.

코칭은 긍정적이든 부정적이든 고객이 처해 있는 언어적 환경 속에서 원하는 결과를 성취하도록 돕는 일이다. 모국어의 경우 따로 배우는 것이 아니라 성장과정 속에서 습득되는 것이어서 자신도 모르게 언어적 습관이 만들어지며, 사회생활을 하면서 다른 사람들로부터 크게 영향을 받는다. 가족과 조직엔 그 집단의 특징적 언어가 있고, 그것이 무의식적으로 정착되면 그 집단의 문화의 일부가 된다. 이것은 소통 방식에 결정적으로 영향을 미치면서 그 구성원들의 정체성을 결정하기도 한다. 언어적 문화가 긍정적인 상황으로 정착되면 다행이지만, 부정적으로 정착되면 그 집단의 구성원은 스스로 알아차리지 못하는 한 자기도 모르게 부정적 언어의 문화 속에 있는 자신을 당연한 자아상으로 받아들인다.

철학자 하이데거는 언어를 '존재의 집'이라고 했다(Heidegger, 2008). 우리는 언어로 말을 하고, 언어로 생각을 한다. 생각은 행동으로 이어지고 그 사람의 전체적인 모습으로 나타나기 때문에 언어는 곧 그 사람의 존재성을 표상한다. 그 사람의 언어 안에 그 사람이 있는 것이다. 그 사람이 말을 하는 것을 보면 그 사람의 인격을 알 수 있는 것도 같은 이치이다. 무서운 것은 그 사람의 언어가 다른 사람의 존재를 흔들 수 있다는 사실이다. 왜냐하면 존재는 언어 속에 살고 있으니까 언어를 건드리면, 다시 말해 그 사람의 언어를 건드려서 생각까지 흔들리게 하면 결과적으로 존재가 흔들리게 된다.

여기서 흔든다는 것은 긍정적인 영향을 줄 수도 있고 부정적인 영향을 줄 수 있음을 의미한다. 부정적인 언어 환경 속에 속한 사람은 부정적인 영향을 주는데 아무렇지도 않게 생각할 수 있다. 자신도 피해자라는 생각조차 못하는 경우도 있다. 이것은 코칭의 언어적 특징이 중요한 역할을 할 수 있음을 시사한다. 코칭의 언어적 특징은 기본적으로 존중의 언어이다. 그리고 따듯하고 친근한 언어다. 물론 중립적 언어, 긍정적 언어, 열린 질문 등 코칭 언어를 특징짓는 다양한 언어가 있다.[1] 이러한 코칭 언어는 얼어붙은 혹은 손상된 존재성을 언어를 통해 흔들어 깨우게 된다. 코칭대화를 하는 과정 속에서 고객은 다른 언어를 경험하고 그 언어를 사용하게 되고 그러는 가운데 생각이 변하고 존재가 회복되는 것이다. 그래서 전문코치들은 '코칭은 존재를 깨운다'는 말을 공유한다.

2) 관계적 환경

언어는 혼자만의 말과 생각에도 사용되지만, 다른 사람들과의 관계 속에서 공감과 소통의 도구로 사용된다. 코칭이 언어를 쓰기에 관계적 환경은 언어와 연결된 코칭의 기본적인 환경이다. 관계에 있어서 양측의 소통을 위해서는 일단 언어를 사용하지만 그것은 의사소통이 대부분이고 관계를 규정하고 유지하고 개선하고 혹은 악화시키는 것은 언어 이외에 상호 관계 설정이 큰 몫을 한다.

특히 우리나라는 관계 설정에 매우 민감하다. 쉽게 말해 서열이다. 몇 학번이

---

1) 톰 G. 크레인은 자신의 저서 "코칭의 핵심"에서 코칭언어에 대해 '해야 한다'보다 '할 수 있다', '그러나'보다 '그리고', '해보겠다'보다 '하겠다', '할 수 없다'보다 '하지 않을 것이다', '잘못'보다 '배움' 등의 언어 전환을 강조한다(Crane, 2019).

냐, 몇 년생이냐, 언제 졸업했느냐, 누구와 동기냐 등 일단 서열을 정해야 마음이 편하다. 윗사람으로 모시든, 친구로 사귀든, 아래 사람으로 보살피든 서열 안에서 행동할 때 뒤탈이 없는 편이다. 서열이 확인되면 바로 존댓말을 하든, 반말을 하든 언어 행동이 결정되기도 한다. 서열과 관계없이 꼬박꼬박 존댓말로 대하는 사람도 많다. 그래도 일단 서열을 확인하고 나서 그렇게 하는 편이다.

이것을 서열관계라고 한다.[2] 우리는 소통을 할 때 그 사람과 소통을 하는 것이 아니라 서열관계와 소통을 한다. 그 사람 자체를 보는 것이 아니라, 서열관계를 통해서 그 사람을 보고 소통을 하는 것이다. 우리 사회는 오래도록 이 서열관계 속에서 발전해 왔다. 물론 후퇴한 부분도 많이 있을 것이다. 부작용도 많고 갈등도 많았다. 그러나 수직적 구조가 효과적인 사회에서는 매우 생산적인 관계 설정인 것은 사실이다. 최근 들어 날이 갈수록 이러한 서열관계는 부정적인 측면이 다양하게 드러나면서 사회 각계에서 수평적인 파트너십을 많이 강조하고 있다. 그러나 아직도 가정과 조직 속에서 이 서열관계는 엄연히 존재하고 있고 이 파트너십이라는 개념도 허울만 좋은 추상적인 언어로 사용되는 경우도 많다. 갑을 관계만 봐도 그렇다. 많이 좋아졌다지만 아직도 멀었다. 의식이 변화하지 않으면 불가능하다.

이러한 환경 속에서 코칭 고객은 자신의 변화와 성장을 위해 코치와 함께 노력을 한다. 코칭은 새로운 관계를 제시함으로써 우리가 소망하는 수평적 파트너십을 경험하게 한다. 그것은 바로 코칭관계의 수평성이다. 수평적 코칭관계[3]를 통해서 서로를 바라보고 소통하는 것이다. 코칭관계 안에서 우리는 서로를 있는 그대로 바라보게 되고 그 사람 자체를 볼 수 있게 된다. 코칭을 통해서 수평적 관계를 경험하면 의식의 변화가 일어날 수 있다. 코칭관계는 서열관계를 극복할 수 있는 하나의 의식 훈련의 기능을 제공한다.

---

2) 서열(序列)은 본래 앞뒤 순서를 말하고 순리를 중시하는 동양권의 문화와 관련이 깊다. 그러나 장유유서(長幼有序)를 윗사람이 먼저라는 기득권으로 인식하면서 서열은 순서보다 힘의 우위로 변모했다.

3) '코칭관계'에 대해서는 7장에서 자세히 다룬다.

코칭대화에 필요한 기능으로서의 관계적 환경은 다음과 같다.

(1) 코치와 고객 간의 신뢰 관계

이 부분은 저절로 이루어지는 관계가 아니다. 전문가인 코치가 먼저 신뢰를 획득하기 위해 노력해야 하며 고객도 신뢰를 기반으로 코칭에 참여한다. 또한 코치는 코칭의 기본적인 철학에 의거해 고객의 가능성에 대한 우선적인 신뢰를 가지며, 그가 스스로 해결책을 찾을 수 있다는 것을 믿어야 한다.

(2) 코치와 고객 간의 협력 관계

코칭은 코치가 주도적으로 이끌어 가는 과정이 아닌 고객이 주도적으로 진행할 수 있도록 돕는 과정이다. 그래야 코칭에서 다루어지는 모든 내용에 대한 자각과 실천을 고객의 책임하에 둘 수 있다. 이것은 전문가로서 개입하는 코치를 뭔가 지도하거나 이끌어가는 사람이 아닌 협력 관계의 파트너로 인식하는 데 매우 중요한 관점이다. 코치는 이러한 협력적인 관계를 코칭 기간의 처음부터 끝까지 일관되게 유지해야 한다.

(3) 고객만을 위한 안전한 장소

코칭고객은 코칭관계가 '자신만을 위한' 시간과 공간 속에서 유지되는 것에 진심으로 고마워한다. 고객은 자신을 위해 마련된 공간을 음미하고 자신의 성장을 향유할 수 있게 된다(Williams, 2002). 코칭 장소는 가급적 고객의 전용 공간(집, 사무실 등)이 아닐수록 좋다. 코칭은 늘 새로운 생각과 관점을 추구하기 때문에 과도하게 낯선 장소 혹은 불편한 장소가 아니라면 새로운 장소를 제공하는 것이 바람직하다.

(4) 준비된 코칭공간

코칭대화가 시작되기 전에 코치와 고객은 사전에 합의한 원칙과 조건을 충분히 숙지하고 있으며, 그 안에서 안전하고 편안한 대화를 경험한다. 준비된 코칭공간은 코치와 고객이 코칭관계라는 특별한 관계를 심화하면서 변화와 성장의 산실이 된다. 코치는 이러한 코칭공간을 조성하고 유지하기 위해 코칭세션이 시작되기 전에 고객과 함께 시간과 장소를 확인하고 코칭대화를 위한 준비를 점검해야 한다.

3) 학습적 환경

학습적 환경은 코칭의 목적인 변화와 성장에 관한 것이다. 코칭 활동을 통해서 자연스럽게 학습이 일어나는 효과는 있겠지만, 일반적으로 말하는 공부와는 거리가 있다. 어떤 분야의 역량(지식, 기술, 태도)을 개발하는 것을 학습이라고 한다면 그건 여기서 말하는 학습과 매우 가깝다. 흔히 자기개발이라고 하는 것도 학습의 범주에 속할 수 있고, 조직에서 업무와 관련된 능력을 향상시키고자 노력하는 것도 그러하다. 네이버에 소개된 교육학 용어 사전[4]에서는 "학습이란 ① 행동의 변화이며, ② 이러한 변화는 연습 · 훈련, 또는 경험에 의한 변화로서 성숙에 의한 변화는 학습으로 간주되지 않으며, ③ 이러한 변화는 비교적 영속적이어야 한다."라고 정의한다.

학습과 교육의 차이를 말하면서 학습은 배움이고 교육을 가르침이라고 한다면 코칭은 스스로의 배움을 촉진하는 것이라 할 수 있다. 코칭을 제공한다는 개입 행위가 있지만 거기에 가르침의 개념은 포함되어 있지 않다. 코칭은 철저히 배움의 영역이고 코치는 돕는 역할을 한다. 더욱이 코치가 일방적으로 돕는 것도 아니고 쌍방향 도움의 메커니즘을 가지고 있다. 상호 도움의 결과, 학습이

---

4) 서울대학교 교육연구소(2011). 교육학용어사전.
https://terms.naver.com/entry.naver?docId=512610&cid=42126&categoryId=42126

일어난다고 할 수 있다. 동기부여도 마찬가지다. 코치가 일방적으로 고객의 행동 동기를 유발하는 것이 아니라, 고객도 코치의 동기를 유발한다. 다만 그 행동 양식이 다를 뿐이다. 코치가 경청, 질문, 피드백 등으로 고객에게 동기부여한다면, 고객은 적극적인 반응과 내적 탐구, 과감한 행동, 실천 등으로 코치에게 동기부여한다.

앞에서 다룬 관계에 있어서도 학습적 관계라는 개념이 가능하다. 상호 발전적 관계를 구축하고 정보의 공유, 피드백 교환 등을 통해 서로의 학습을 촉진한다. 이렇게 해서 일어나는 학습 행동을 '관계적 학습(Relational Learning)'이라고 한다(Parker, 2020). 관계적 학습은 소위 동료코칭(Peer Coaching)에 의해 촉진되는데, 주로 학습조직에서 많이 활용되고 있다. 여기서 학습조직이란 학습을 위한 별도의 조직(학교, 교육센터, 학습 공통체 등)뿐만 아니라 일반적인 조직으로서 학습의 개념을 일상화하는 조직을 뜻한다(Senge, 1990).

우리는 인간의 수명이 늘어나고 4차 산업혁명이 진행되고 있는 지금, 과거에 배운 지식과 기술만 가지고 100세 이상을 살아가기엔 뭔가 부족하다는 생각을 하고 있다. 따라서 요즘 성인 학습 시장이 매우 빠르게 성장하고 있는 것도 다 이런 이유를 포함하고 있을 것이다. 변화와 성장 욕구는 본능에 가깝다. 매슬로의 5단계 욕구 모델에서도 상위 단계로 올라갈수록 자기개발에 대한 욕구가 증가한다. 코칭은 이러한 진보된 욕구를 충족시키는 매우 잘 구조화된 학습 방법론이다.

이처럼 코칭은 학습적 환경에서 매우 중요한 역할을 하고 있다. 개인의 생활에 있어서 전반적인 혹은 특정한 영역의 변화와 성장을 돕는 코칭을 라이프 코칭이라고 하고, 조직의 구성원으로서 직업적 역량 향상을 돕는 코칭을 비즈니스 코칭이라고 하는 것을 보면 코칭은 학습적 환경에서 발전해 왔고, 학습적 특징을 지속적으로 발전시켜 나가고 있음을 알 수 있다. 코칭의 영역은 지금도 확장되고 있다.

4) 심리적 환경

심리적 환경은 코칭이 마음과 깊은 관계가 있음을 말하고 있다. 마음은 심리학의 영역이고 상담과 더 관련이 있어 보일 수 있으나, 인문학적 차원에서 보면 인간의 모든 생각과 행동의 기저엔 마음이 있음을 알 수 있다. 최근엔 물리학과 뇌과학에서도 마음의 문제를 다루고 있으며, 변화와 성장을 다루는 코칭에서 마음을 생각하는 것은 당연한 일이다.

물론 강박증이나 편집증[5]같은 증상만을 놓고 코칭이 이루어지지 않는다. 뭔가 하고 싶거나 하고 있는 일상에서, 뭔가 잘해야 하는 조직 상황에서 심리적인 어려움 때문에 전진이 안 되는 경우는 병리적 문제라기보다 인지적 차원 혹은 마음의 치우침에서 비롯된 것일 가능성이 높다. 이런 경우에 코치의 깊은 경청과 공감 그리고 감정 코칭을 통해 효과적으로 해결할 수 있다. 그러나 코칭은 이 자체가 목적은 아니다. 다만 변화와 성장을 향해서 이륙을 해야 하는데 발목을 잡고 있는 마음의 문제를 털어 내야 할 때 코치가 심리적 도움을 줄 필요가 있는 것이다.

또한, 앞의 언어적, 관계적, 학습적 환경은 심리적 환경과 완전히 연결되어 있다. '구글'이라는 세계적인 IT 기업이 2012년부터 2015년까지 회사의 모든 팀을 대상으로 성과가 좋은 팀의 성공 요인을 분석한 결과 오랜 연구 끝에 찾아낸 첫 번째 요인이 바로 심리적 안전감(Psychological Safety)이다.[6] 심리적으로 안전함을 느끼고 있는 팀원들이 자유롭게 토론하고, 피드백 교환을 하면서 창의적인 결과를 생산해 낸다는 것이다. 이런 결과를 놓고 모두 심리 상담을 받아야 한다고 생각하는 사람은 없을 것이다. 이것이 바로 코칭리더십의 필요성과 심리

---

5) 정신병리적 증상의 하나로 편중되어 집중한다는 뜻이다(偏執症, Paranoia).

6) 구글의 '아리스토텔레스 프로젝트'(Project Aristotle)을 말한다. 180여 개 팀의 특성을 분석해서 5개의 성공요인을 밝혀냈다. 가장 두드러진 요인은 심리적 안전감(Psychological Safety)으로 밝혀졌다. 그 밖에 신뢰성(Dependability), 조직구조와 투명성(Structure & Clarity), 일의 의미(Meaning), 영향력(Impact)이 있다(출처: https://rework.withgoogle.com/print/guides/5721312655835136).

적 환경의 단면이고, 코칭의 심리적 특징이 또 다시 부각되는 측면이다.

코치의 심리적 환경도 중요하다. 코칭세션이 시작되면 일단 코치로서의 역할을 잘해야 한다는 생각으로 고객의 입장이 아닌 코치의 입장에서 질문에 급급하기 쉽다. 뭔가 해결해 주고 싶은 심정에 열심히 듣고 열심히 질문하지만 코칭의 질적인 측면에선 그리 만족스럽지 못함을 곧 알게 된다. 이런 경우엔 코치는 더욱 질문에 날을 세우려고 의식적으로 노력하게 되고 그럴수록 코칭세션은 경직되고 만다. 무슨 일이 생긴 걸까? 코치의 마음이 먼저 고객에게 열려 있지 않았기 때문이다. 이 모든 과정은 질문의 내용을 포함한 몸의 언어와 말의 어조가 그 느낌을 만들어 낸 것이며 이것들은 모두 코치의 마음에서 비롯된 것이다. 철저하게 고객을 신뢰하고, 코치는 마음을 내려놓아야 한다.

코칭은 온전히 고객 주도의 흐름으로 진행되어야 고객의 탁월성이 발휘될 가능성이 높아진다. 이를 위해 코치는 고객이 이야기의 흐름을 바꾸고 있을 때에도 일단은 마음을 내려놓고 따라가는 것이 좋다. 코치의 마음과 태도가 안정되어 있지 않으면 고객도 부정적인 영향을 받기 쉽다. 고객을 만나기 전에 마음을 가다듬어야 하고 고객을 구체적으로 어떻게 돕겠다는 생각도 가급적 하지 않는 것이 좋다. 코칭의 흐름을 코치가 주도하게 될 우려가 있기 때문이다. 오로지 고객의 상태와 목표에 의식을 집중해야 한다.

5) 시스템적 환경

인간은 모두 사회적 시스템 안에 있다. 그리고 우리는 모두 그 시스템 안에서 변화하고 성장하기를 원한다. 간혹 그것이 나를 제약하는 시스템으로 존재하기도 하고, 나를 심리적으로 혹은 신체적으로 소외시키는 시스템으로 존재하기도 한다. 나는 시스템 안에 있으면 그 시스템 자체를 탓하며 나의 상태를 합리화하고 싶어 한다. 그러나 내가 느끼는 제약과 소외는 모두 나의 생각이 만들어 낸 시스템의 그림자일 뿐이다. 우리는 우리의 생각으로 시스템을 인지하고 있는 것이다.

그러나 우리는 여전히 시스템 안에 있다. 언어시스템, 관계시스템, 학습시스템, 심리시스템, 그 밖에 또 무수히 많은 시스템이 존재하고 우리는 그 안에서 활동하고 그것들을 이용하고 활용한다. 동시에 그러한 시스템에 의해 크게 영향을 받고 있는 것도 사실이다. 다시 말하지만 그것은 시스템이 하는 일이 아니고 나의 생각이 하는 일이긴 하다. 코칭은 이러한 시스템적 환경에서 변화를 모색하는 고객을 향해 시스템에 예속되지 말고 시스템을 활용하고 시스템을 변화시키라고 주문한다. 물론 가르치지 않고 함께 생각하고 탐구하며 만들어 내야 한다. 그래야 고객의 생각이 되고, 학습이 일어나고, 변화가 일어나고, 지속적으로 유지된다.

코칭은 고객의 시스템적 환경뿐만 아니라 고객 자신의 시스템에 관심을 둘 것을 코칭 질문을 통해 생각하게 할 수 있다. 자신이 취하고 있는 모든 생각과 행동은 그 사람의 시스템이다. 그 생각과 행동을 만들어 내는 패턴과 구조를 가지고 있기 때문이다. 구조가 행태를 결정한다고 할 때, 여기의 행태는 반복되는 행동유형(pattern of behavior)을 가리킨다. 행태는 일시적인 사건(event)과 반복적인 패턴(pattern)으로 구분할 수 있다(김동환, 2004). 그것들은 자신이 만든 것이고 그것이 반복되고 유지되면서 지금 그 사람의 생각과 행동을 만들고 있는 것이다. 그리고 거기에 예속되어 있는 상태다. 변화를 원한다면 패턴과 구조 즉, 시스템을 바꾸어야 한다. 의식적으로 생각을 바꾸면 패턴과 구조가 바뀌고 그 결과 다른 생각과 행동을 하게 된다. 이것은 개인의 시스템적 환경이 변화한 것이지만 조직도 마찬가지다.

코칭 안에도 시스템이 있는데 바로 코칭 프로세스이다. 문제 해결을 위한 아주 단순한 논리적 구조로 보이지만 그 안에서 돌아가는 시스템은 아주 작은 이슈부터 지구를 구할 거대한 프로젝트까지 모두 걸 담을 수 있을 정도로 넓고 깊다. 이러한 시스템은 코칭을 효과적이게 하고 기본적인 역할을 한다. 그러나 코치는 코칭 프로세스라는 시스템에 지나치게 의존하면 안 된다. 일반적으로 검증된 시스템이라 하더라도 고객의 상황에 맞게 효과적으로 활용하고, 생각의 유연성을 극대화하여 창조적 결과를 만들어 내기 위해선 언제든지 기존의 시스템을 변경할 수 있어야 한다. 이 또한 코치와 고객이 함께 만들어 가는 신세계이다. 생각 파트너로서 해낼 수 있는 멋지고 가슴 뛰는 일 아닐 수 없을 것이다. 생각 하나로 모든 것을 바꾸는 일이 코칭에서 일어나고 있는 것이다. 이것이 코칭의 시스템적 특징이다.

2. 코칭의 대화모델

1) 코칭대화모델의 개념과 특징

코칭의 대화모델은 코칭을 효과적으로 하기 위한 구조화된 대화 프로세스이다. 구조화되었다는 것은 논리적인 순서를 중요하게 여긴다는 의미다. 코칭세션에서 일어나는 대화는 고객의 기대와 목적을 지닌 대화이기에 기능적이야 한다는 차원에서 개발된 것이 코칭대화모델이라고 할 수 있다. 코칭에서 요구하는 전문지식과 훈련의 과정을 전부 거치지 않더라도 이 코칭대화모델을 활용하면 코칭의 효과를 경험할 수 있다. 또한 전문코치들은 이 대화모델을 통해 훈련하고 실습하고 있으며, 실제 코칭 현장에서도 그 양상의 차이가 다소 있겠지만 전체적으로 코칭대화모델을 사용한다.

코칭대화의 프로세스는 주로 구조화적인 차원에서 이루어지는데 간혹 비구조화적 프로세스로 진행되기도 한다. 구조화적 프로세스는 고객의 이슈에 대해 논리적으로 편안하게 다가갈 수 있도록 '기승전결'의 구조를 따른다. 비구조화적 프로세스는 코칭대화의 순서를 바꾸거나 생략하면서 진행하며 주로 고객의 특성에 맞추어 코칭대화를 하다 보면 예기치 않게 비구조화적 코칭 프로세스를 경험하기도 한다. 코칭 시간이 매우 짧은 경우 혹은 코칭대화가 횡보를 하고 있을 때 혹은 고객의 요구에 의해 코치는 비구조화적 코칭을 의도적으로 시도할 수 있으며 그로 인해 코칭대화가 다시 활기를 띨 수 있다. 하지만 큰 틀에서는 논리를 지킨다.

코칭대화모델에 필요한 구조에는 기본적으로 문제점 확인 또는 핵심과제 선정, 해결방안 도출 등이 포함되어 있는데 고객의 사고를 돕는 방법으로 수렴적 사고와 확산적 사고를 단계적으로 이행하는 것이다. [그림 3-2]와 같이 수렴적 사고는 여러 가지 사안 중에 정말 중요한 것이 무엇인지에 초점을 맞추는 것이고 확산적 사고는 정해진 핵심 포인트에 대해 구체적인 전개 방안을 확산적으로 펼치는 것이다. 그렇게 펼쳐진 방안들에 대해 중요도와 순서를 따져서 하나의 최우선 방안을 선정하는 것은 다시 수렴적 사고에 해당된다. 그리고 또 다시 확산적 사고가 이어질 수 있다. 코칭대화에서 고객은 문제와 과제를 정하면서 수렴적 사고를 하게 되며 해결방안이나 달성방안을 살피면서 확산적 사고를 하게 된다. 그리고 최종적으로 지금 당장 실천할 것을 정하는 과정은 다시 수렴의 과정이다. 이와 같이 코칭대화모델은 수렴적 사고와 확산적 사고의 반복으로 이루어진다고 보면 이해하기 쉽다.

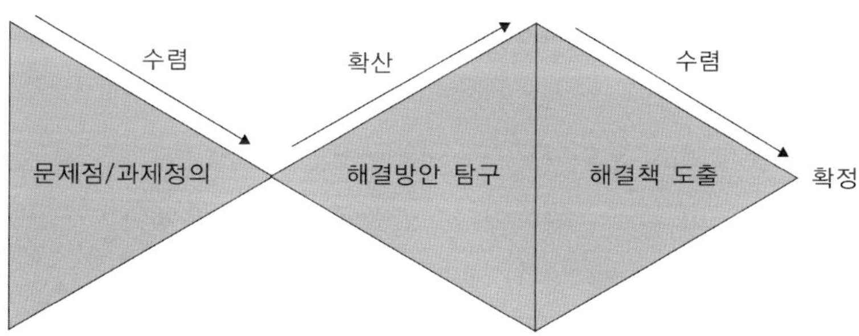

[그림 3-2] 수렴적 사고와 확산적 사고

2) 라포를 위한 코칭대화

코칭대화를 본격적으로 시작하기 전에 일반적으로 워밍업 타임을 갖는데 이는 코칭대화에서 가장 중요한 절차이기도 하다. 이 부분을 라포(Rapport)라고 하며 코칭대화를 위한 준비 작업이라고 할 수 있다. 특히 코칭 첫 회기엔 가장 중요한 과정이기도 하다. 고객이 스스로 코칭을 요청했다지만 자신의 이야기를 타인과 마음 편하게 공유한 다는 것이 그리 쉬운 일만은 아니다. 더구나 누군가의 권유로 코칭을 받게 되는 경우엔 이 워밍업 과정을 소홀히 했다가는 코칭 내내 힘들어 질 수도 있다. 마음의 벽을 허무는 과정이 반드시 필요하다. 한편, 코칭에 대한 기대가 큰 상태로 코칭을 받는 고객에게는 코칭 과정 내내 잊지 말아야 할 마음의 준비도 확인한다.

〈워밍업을 위한 기본 질문〉

- 먼저 제 소개를 간단히 해드려도 될까요? (프로필을 미리 제출했더라도)
- 코칭에 대해 어떤 생각이나 기대를 하시는지요?
- 요즘 다들 힘들어 하는데… 하시는 일은 어떠세요?
- 최근에 즐거웠던 일이 있었다면 한번 얘기해 주실 수 있을까요?
- 최근에 본 영화나 읽은 책이 있으면 소개해 주시겠어요?
- 제가 질문을 좀 자주하게 될 텐데 괜찮을까요?

〈뭔가 경계하는 기색이 있어 보이는 고객을 위한 질문〉

- 제가 어떻게 하면 고객님이 편하게 말씀하실 수 있을까요?
- 조금 불편해 보이시는데 지금 어떠세요?
- 가장 편하게 대화하는 상대는 누구세요?
- 어떤 면에서 그분과의 대화가 가장 편하신가요?
- 표정이 아까보다 많이 밝아지셨는데 지금 기분은 어떠세요?

〈이미 동기부여가 되어 있는 고객을 위한 질문〉

- 코칭 기간이 다 끝나면 가장 크게 기대하는 것은 무엇입니까?

- 코칭 기간 동안 스스로에게 할 약속 3가지는 무엇입니까?
- 코칭 기간 동안 고객님이 세운 실행 계획은 반드시 지킨다고 믿어도 될까요?
- 코칭 기간 동안 코칭 시간을 가장 우선시 하실 수 있나요?

3) 코칭대화모델

(1) GROW 모델

GROW 모델[7]은 일반적으로 가장 많이 사용하고 있는 대화모델 중 하나이다. 구조와 요소가 간단하고 문제해결 중심의 논리적 프로세스를 가지고 있기 때문이다. 이 대화모델은 영국의 존 휘트모어(John Whitmore, 2002)의 저서 『성과향상을 위한 코칭리더십』(Whitmore, 2007)에 처음 소개되었고 그 이후 많은 코칭 관련도서와 코칭훈련현장에서 나루고 있다. GROW 모델은 4단계로 구조화 되어 있으며, 해결과제를 정하고 현재 상황을 살펴서 해결방안을 모색하고 최종적으로 실행계획을 세우는 순서로 이루어져 있다. 이러한 GROW 모델은 그 구조가 스토리텔링에서 많이 쓰는 [그림 3-3]과 같이 '기승전결(起承轉結)'[8]과 유사하다. 어떻게 보면 코칭은 대화를 통해 고객의 변화 스토리를 만들어 가는 과정이기도 하다. 고객으로 하여금 자신만의 성공 스토리를 만들어 내도록 순서에 맞게 질문을 제공하는 것이 바로 코칭대화인 것이다.

7) GROW 모델의 발생 스토리는 https://en.wikipedia.org/wiki/GROW_model을 참고하라.

8) 기승전결(起承轉結)은 원래 한시(漢詩)의 서사 구조(Narrative Structure)이다. 기본적으로 극적 반전이 있어서 소위 이야기거리를 만들어 낸다. 코칭대화모델인 GROW는 Option 단계를 여는 '그럼에도 불구하고'라는 말을 시작으로 고객의 극적 반전이 있는 성공 스토리를 이어간다.

[그림 3-3] GROW 모델과 기승전결

출처: KBC파트너스(2017).

코칭대화에서 가장 주의해야 하는 것은 흐름과 맥락이다. 고객이 원하는 바 그 목적지에 다다를 수 있도록 하기 위해서는 고객의 진술과 대답이 극적인 스토리로 엮어져야 한다. 이것을 가능하게 하는 것이 코치의 적절한 질문이다. 대화의 흐름과 맥락을 잘 살펴서 '기승전결'의 구조를 벗어나지 않도록 해야 한다. 한 개의 주제에 대해 한 회차(세션)에서 마무리가 안 되더라도 전체적인 흐름과 맥락은 일관성이 유지되어야 한다. 간혹 흐름에서 벗어나는 경우가 있더라도 결과적으로 본래의 프로세스로 돌아와야 스토리가 만들어진다.

① 목표설정

GROW 모델의 첫 단계는 목표설정(Goal Setting) 단계이며 코칭 주제와 목표가 포함되어 있다. 코칭 주제와 목표는 온전히 고객이 정하는 것이다. 고객이 꺼낸 주제는 그 속에 고객만의 사연이 있고 그와 관련되어 이루고자 하는 목적과 욕구가 있다. 그 욕구를 구체화하면 '목표'가 되는 것이다. 코칭 주제는 무엇을 해결할 것인가 혹은 무엇을 변화시킬 것인가 혹은 무엇을 달성할 것인가에 관한 것이다. 이 중에 어떤 것이 고객의 주제인지는 코치의 질문에 따라 명확해진다. 간혹 처음에 말한 주제가 진짜 주제가 아닌 경우도 있는데, 이는 코칭대화가 진행되면서 자연스럽게 드러난다. 단, 코치가 이를 알아차릴 수 있어야 한다. 드러난 부분에 대해 고객과 나누는 것이 코치의 임무이다. 질문하고 확인하고 조정하는 과정을 통해 'Goal' 단계가 코칭대화 전체를 진실하게 만드는 역할을 할 수 있다.

〈코칭 주제를 정하기 위한 기본 질문〉

- 오늘 코칭대화의 주제는 무엇으로 하시겠습니까?
- 해결하고 싶은 문제나 변화하고 싶은 게 있다면 무엇입니까?
- 지금 마음속에 지니고 있는 이슈가 있다면 무엇입니까?

〈주제를 구체화하는 질문〉

- 좀 더 구체적으로 말씀해 주시겠습니까?
- 지금 말씀하신 부분을 한 문장으로 요약하면 어떻게 할 수 있을까요?
- 여러 가지 주제(issue)를 말씀하셨는데 가장 다루고 싶은 주제(topic)는 무엇입니까?

〈주제의 이면을 탐구하는 질문〉

- 이 주제는 고객님에게 왜 중요한가요?
- 이 주제와 관련해서 마음속에 있는 어떤 것이 있다면 무엇일까요?
- 이 주제와 관련해서 궁극적으로 해결하고 싶은 것은 무엇입니까?

〈주제가 바뀌는 질문〉

(주제를 정했는데 이야기의 내용이 다르게 전개되면)

- 지금 말씀하시는 내용과 조금 전에 고객님이 정한 주제는 어떤 연관 관계가 있나요?
- 말씀을 들어보니 진짜로 하고 싶은 말씀은 다른 데 있는 것 같은데, 어떠신

지요?

- 주제를 바꾸신다면 어떻게 바꾸고 싶으신가요?

〈주제와 관련된 목표를 정하는 질문〉

- 이 주제와 관련하여 이루고 싶은 목표는 무엇입니까?
- 이 주제와 관련해서 어떤 상태가 되면 만족하시겠습니까?
- 목표가 이루어졌음을 무엇을 보고 알게 될까요?
- 목표와 관련해서 지금 상태를 1~10으로 봤을 때 몇 점인가요?
- (추가질문) 지금의 ( )점을 몇 점까지 올리시면 만족하시겠습니까?
- (추가질문) 올라간 ( )점의 상태를 설명해 주실 수 있을까요?

〈동기부여를 위한 목표와 관련된 추가 질문〉

- 이 목표를 이룬다는 것은 고객님에게 어떤 의미입니까?
- 이 목표가 이루어지면 고객님은 어떤 변화가 생길까요?
- 이 목표를 이루게 되면 고객님 스스로에게 어떤 선물을 해주시겠습니까?
- 이 목표는 고객님의 어떤 가치와 연결되어 있습니까?
- 이 목표를 이룬 고객님은 누구입니까?
- 이 코칭대화가 끝나고 어떤 결과나 변화가 있으면 좋겠습니까?(세션목표)

② 현실 점검

GROW 모델의 2번째 단계는 현실 점검(Reality)이며 Reality(현재 상황)와 Recognition(gap 인식) 그리고 Resources(내적 자원)을 다룰 수 있다. 먼저 주제와 목표가 정해지면 그와 관련된 현재의 상황에 대해 살펴본 후 달성해야 할 목표와 현재 처해 있는 현실과의 차이(gap)을 인식할 수 있도록 돕는다. 이것이 고객의 변화의 첫 출발점이다. 현재 서 있는 곳을 분명히 보고, 가야 할 곳을 다시 한 번 분명하게 바라보며 그 차이를 확인하고 원인과 당면 과제를 생각한다.

여기서 바로 해결책을 찾아 나서지 않고 그를 위한 내적 자원을 탐색하는 것이 좋다. 현실과 직면하는 과정에서 에너지가 떨어져 있을 수 있기 때문에 고객의 내적 역량을 최대한 발휘할 수 있는 환경을 구축하는 것이 매우 중요하다.

〈Reality에 대한 질문〉

- 목표와 관련해서 현재 상황은 어떻습니까?
- 이런 상태가 계속된다면 결과적으로 어떻게 될까요?
- 목표와 관련해서 지금까지 시도해 본 것은 무엇입니까?
- (추가질문) 그러한 시도는 어떤 효과와 배움이 있었습니까?

〈Recognition에 대한 질문〉

- 지금의 상태와 앞에서 말씀하신 목표와는 어떤 차이가 있습니까?
- 현 상태를 벗어나는 데 어려움이 있다면 어떤 부분입니까?
- 생각만 하고 시도하지 않았다면 실행하지 못한 이유는 무엇입니까?

〈Resource에 대한 질문〉

- 혹시 과거에 이와 유사한 상황을 극복해서 성공한 경험이 있습니까?
- (있다면) 그때 발휘했던 고객님만의 강점이나 비결이 있었다면 무엇입니까?
- (없다면) 이 상황을 극복하고 성공할 수 있는 고객님만의 강점이 있다면 그것은 무엇일까요?

③ 대안 선택

GROW 모델의 세 번째 단계인 대안 선택(Option)에서는 이전 단계에서 정리된 과제에 대한 해결 방안을 모색한다. 여기서는 일단 대안의 '질'보다 '양'이 중요하다. 모든 가능성을 열어두고 자유롭게 탐색할 때 창의성이 발휘될 수 있기 때문이다. 코치는 최대한 고객이 생각의 범위를 확장할 수 있도록 다양한 질문을 할 필요가 있다. 고객이 대안 개발에 코치의 도움을 요청할 경우, 코치가 아이디어 개발의 틀을 제공할 수도 있다.

〈대안 탐색을 위한 기본 질문〉

- 강점과 자원을 활용해서 목표를 달성할 수 있는 방법은 무엇입니까?
  (더이상 대안이 나오지 않을 때까지 탐색하고 마지막으로 한 번 더 시도)
- 지금까지 한 번도 시도하지 않았던 대안이 있다면 무엇일까요?
- 지금까지 한 번도 생각하지 않은 새로운 아이디어를 떠올린다면 무엇일까요?

〈다양한 관점으로 생각하게 하는 질문〉

- 향후 목표를 이룬 고객님이 지금의 고객님에게 대안을 가르쳐 준다면?
- 전지전능한 존재가 나타나서 대안을 일러 준다면 어떤 말을 해줄까요?
- 모든 것이 가능하다면 어떤 대안을 세워보겠습니까?

〈아이디어의 틀을 제공하는 질문〉

- 목표 달성을 위한 핵심 단어 5가지를 떠올린다면 무엇이 생각납니까?
- 그 5가지 핵심 단어를 중심으로 각각 5가지 관련 단어를 떠올린다면?
- 지금까지 나온 25가지 단어를 활용해서 대안을 만들어 보시겠습니까?
- 지금 정리된 대안을 보고 새롭게 떠오르는 대안이 있다면 무엇입니까?

④ 실천 계획

GROW 모델의 마지막 단계인 실천 계획(Will)에서는 'Option' 단계에서 개발된 대안 중에 가장 먼저 실행에 옮길 효과적인 대안을 선택하고 그것을 어떻게 구체적으로 실행에 옮길 것인가에 대해 코칭대화를 진행한다. 목표를 설정하고 현실을 점검하고 대안을 생각하고 최종안을 결정하는 과정에서 고객은 이번에는 반드시 실행하겠다는 각오를 다지게 된다. 그러나 실제 행동이 수반되지 않으면 코칭은 실패한 것이나 다름없다. 따라서 이 'Will' 단계에서는 무엇보다 고객의 실행을 위한 여러 가지 확인(약속)을 해야 한다. 실행의 가능성을 높이기 위해서이다.

〈최종적인 대안을 선택하는 질문〉

- 지금까지 살펴본 대안 중 우선순위를 정한다면 어떻게 할 수 있을까요?
- 지금까지 살펴본 대안들을 분류한다면 어떻게 분류할 수 있을까요?
- 목표달성에 결정적으로 도움이 되는 대안은 무엇입니까?
- 가장 먼저 무엇을 실행하겠습니까?

〈구체적인 실행 계획과 상호책임을 위한 질문〉

- 구체적인 실행계획은 무엇입니까?
- 실행 계획에 대한 관리는 어떻게 하겠습니까?
- 언제부터 실행하겠습니까?
- 실행을 위해 주위에서 확인해줄 사람은 누구입니까?
- (추가질문) 어떤 방법으로 실행 여부에 대해 확인받겠습니까?
- 실행을 도와줄 사람은 누구이며 어떤 도움을 받겠습니까?
- 코치인 제가 확인할 수 있는 방법은 무엇입니까?
- 코치인 저에게 어떤 도움을 받고 싶습니까?
- 실행을 하는데 혹시 예상되는 어려움이 있다면 무엇입니까?
- (추가질문) 그 부분은 어떻게 제거될 수 있을까요?
- 실행을 위해 지금 당장 그만두어야 할 것은 무엇입니까?
- 실행을 위해 기꺼이 포기할 것이 있다면 무엇입니까?
- 반드시 실행하기 위해 잊지 말아야 할 자신만의 '슬로건'은 무엇입니까?

(2) Coaching Conversation 모델

Coaching Conversation 모델은 현대적 의미의 코칭을 창안한 사람 중의 한 명인 토마스 레오나드(Thomas J. Leonard)에 의해 1992년에 설립된 미국의 Corporate Coach U에서 만든 코칭대화모델이다. 이 모델은 5단계로 이루어지는데 현재 한국코칭센터에서 'Coaching Clinic'이란 프로그램에서 소개하고 있다. [그림 3-4]와 같이 초점 맞추기-가능성 발견-실행계획 수립-장애요소 제거-마무리의 순서로 되었으며 논리의 전개는 GROW 모델과 유사한데, 실행계획 수립 후 예상되는 장애요소에 대한 고려가 포함되어 있다.

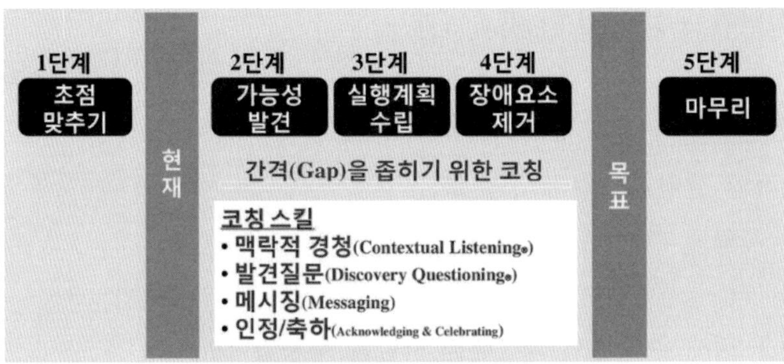

[그림 3-4] Coaching Conversation 모델

출처: CCU(Corporate Coach University).

① 초점 맞추기 단계

이 단계는 코칭의 시작 단계로서 코치가 고객에게 대화의 초점을 맞추는 단계이며, 고객이 코칭대화의 주제를 분명하게 정하도록 하는 과정이다. 여기서는 고객이 현재의 상황과 달성 목표와의 차이(GAP)를 분명하게 한다.

- 오늘 어떤 이야기를 나누기 원하십니까?
- 당신은 우리 대화가 마쳤을 때 어떤 구체적인 성과를 얻고 싶습니까?

- 당신이 해결하고자 하는 문제는 무엇입니까?
- 그것이 중요한 이유는 무엇입니까?
- 구체적으로 무엇을 변화시키고 싶습니까?
- 현재의 상황과 원하는 목표 사이의 차이는 어떻습니까?

② 가능성 발견 단계

이 단계에서 가장 중요한 것은 코칭이 가능한 순간을 찾기 위한 공감적 경청이다. 여기서 코치는 옳고 그름을 판단하지 않고, 발전적인 피드백을 위해 효과적인 질문을 하며, 고객에게 그가 원하는 것의 실현 가능성을 갖도록 독려한다. 이럴 때 고객은 지신의 현재 지식과 태도에 국한하지 않고 자신의 사고를 확대하면서 변화를 위해 전진할 수 있게 된다.

- 그것을 달성하기 위해 무엇을 할 수 있습니까?
- 다른 방법은 무엇이 있겠습니까?
- 과거에는 어떻게 해 보았습니까?
- 그것들을 달성했을 때 어떤 변화가 있었습니까?
- 실패하지 않는다면 무엇을 해 보겠습니까?

③ 실행계획 수립 단계

기대하는 성과에 초점을 맞추고 고객으로 하여금 해결방안을 실천할 수 있게 하는 과정이다. 이 과정에서 코치는 고객과 함께 큰 과제를 작게 분할해서 탐구하며, 해결 방안 또한 매우 구체적으로 수립한다. 이때 주로 SMART 기법(Specific, Measurable, Attainable, Relavant, Time-limit)을 사용하여 실행 가능성을 높인다.

- 무엇을 가장 먼저 하시겠습니까?
- 그것을 위해 첫 달에는 무엇을 하시겠습니까?(분기별로 질문 가능)

- 목표를 위한 중간 목표는 무엇입니까?
- 목표가 잘 진행되고 있는지 어떻게 알 수 있을까요?
- 어떻게 하면 실행력을 높일 수 있겠습니까?
- 언제부터 실행에 옮기겠습니까?

④ 장애요소 제거 단계

코칭 후 실행의 성공률을 높이기 위해 예상되는 장애요소를 제거하는 과정이다. 이를 위해 장애요소가 무엇인지 심층적으로 탐구하고, 제거 계획을 구체적으로 수립한다.

- 예상되는 장애요인은 무엇입니까?
- 또 다른 장애요소가 있다면 무엇입니까?
- 장애요소를 제거하기 위해 구체적으로 무엇을 하겠습니까?
- 장애요소 제거를 위해 당신이 하지 말아야 할 것은 무엇입니까?
- 누구의 협조를 받을 수 있습니까?
- 코치가 도와주어야 할 사항은 무엇입니까?
- 장애요소가 없어졌다는 것을 어떻게 알 수 있습니까?

⑤ 마무리 단계

지금까지 과정에 대한 요약과 성찰의 단계이다. 실행에 대한 의지를 다지고 다음 코칭 시간에 검토할 사안에 대해 의견을 나누고 약속시간을 잡는다.

- 오늘 대화는 어떤 의미가 있었나요?
- 이제 무엇을 하기로 했는지 정리해 주시기 바랍니다.
- 오늘 대화가 어떤 점에 도움이 되었는지요?
- 오늘 대화중에 무엇이 가장 자신을 움직였다고 보십니까?

• 다음 코칭 시간은 언제가 좋을까요?

(3) Active 코칭대화모델

Active 코칭대화모델은 한국코칭학회의 공식 코칭 프로그램인 "CPA 코칭"에 포함되어 있는 코칭대화모델로서 남서울대학교의 도미향 교수가 만들었다. Active 코칭대화모델은 [그림 3-5]와 같이 6단계로 이루어지며, 코칭대화의 방향과 목적을 설정해 주고 목표중심의 보다 효과적인 대화가 이루어질 수 있도록 설계되어 있다(도미향, 2019; 한국코칭학회, 2021).

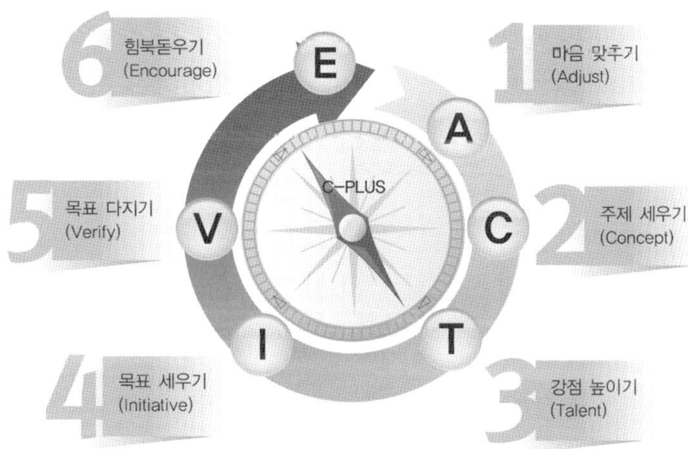

[그림 3-5] ACTIVE 코칭대화모델

출처: 도미향(2019).

① 1단계: 마음 맞추기

이 단계는 코치와 고객이 마음을 맞추고(Adjust) 라포를 형성하는 단계로 서로의 마음을 통하여 하나가 되는 단계이다. 이 단계를 통해 편안하게 코칭대화로 들어갈 수 있다.

- 최근에(요 며칠 사이에) 즐거웠거나 보람 있었던 일이 있으시면 한 가지만 말씀해 주세요.
- 오늘 코칭은 어떤 기대를 가지고 오셨습니까?
- 지난번 코칭을 받고 어떤 변화가 있으셨습니까?(이미 코칭을 받은 경험이 있는 경우)
- 그럼, 이제 코칭을 시작하겠습니다. 편하게 이야기해 주세요.

② 2단계: 주제 세우기

이 단계는 고객이 원하는 상태를 찾는 단계(Concept)로 현재 상태에서 원하는 목표를 명료화하는 단계이다. 공감을 통해 고객이 진정으로 자신이 원하는 것을 탐색하고 표현할 수 있도록 한다. 특히 고객이 변화하고자 하는 것에 초점을 맞추는 단계이다.

- 오늘 코칭에서 어떤 이야기를 나누고 싶으세요?
- 그 이야기를 하시는 배경에 최근 어떤 일이 있으셨어요?
- 구체적으로 어떤 결과를 얻고 싶습니까?
- 원하는 대로 이루어진 상태는 어떤 상태입니까?
- 현재 상황과 원하는 상황을 비교해서 표현해 주시겠습니까?

③ 3단계: 강점 높이기

고객의 내면과 경험의 탐색을 통해 강점을 찾아 변화 가능성을 찾아가는 단계(Talent)이다. 이 단계에서의 강점이란 고객의 가능성 탐구, 고객의 존재(being)에 좀더 집중하여 고객의 주제(코칭목표)에 대해 동기화시켜서 패러다임(paradigm)의 변화를 가져오게 하는 단계이다.

- 이 코칭 주제는 당신에게 어떤 의미이신지요?

- 그것이 당신에게 왜 중요한가요?
- 그 목표가 이루어졌을 때 느낌은 어떨까요?
- 원하는 목표 달성이 삶의 다른 측면에는 어떤 영향을 미칠 것 같습니까?
- 원하는 목표 달성을 위해 필요한 것은 무엇입니까?

④ 4단계: 목표 세우기

고객의 변화된 관점에서 코칭목표를 향한 실천계획을 수립하는 단계(Initiative)이다. 목표를 수립하여 앞으로 나아가도록 작은 방법부터 구체적으로 계획을 수립하고 기존 방법 중 효과가 있었던 것, 새로운 방법을 두 가지 이상 찾아보도록 질문한다.

- 원하는 것을 이루기 위해 무엇을 해야 한다고 생각하십니까?
- 그것을 위해 지금까지 시도해 보신 것이 있으세요?
- 그 실천은 언제 하시겠습니까?
- 지금의 계획대로 한다면 어떤 결과가 나올 것 같습니까?
- 지금 여기서 해야 할 가장 중요한 것은 무엇이라고 생각하십니까?
- 목표 달성을 위한 실행계획을 구체적으로 세워 보실까요?
- 그 계획은 어떤 방법(누구와 어디에서, 몇 회)으로 실행하시겠습니까?

⑤ 5단계: 목표 다지기

목표와 구체적인 계획을 실행하는 것을 이미지화 또는 구체화하여 빠진 곳이 없는지를 점검하는 단계(Verify)이다.

- 수립하신 계획을 잘 실천하기 위해 어떤 자원이 필요합니까?
- 당신이 원하는 결과를 얻으려면 당신 삶의 어느 부분이 바뀌어야 한다고 생각하십니까?

- 당신의 강점은 어떤 것이지요? 실행을 잘하기 위해 그 강점을 활용하신다면 어떻게 하실 수 있을까요?
- 고객님이 실천하신 것을 제가 어떻게 확인할 수 있을까요?

⑥ 6단계: 힘 북돋우기

계획된 목표를 잘 실행할 수 있도록 고객을 격려하고 지지하는 것으로 코칭세션 동안 고객이 알아낸 것, 새로 인식한 것을 함께 나누며 고객이 성장하도록 지지하는 단계(Encourage)이다.

- 오늘 코칭을 요약해 보시겠습니까?
- 오늘 코칭에서 새롭게 알게 된 것이나 느낀 점을 말씀해 주시겠습니까?
- 축하합니다. 고객님께서 이번 세션을 통해 그런 부분을 느끼셨다니 정말 기쁩니다.
- 코치로서 제가 이 세션을 통해 알게 된 것은 ~입니다. (코치로서 알아챈 것, 통찰, 고객의 변화에 대해 나누기)
- 고객님께서 그것을 꼭 성공적으로 이루실 것을 믿습니다.
- 코칭을 마치겠습니다. 수고 많으셨습니다.

▌생각해 봅시다

1. 5가지 코칭의 환경은 각각 5가지 코칭의 특징이라고 할 수 있다고 설명했는데 그 이유가 무엇인지 생각해 봅시다.

2. 코칭의 환경은 어떤 면에서 서로 연결되어 있는지 토의해 봅시다.

3. 나의 생각과 행동을 만들어 내는 패턴과 구조, 즉 나의 생활 시스템은 무엇인지 생각해 보고 변화할 수 있는 부분에 대해 생각해 봅시다.

4. 나에게 잘 맞는 코칭대화 모델은 무엇이며 왜 그런지 생각해 보고 나만의 코칭대화 모델을 만들어 봅시다.

4장

ICF 코칭핵심역량의 배경과 신구모델의 변화

국제코칭연맹에서는 수백 명의 전문코치들의 경험을 통해 도출한 역량을 정리하여 1998년 11가지 역량으로 제시하였으며 이는 2020년을 기점으로 8가지 핵심역량으로 변경하였다. 우리나라는 2003년에 설립된 ICF코리아챕터와 한국코치협회를 중심으로 전문코치로서의 역량을 국제코칭연맹에서 제시한 11가지 코칭핵심역량에 기반을 두고 있다. 그래서 ICF와 한국코치협회 모두 이 '코칭핵심역량'을 기준으로 자격을 심사한다. 그러므로 전문코치가 되고자 하는 사람이라면 코칭역량이 무엇인지를 알고 그 적용의 실제를 이해하여 훈련하여야 한다. 이러한 코칭핵심역량은 최근 변경되어 8가지로 업데이트되었으며 이에 관해 명확히 이해하여 코치로써의 역량 발휘에 적극적인 노력이 필요하다.

본 장에서는 ICF의 업데이트된 코칭핵심역량의 배경과 코칭핵심역량의 신 · 구 모델비교에 관하여 코칭핵심역량 신 · 구 모델의 변화의 주요 방향과 대표역량군의 신 · 구 비교 및 코칭핵심역량의 신 · 구 비교를 통해 알아보고, 8가지 역량의 정의, 실행 지침과 적용방안에 관하여 살펴보고자 한다.

1. ICF의 업데이트된 코칭핵심역량의 배경1)

ICF의 11가지 코칭핵심역량(Core Coaching Competencies) 모델은 1998년 처음 개발되어 시행된 이래 20여 년 이상이 흘러 그동안의 내용을 분석하여 업데이트된 8가지 역량(Updated Core Competency)으로 ICF 본부이사회(Global Board)의 승인을 받고, 2021년 중반부터 시행된다. 그리고 ICF는 25년 전에 개발된 기존 핵심역량 모델이 오늘날의 코칭실행에도 매우 중요하다는 것을 확인하였다(ICF, 2020c). 이에 ICF는 업데이트된 핵심역량모델을 기존의 코칭역량 11가지에 새로운 요소들을 일부 추가하고 통합하여 8가지로 압축하였다.

1) 직무 분석 프로세스

ICF는 업데이트 된 새로운 핵심역량 모델을 개발하기 위해 2017년 10월부터 2019년 10월까지 심도 있는 직무 분석(Job Analysis)을 수행하였다. 이 직무분석은 코치들이 어떤 지식, 기술, 능력들을 그들의 업무에 사용하고 있는지 ICF 회원뿐만 아니라 회원이 아닌 코치를 포함하여 다양한 코칭 훈련 과정과 코칭 스타일 및 경험을 가진 전 세계 1,300명 이상의 코치로부터 수집한 자료를 기반으로 한 것이다. 더불어 전 세계 지역을 대상으로 수차례의 워크숍을 진행하여 핵심역량에 대한 의견을 나누고 분석하였다(ICF, 2020c). 이러한 방대한 연구는 지금까지 코칭 인증기관 중 거의 처음이라 할 수 있다. 이상의 직무 분석 프로세스를 통해 수집한 경험적 데이터를 통해 기존 ICF 핵심역량 모델이 상당 부분이 현재 코치들이 코칭하는 내용에 맞추어져 있음을 검증하였다(〈부록 1〉 참조). 그리고 2021년에는 팀코칭역량이 8가지 업데이트된 핵심역량에 맞추어 발표되었다(ICF, 2021). 팀코칭은 팀이 지속적으로, 장기간에 걸쳐 성과를 잘 내게 하기

1) 본 챕터는 ICF의 업데이트된 핵심역량(2021)의 ICF코리아챕터 한글 번역본, 도미향(2021)의 연구를 중심으로 수정, 보완하여 제시한 것임.

위한 팀 개발 필요성에 의한 만들어졌다(〈부록 4〉 참조).

2) 평가방법 개발

코칭기술을 사용하는 전문코치 및 관리자, 리더를 위한 엄격한 전문 자격 인증에서 중요한 부분은 코칭 지식과 능력을 정확하고 공정하게 측정하는 평가 방법을 사용하는 것이다. 현재 세계적으로 인정된 심리측정(psychometrics) 방법을 사용하여 업그레이드 된 평가방법을 개발하기 위한 작업이 진행 중이고, 특히 전문코치의 자격 인증을 위한 필기시험인 CKA(Coach Knowledge Assessment)가 새로 업데이트된 역량과 일치하도록 주력하고 있다. ICF 스텝, ICF 코치들로 구성된 전문가 그룹, 외부 전문가 파트너 등이 함께 개발에 참여하고 있다. 그리고 새로운 역량모델을 바탕으로 한 CKA는 2022년부터 시행될 예정이다.

ICF는 인증코치(ACC), 전문코치(PCC), 마스터코치(MCC)레벨에서 요구되어지는 역량을 제시하고 그 기준표도 제시하고 있는데 8가지 역량에 따른 전문 코치(PCC) 녹음화일 평가를 위한 마커(Markers)를 47가지(11가지 역량)에서 37개(8가지 역량)로 줄여서 제시하였다(2020. 10. 발표, ICF, 2020d). 이 역량표는 전문코치로서의 역량을 아주 세밀하게 측정하고 평가하는 기준표가 준비되어 있는 것으로. 업데이트된 8가지 역량과 새로운 PCC Markers는 2022년부터 코치현장에 적용될 예정이다. 한편, ICF 인증자격의 가치를 더 강화하기 위해 ISO(국제표준화 기구), NCCA(the National Commission for Certifying Agencies, 국가인증기관) 표준에 맞추기 위해 작업 중이다.

2. ICF 코칭핵심역량 신·구 모델의 비교

1) 코칭핵심역량 신·구 모델의 변화

ICF는 기존 코칭역량 모델을 바탕으로 새로운 역량모델을 만들었는데 새로운 역량모델은 더 단순하고, 이해하기 쉽게, 그리고 여러 나라 언어로 번역이 용이하도록 더 일관되고 명확한 언어를 사용하였다. 기존 11가지 역량은 1,537단어, 69개 실행 지침이었으나 8가지 역량은 1,109단어, 63개 실행 지침으로 줄어들었다(도미향, 2021; Abner et al., 2020). 신 · 구역량의 차이를 비교해 보면 〈표 4-1〉과 같다.

〈표 4-1〉 ICF 신·구 코칭핵심역량 비교

그룹(대표역량군)	11가지 코칭역량	8가지 코칭역량	비고
A. 기초세우기 (Setting the Foundation, 구역량) ⇒ A. 기초세우기 (Foundation, 신역량)	1. 윤리 지침과 전문성 기반 다지기 (Meeting Ethical Guidelines & Professional Standards)	1. 윤리적 실천을 보여 준다 (Demonstrates Ethical Practice).	수정
	2. 코칭 합의하기 (Establishing the Coaching Agreement)		수정, 신역량 3
		2. 코칭 마인드셋을 구현한다(Embodies a Coaching Mindset).	구역량 1. '전문성' 부분 독립
B. 관계의 공동구축 (Co-Creating the Relationship)		3. 합의를 도출하고 유지한다(Establishes and Maintains Agreements).	수정
	3. 신뢰와 친밀감 쌓기 (Establishing Trust and Intimacy with the Client)	4. 신뢰와 안전감을 조성한다(Cultivates Trust and Safety).	수정
	4. 코칭 프레즌스 (Coaching Presence)	5. 프레즌스를 유지한다 (Maintains Presence).	동일
C. 효과적으로	5. 적극적 경청	6. 적극적으로 경청한다	동일

의사소통하기 (Communicating Effectively)	(Active Listening)	(Listens Actively).	
	6. 강력한 질문하기 (Powerful Questioning)	7. 알아차림을 불러일으킨다 (Evokes Awareness).	구역량 6, 7, 8 통합
	7. 직접적 커뮤니케이션 (Direct Communication)		
D. 학습과 결과 촉진하기 (Facilitating Learning and Results, 구역량) ⇒ D. 학습과 성장 북돋우기(Cultivating Learning and Growth, 신역량)	8. 일 깨우기 (Creating Awareness)		C. 위치 이동
	9. 행동 설계하기 (Designing Actions)	8. 고객의 성장을 촉진한다 (Facilitates Client Growth).	구역량 9, 10, 11 통합
	10. 계획 수립과 목표 설정 (Planning and Goal Setting)		
	11. 진행 및 책무 관리 (Managing Progress and Accountability)		

출처: 도미향(2021). ICF 코칭핵심역량 신 · 구모델의 비교연구. 코칭연구, 14(1), 71-89.

2) 대표역량군의 신 · 구 비교

대표역량군은 네 가지로 기초세우기, 관계의 공동구축, 효과적으로 의사소통하기, 학습과 성장 북돋우기이다. 신 · 구역량 비교에서 그룹(대표역량군)별로 보면 변화는 크지 않지만 일부 명칭이 수정되고, 역량의 위치이동 및 삭제된 역량들이 있다. 이를 대표 역량별로 나누어 살펴보면 다음과 같다.

(1) 기초세우기

기초세우기 역량군은 Setting the foundation에서 Foundation으로 변경되었다. 이것은 신역량 2에서 '코칭 마인드셋을 구현한다.'가 추가되었고, 역량 1과 역량 2가 지속적으로 실천되어야 함의 의미에서 'Setting'은 삭제되었다고 볼 수 있다. 이는 코칭의 시작에서 끝까지를 볼 때 코치는 코치로써의 윤리적 자세와 코칭표준을 이해하고 지속적으로 적용할 뿐만 아니라 전문코치로써 고객중심적 사고방식, 전문성을 갖추고 유지해야 함을 나타낸다.

(2) 관계를 함께 만들어 가기

구역량 2의 '코칭합의하기'는 '관계를 함께 만들어 가기로 이동한 것은 적절한 배치로 보인다. 이는 코치와 고객과 관계를 공동구축하여 코치가 고객과 함께 코칭 전반에 걸쳐 합의를 도출하고, 신뢰와 안전감을 조성하고, 개방적인 자세로 늘 깨어서 고객과 함께하는 코치로서의 프레즌스를 유지하여야 한다는 것이다.

(3) 효과적으로 의사소통하기

구역량의 '6. 강력한 질문하기, 7. 직접적 커뮤니케이션, 8. 일깨우기' 역량은 신역량 7 '알아차림을 불러일으킨다'로 통합되었으며, 구역량 8이 그룹을 이동한 것도 주목할 만하다. 결국 효과적으로 의사소통하기 위해서는 알아차림을 불러일으키는 것이 중요한데 이는 강력한 질문과 직접적 커뮤니케이션, 알아차림을 통해 가능하다는 것을 나타내는 것이다. 이는 코치로써 고객의 내면에 대해 경청하고, 코칭에서 활용할 수 있는 다양한 도구와 기술을 사용하여 고객이 알아차리도록 학습과 촉진을 불러일으켜야 한다는 것이다.

(4) 학습과 성장 북돋우기

네 번째 그룹은 명칭변화인데 구역량에서는 '학습과 결과 촉진하기(Facilitating Learning and Results)'인데 신역량에서는 '학습과 성장 북돋우기(Cultivating Learning and Growth)'로 변경된 것이다. 이는 신역량의 전반적인 변화 경향과도 맥락을 같이하는데, 결과(Results) 중심에서 성장(Growth) 및 과정중심, 행동(Doing) 중심에서 사람(Being) 중심으로 변화된 것이다. 또한 촉진하기(Facilitating)에서 북돋우기(Cultivating: 일구기, 경작하기)로 변경된 것은 고객의 지속적인 성장을 염두에 둔 표현이다.

3) 코칭핵심역량의 신·구 비교

핵심역량은 11가지에서 8가지로 줄어들었고, 줄어든 역량은 다른 영역으로 배치가 이동되거나 통합되었다. 즉, '8가지 코칭핵심역량'은 코치가 갖추어야 할 역량을 크게 4가지 영역으로 나누고 각각의 영역에서 요구하는 실행 요소를 모두 8가지로 정리한 것이다. 다시 말하면 4개의 그룹에 8가지의 역량이 논리적으로 비슷한 역량끼리 구조화한 것이다. 구 버전과 비교하여 업데이트된 새로운 역량의 특징은 다음과 같다(도미향, 2021).

① 업데이트된 8가지 역량과 지침에서는 윤리적 행동과 비밀 유지를 최우선적으로 강조하였다.
② 역량 2에 '코칭 마인드셋(Embodies a Coaching Mindset)'이 새로 추가되어 나타난 점은 코치로써의 자질과 태도가 매우 중요함을 전면에 내세워 강조한 것이다.
③ 코치의 지속적 성찰의 중요성, 다양한 차원의 코칭 합의들 간의 중요한 차이점, 코치와 고객 간 파트너십의 중요성, 문화적, 체계적 및 맥락적 의식의 중요성이 포함되었다.
④ 코칭역량 8가지의 제목을 명사형에서 동사형으로 변경하였다. 이것의 의의는 과거 25년 전에는 11가지로 역량을 알리고, 이를 명문화하는 데 비중을 두었다면 8가지 역량에서는 실제 코치가 코치로써의 태도를 지속적으로 성찰하고 실천하는데 더욱 주안점을 두고 있음을 강조하기 위함이다.
⑤ 역량 1과 역량 2는 코치로써의 존재(Being)에 주안점을 두고 있다면 역량 3에서부터 역량 8까지는 코치의 행동(Doing)에 관해 제시하였다.

이와 같이 업데이트된 ICF의 코칭역량 모델의 한국어판은 ICF코리아챕터에서 담당하여 완성되었다. ICF코리아챕터는 '한국형 핵심역량 모델'이 되도록 번역에 심혈을 기울였으며, 영어 번역전문가(ACC)와 코칭전문가(MCC, PCC)의 자문회의를 거쳐 최종 ICF 글로벌 본부의 승인을 받은 후 ICF 글로벌 본부 및 코리아챕터 홈페이지에 탑재되어 있다.[2)]

8가지 역량중 신 · 구 비교할 때 가장 많이 변화된 부분은 역량 2가 새로 생긴 것이고, 구역량 6, 7, 8이 합쳐져서 신역량 7이 된 것이다. 이를 그림으로 나타내면 다음과 같다([그림 4-1] 참조)(도미향, 2021; Abner, DiGirolamo & Rogers, 2020).

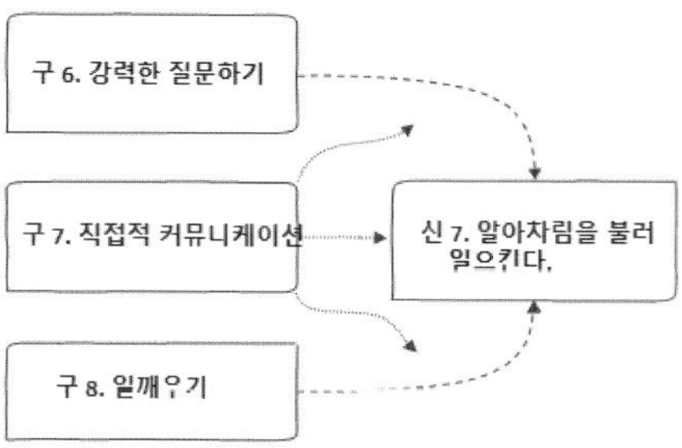

[그림 4-1] 신역량 7의 배경

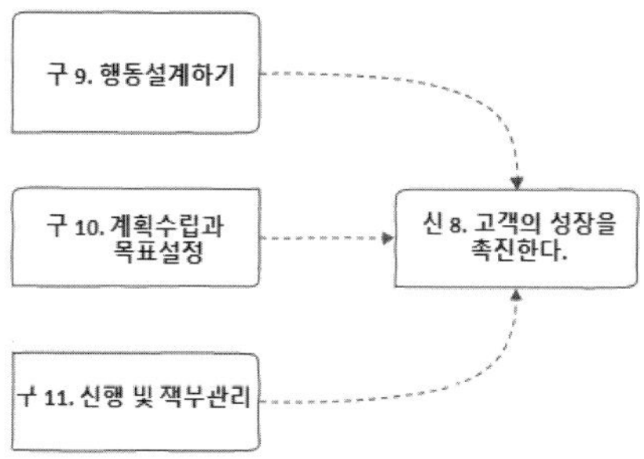

[그림 4-2] 신역량 8의 배경

출처: 도미향(2021); Abner et al.(2020).

다음으로 신역량 8의 배경에 대해 살펴보면 다음과 같다. 기존 11가지 역량의 역량 9 행동설계하기, 역량 10 계획수립과 목표설정, 역량 11 진행 및 책무관리 역량이 함께 묶인 역량으로 구역량과 비교할 때 가장 많이 변경된 부분이라고 할 수 있다([그림 4-2] 참조). 이는 구역량의 세 가지 역량의 비중이 줄어들었다기보다는 한가지로 묶어서 보는 것이 더 효과적이고, 다소 중복되는 역량을 간소화한 것으로 보인다.

ICF 8가지 코칭핵심역량을 대표역량과 세부역량으로 분류하여 주요내용을 살

---

2) 이 업데이트된 ICF 핵심역량의 한글 번역본은 ICF 글로벌 본부로부터 승인받아 ICF Korea Charter Chapter에서 마련하였으며, 2020년 9월 8일 게재함. 이 문서의 공식 번역본은 ICF 글로벌 웹사이트 www.coachfederation.org에서 찾아 볼 수 있음.

펴보면 〈표 4-2〉와 같다.

〈표 4-2〉 ICF 8가지 코칭핵심역량의 주요내용

대표 역량군	세부역량	세부 항목수	주요 내용
기초 세우기	1. 윤리적 실천을 보여준다.	7	코치의 온전함을 증명하기(진실성, 정직성, 민감성, 존중하는 언어), ICF 윤리강령준수, 핵심가치 지지, 비밀유지, 다른 지원분야와의 차별성 유지
	2. 코칭마인드셋을 구현한다.	8	코치의 지속적 학습 및 개발 참여, 고객의 자율성 인정, 성찰훈련, 개방적 태도, 인식과 직관 활용, 감정조절능력 개발 및 유지, 세션준비, 외부자원 활용
관계의 공동 구축	3. 합의를 도출하고 유지한다.	11	코칭 관계를 위한 계약, 전반적인 코칭계획 및 목표에 대한 합의, 세션 목표 및 목적에 대한 합의, 성공척도 정의, 시간관리, 초점 유지, 코칭 경험 존중 및 관계종료
	4. 신뢰와 안전감을 조성한다.	6	안전하고 지원 가능한 환경 조성, 고객을 있는 그대로 존중하기, 프로세스 중 고객의 성취와 알아낸 것 인정하기, 공감, 관심가지기, 개방성, 투명성 보이기
	5. 프레즌스를 유지한다.	6	고객에 대한 완전 집중유지, 공감, 적절하게 반응하기, 호기심, 감정관리, 자신감 있는 태도, 알지 못하는 영역에서도 편안하게 하기, 침묵 및 성찰 공간 가지기
효과적으로 의사소통하기	6. 적극적으로 경청한다.	6	총체적 경청, 고객의 상황, 정체성, 환경 등 고려하기, 반영 및 요약하기, 고객 내면 인식하고 질문하기, 고객의 감정 변화 주목하기, 고객의 언어, 음성 및 신체 언어를 통해 고객에 대한 이해 통합하기
	7. 알아차림을 불러일으킨다.	11	고객의 경험 고려, 새로운 통찰력을 이끌어 내기 위한 질문하기, 관찰 내용을 공유하여 새로운 학습지원, 고객의 욕구를 바탕으로 코칭접근법 조정하기, 관점 재구성 지원하기
학습과 성장 북돋우기	8. 고객의 성장을 촉진한다.	8	고객의 목표와 행동, 책임측정 방안 설계, 고객의 자율성 존중, 실행단계에서 배운 것 지지하기, 고객이 지닌 자원, 지원 고려하기, 학습 및 통찰한 것 요약, 고객의 진전 축하하기, 고객과 함께 세션 종료

출처: 도미향(2021). ICF 코칭핵심역량 신·구모델의 비교연구. 코칭연구, 14(1), 71-90.

3. 업데이트된 8가지 코칭핵심역량

1) 역량 1 윤리적 실천을 보여준다

(1) 정의

역량 1은 '윤리적 실천을 보여준다(Demonstrates Ethical Practice)'로 첫 번째 그룹인 기초세우기(Foundation)에 속한 역량이다. 정의는 '코칭윤리와 코칭표준을 이해하고 지속적으로 적용한다.' 이고 7가지의 세부항목을 제시하였다(세부항목은 부록이나 각 역량별로 제시한 장을 참고하기 바람).

(2) 적용

이 역량은 ICF 윤리 강령과 윤리 강령의 적용이 코칭 전반에 걸쳐 숙지되어야 하며 전문코치로서 ICF 윤리 강령과 일치하는 코칭을 보여주며 코치의 역할에서 일관성을 유지해야 한다. 코치의 윤리적 실천이라 함은 코치가 온전히 고객을 있는 그대로 수용하고 받아들이고, 코치가 자신의 의도대로 고객을 리드해가거나 코치가 선택한 특정 해답이 바로 고객이 가야 할 방향이라고 생각하거나 고객을 지적하거나 조언을 하지 말아야 함을 말한다. 만약 역량 1이 잘되지 않는다면 코칭 전반에 걸쳐 다른 역량을 잘하더라도 코칭전반은 실패한 것으로 볼 수 있다(도미향, 2021).

그리고 코칭, 컨설팅, 심리치료 및 다른 지원 전문직과의 차별성을 유지하여야 한다는 것은 코칭세션에서 코칭이 아닌 영역 상담, 심리치료, 컨설팅 등을 코칭시간에 사용할 때도 그 코칭은 코칭윤리에 어긋난다. 고객과 코칭하려고 할 때는 이것이 코칭대화인을 명확히 하고 코칭이 무엇인지 모르는 고객이면 코칭이 무엇인지를 설명하고 더욱 기본에 충실 할 수 있도록 노력해야 한다. 또한 코칭세션 동안 사람을 바라보는 관점을 존경의 마음을 담아 있는 그대로의 그 사람을 보는 것, 즉 고객의 가치와 고객의 성장과 발전을 지원하는 것이 필요하다(역량 1-5). 다시 말해 코치가 코칭세션과 코칭의 분위기를 주도하거나 코치가 주제를 고르는 것은 하지 말아야 한다. 상황과 고객에 대하여 고객중심이 아닌 코치가 생각하는 것에 집중하면 안 되며, 고객이 말하고 있는 것에 대하여 그 이면을 탐구하거나 도전하는 과정이 필요하다. 즉, 코치는 고객의 말투, 어조, 어감, 속도, 에너지 등에 집중하여야 한다.

고객의 경험 속에 내재되어 있는 가치, 신념 등에 민감하게 반응하여야 하며, 고객을 있는 그대로 온전히 바라보아야 한다. 즉, 고객의 목소리에 귀 기울이고, 바라보고, 고객의 기쁨, 슬픔을 함께 하여야 한다(역량 1-2). 칼 구스타브 융(Carl Gustav Jung)에 따르면 인간의 내면에는 의식의 중심이 되는 '자아(Self)'가 있고, 이를 에크하르트 톨레(Eckhart Tolle, 2019)는 '현존'으로 표현하였다. 이는 인간을 깨어 있게 하여 에고를 알아차리고, 자아와 에고의 균형을 이룰 수 있게 한다. 코치는 고객과 완전히 연결된 관찰자로서, 코칭 프레즌스를 발휘할 수 있게 되며, 고객의 정체성, 환경, 경험, 가치 및 신념에 대해 민감하게 반응할 수 있다.

2) 역량 2 코칭 마인드셋을 구현한다

(1) 정의

역량 2는 '코칭 마인드셋을 구현한다(Embodies a Coaching Mindset).'로 이것은 첫 번째 그룹인 기초 세우기에 속한 역량이다. 역량 2의 정의는 '개방적이고 호기심이 많으며, 유연하고 고객 중심적인 사고방식을 개발하고 유지한다.'이고 세부항목은 7가지이다.

(2) 적용

새로 업데이트된 ICF 핵심역량에서 가장 큰 변화는 역량 2 코칭 마인드셋을 구현한다는 역량을 추가한 것일 것이다. 코칭이 스킬 개발뿐만 아니라 코치 자신의 지속적 성장 발전을 강조한다는 의미이다. 실제 코치가 개방적이고 호기심이 많으며, 유연하고 고객 중심적인(client-centered) 코칭 마인드셋을 구현하는 것은 지속적인 학습과 자기 개발, 자신에 대한 성찰을 통해 확립된다. 코칭의 철학에서 보면 '모든 사람에게는 무한한 잠재력과 가능성이 있다.'(도미향, 2016) 라고 말한 것처럼 고객은 전인적인 존재이며, 직면한 문제를 스스로 해결할 능력과 기술을 가지고 있으며 고객만의 고유한 특성을 발휘하여 창의적, 변혁적 해답을 지닌 존재라는 것을 인정해야 한다. 코칭이 지향하는 지점이 사람들에게 행복한 삶을 영위하도록 돕는 것이라면 사람들의 현재와 미래의 삶에 대한 끊임없는 고찰이 있어야 한다(윤형식 · 도미향, 2016).

코치는 고객이 가지고 있는 이슈나 문제(doing)보다 고객의 존재 자체(being)에 집중할 때 고객이 스스로 성장하는 계기를 마련할 수 있다. 고객이 가지고 있는 이슈나 문제는 고객이 어떤 존재인지 알게 해주는 하나의 지표가 된다. 그리고 고객이 가지고 있는 이슈나 문제의 해결 주체는 바로 고객이라는 점을 인식해야 한다. 또한 고객이 말하고자 하는 고객 자신에 대하여 경청을 하고 그것에 적극적으로 공감하고 반응해 주는 것이 바로 사람 중심 패러다임(people paradigm)이다. 코치는 고객이 제기한 문제와 관련된 맥락을 이해하면서 고객 자신이 정말 원하는 것에 대하여 새로운 자각을 불러일으키도록 도울 수 있어야 한다(박창규 외, 2019).

이러한 요소는 코치로서 전문성을 기르는 과정의 어느 한순간에 획득되는 것이 아니고, 지속적으로 이루어지는 것이다. 그러나 이 역량의 특정 요소는 코칭 대화 속에서도 확인이 가능하다 이러한 특정 행동은 역량 중 '역량 4 신뢰와 안전감을 조성한다, 역량 5 프레즌스를 유지한다, 역량 6 적극적으로 경청한다, 역량 7 알아차림을 불러일으킨다.'를 통해서도 명확하게 표현된다(ICF, 2021).

코치에게 요구되는 윤리강령 중 하나는 코치로서의 지속적인 성장을 위해 '스스로 자신을 코칭하고 성찰하는 일'이다. 특히 코칭에서 걸림돌이 되는 한 가지는 에고(ego)이다. 그러므로 코칭에서는 나 중심적인 패러다임(Me-Centered)보다 상대방 중심적인 패러다임(You-Centered)이 중요하다. 왜냐하면 코칭에서 다루는 모든 이슈와 문제의 중심에는 고객이 있기 때문이다. 또한 상담과 심리치료가 전문가 중심이라면 코칭이 가장 고객 중심적이라는 측면에서도 동일한 맥락이다. 따라서 고객의 내면을 탐구하고, 고객의 개별성을 그대로 인정해 주는 태도가 코치가 갖추어야 할 덕목이다. 특히 코치로서 항상 균형 잡힌 태도, 관찰자의 모습을 갖게 하는 훈련은 중요하다(도미향, 2021). 이 역량은 바로 코치들의 역량개발에서 기술적인 측면도 중요하지만 자기성찰, 자기개발의 중요함을 강조한 것이라 볼 수 있다.

3) 역량 3 합의를 도출하고 유지한다

(1) 정의

역량 3은 합의를 도출하고 유지한다(Establishes and Maintains Agreements).로 이것은 두 번째 그룹인 '관계를 함께 만들어 가기(Co-Creating the relationship)'에 속한 역량이다. 정의는 '고객 및 이해관계자와 협력하여(partnering) 코칭관계, 프로세스, 계획 및 목표에 대한 명확한 합의를 한다.'이고 세부항목은 11가지이다.

(2) 적용

이 역량은 고객 및 이해관계자(혹은 담당자)와 협력하여 코칭의 관계 수립 및 코칭 프로세스, 코칭의 시작과 끝, 코칭의 절차, 비용, 계획 및 목표 등 코칭전반에 대하여 명확하게 합의를 하는 과정을 말한다. 즉, 코칭을 준비하는 과정부터 코칭을 하는 동안의 합의를 두루 말하는 것이다. 코칭 진행방법은 코칭을 진행할 때 어떤 스케줄을 가지고, 어떤 장소에서 진행할지 등 제반 코칭환경을 말한다.

실행 지침 5의 '고객과 코치 간에 서로 맞는지(client-coach compatibility)를 결정하기 위해 파트너십을 갖는다.'는 부분에서 서로 맞는지는 한국어로의 번역에 있어서 논의의 여지가 많은 부분인데 이 부분은 코치와 고객이 서로 코칭하기에 적합한지, 궁합이 맞는지, '케미(chemistry)'가 적절한지 등으로 표현하기도 한다. 결국 코치와 고객은 코칭할 때 서로가 잘 통하고, 호흡이 잘 맞는지를 보기 위해 파트너십을 발휘해야 한다는 것이다.

실행 지침 8의 경우 이 코칭을 통해 고객이 추구하는 목표가 무엇인지를 명확히 해야 한다. 주제세우기, 초점 맞추기라고도 하는데 이 코칭을 마친 후에 어떤 결과를 가지고 가고 싶으신가요? 등의 질문을 통해 주제를 명확히 한다. 이것은 코칭을 한 마디로 정의해 보면 목표를 지향하는 행동이다(Grant & Cavanagh, 2011)라는 관점과 동일하다. 이런 경우 대부분 고객이 코치에게 코칭을 의뢰하지만 조직이나 기관에서 코칭을 연결할 시 서로 코칭을 기피할 수도 있다는 뜻이다. 이때 코치는 고객이 이 세션에서 달성하고자 하는 것을 확인하고, 재확인해야 하며, 고객에게 중요하거나 의미 있는 것이 무엇인지 묻거나 탐구하고, 이를 이루기 위해 무엇을 다룰지를 명확히 정의하여야 한다.

4) 역량 4 신뢰와 안전감을 조성한다

(1) 정의

역량 4는 '신뢰와 안전감을 조성한다(Cultivates Trust and Safety).'로 이것은 두 번째 그룹인 '관계를 함께 만들어 가기(Co-Creating the relationship)'에 속한 역량이다. 이 역량의 정의는 '고객과 함께, 고객이 자유롭게 나눌 수 있는 안전하고 지지적인 환경을 만든다. 상호 존중과 신뢰 관계를 유지한다.'이며, 세부항목은 6가지이다.

(2) 적용

코치로서의 효과성은 고객과 맺는 인간관계의 질에 비례한다. 코칭이 좋은 결실을 맺으려면 서로 신뢰하고 믿고 바닥까지 털어놓을 수 있어야 하며, 이것이 코칭의 주춧돌인 것이다(Crane, 2009). 코치는 코칭과정에서 고객이 지닌 고유한 재능, 통찰력 및 그들이 하는 일에 대해 인정하고 존중해야 한다. 또한 고객의 감정, 인식, 우려, 신념 또는 제안에 대해 공감하고, 관심을 보여주며 적극적으로 인정하고 지원해야 한다.

'고객에게 신뢰를 얻을 수 있으면서도 고객에게 안전한 공간을 제공할 수 있는 역량'을 말한다. 어떤 사람은 처음 만나서부터 신뢰할 수 있고 믿음직스럽지만 좀처럼 친해지지 않는 경우가 있다. 또 어떤 사람은 쉽게 친해지지만 신뢰하기는 어려운 사람도 있다. 전문코치라면 이 두 가지를 동시에 만족시킬 수 있는 역량이 필요하다.

사람마다 자신의 정체성과 쌓아온 경험, 가치와 신념 등은 천차만별이다. 이렇게 사람은 다 다름을 인식하고 고객을 온전히 받아들이고, 고객의 인식하는 것, 고객이 사용하는 언어, 의사소통의 양식을 존중하고, 그러한 고객을 온전히 수용하면서 코칭해야 한다. 코치는 정말 마음을 비우고, 자신의 에고(ego)를 다 내려놓지 않는다면 이 역량을 발휘하는 것은 쉽지가 않다. 고객에 대한 나의 선입견과 편견을 버리고 고객이 지닌 강점과 고객이 진정으로 바라는 바를 관심있게 온 마음을 다해 보려고 노력한다면 고객을 이해하게 되고, 서로 신뢰관계를 쌓게 될 것이다(황현호 · 도미향, 2017).

5) 역량 5 프레즌스를 유지한다

(1) 정의

역량 5는 '프레즌스를 유지한다(Maintains Presence).'로 이 역량은 두 번째 그룹인 관계의 공동구축(co-creating the relationship)에 속한 역량으로써, '개방적이고 유연하며 중심이 잡힌 자신감 있는 태도로 완전히 깨어서 고객과 함께하는 것이다(Is fully conscious and present with the client, employing a style that is open, flexible, grounded and confident).'로 정의하고 있고 세부항목은 6가지이다.

(2) 적용

이 역량은 코칭계에서 관심이 많은 영역이고, 그 해석에 있어서 다양한 의견이 존재한다. 정의에서 '고객과 함께한다'는 것은 고객과 함께 호흡(facing)을 맞추고 라포를 형성하여 코칭을 한다는 것이다. 그리고 코치가 '중심이 잡힌 자신감 있는 태도'란 코치가 자신의 감정 속으로, 혹은 고객에게 공감이 아닌 지나친 동감상태가 되면 안 된다는 뜻이다. 이것은 코칭을 하면서 시종일관 고객과 함께 하고 있어야 하고, 흔들림 없이 견고히 소신을 가지라는 뜻이다. 특히 함께한다는 것은 완전히 깨어서 결국 코치의 ego(자아)에서 바라보는 관점이 아닌 고객의 관점이 되어 코칭해야 한다는 것이다. 즉, 코치가 '중심에 머무는 것(centered)'은 자기 자신이 우주의 중심에 있다는 입장에 서서 에고(ego)가 만들어내는 선입견과 편견으로부터 초연하게 되는 마음상태로 묘사될 수 있다(Crane, 2009).

이것은 업데이트 된 역량 2의 '코칭 마인드셋을 구현한다.'의 정의와 흡사하다. 즉, '개방적이고 호기심이 많으며, 유연하고 고객 중심적인 사고방식(마인드셋)을 개발하고 유지한다.'라는 내용과 일맥상통한다.

다만 그 차이점은 역량 2가 평소 코치로서의 자질 함양에 초점을 맞춘 Being이라면 역량 5는 코칭세션 동안 지속적으로 발휘해야 할 Doing으로서의 역량이다. 이 두 가지는 깊은 관련성이 있는데 평소 역량 2가 코치의 기본 근간으로 자리하고 있지 않다면 코칭세션 중 고객과의 관계에서 역량 5를 유지하기는 어려울 것이다. 그래서 역량 2를 새로 추가해서 강조한 것이라 보인다.

이러한 맥락에서 볼 때 코치는 코칭세션에 들어갈 때뿐만 아니라 코칭세션이 끝난 후에도 코치로서의 자세를 유지해야 한다는 전문성을 강조한 것이다. 또한 코칭 프레즌스를 더욱 강력히 발휘하기 위한 시스템이 마련된 것이다. 이것은 코치가 호기심을 가지고 고객이 변화되어가는 과정의 여정(journey), 고객에 대해 다양한 시각에서 탐색하려는 도전을 함께 해나가는 것을 말한다.

코치의 마음과 생각, 몸이 고객의 가능성과 잠재력을 향해 완전히 열려서 코치가 고객과 함께 춤추는 상태를 말한다. 한마디로 말해 코칭에서 코치의 어떤 '선입견이나 편견, 아젠다(Agenda) 없이 완전히 자신을 내려놓고 고객과 존재(Being)로 함께해 주는 것'이다. '존재로 함께하지 않는 것'은 고객을 통제하고, 고객에게 훈계하고, 가르치려는 자로 함께 하는 것이다. 이런 관계에서는 코치는 고객에 대하여 자신도 모르게 에고가 작동하고, 자신의 가치로 뭔가 고객에게 영향을 미치려 하며 경직되고 유연하지 못하게 된다. 또한 새로운 질문을 계속 만들기 위해 코치가 자신의 생각 속에 집중한다면 자신도 모른 사이에 고객과 온전히(fully) 함께 하지 못하는 것이다. 따라서 코칭 프레즌스는 온전히 고객의 존재를 수용하는 것이고, 코칭하는 동안 성취하기를 바라는(Doing) 것 양쪽 모두에 반영하여야 한다.

6) 역량 6 적극적으로 경청한다

(1) 정의

역량 6 '적극적으로 경청한다(Listens Actively).'는 이 역량은 세 번째 그룹인 효과적으로 의사소통하기(communicating effectively)에 속한 역량으로써, 고객의 시스템 맥락에서 전달하는 것을 충분히 이해하고, 고객의 자기표현(self-expression)을 돕기 위하여 고객이 말 한 것과 말하지 않은 것에 초점을 맞춘다. 이를 위한 세부항목은 7가지이다.

(2) 적용

역량 6 역량은 한마디로 말하면 '고객이 말하지 않은 것까지도 듣는 것'을 의미한다. 사람들이 하는 말의 '행간', 즉 말로 언급되지 않은 부분을 파악하고 상대방에게 반응하도록 하면 상대방의 말뿐만 아니라 감정까지도 이해할 수 있다(Canfield & Chee, 2013). 코치의 질문과 관찰은 고객이 누구인지 또는 고객의 상황에 따라 코치가 배운 내용을 활용하여 맞춤화된다.

에노모토 히데타케(Hidetaka Ennomoto, 2007)는 경청을 세 단계로 나누면서 1단계는 '귀로 듣는다', 2단계는 '입으로 듣는다', 3단계는 '마음으로 듣는다.'로 분류했는데, 몸과 마음으로 경청하는 것이 필요하다. 몸으로 하는 경청은 고객이 말할 때 코치가 눈을 맞추고 고개를 끄덕이면서 몸을 고객 쪽으로 기울이며 경청하는 것을 말하며 이는 코치가 기본적으로 갖춰야 할 태도다. 적극적 경청은 '고객이 말하지 않은 것 까지도 듣는 것'이라고 했다. 고객이 말하지 않은 감정, 욕구, 의도, 사실, 열정, 비전, 꿈, 야망, 가치, 신념, 기대, 열망, 습관, 패턴, 강점, 탁월함, 성품, 인품, 존재까지도 경청하는 것이다.

그리고 마음으로 하는 경청은 두 가지 접근법이 있다(황현호 · 도미향, 2017). 첫 번째는 고객의 이야기 중에 고객이 느꼈을 법한 감정이나 욕구, 의도 등을 헤아려서 코치가 말로 표현해 주는 방법이다. 두 번째 방법은 고객이 그 상황이나 이야기 속에서 느꼈을 법한 감정이나, 가졌을 법한 욕구 등을 질문하고 고객이 직접 자신의 감정이나 욕구를 말하게 한 다음 고객이 표현한 감정이나 욕구에 공감을 해주면 된다.

따라서 코치로서 적극적으로 경청한다는 것은 코치가 고객의 감정 및 고객이 현재 자신이나 자신의 세계에 대해 어떻게 인식하고 있는지 질문하고 탐구하는 자세가 필요하다. 또한 고객이 사용하는 단어에 대해 질문을 하고, 고객의 에너지 변화, 비언어적 단서를 탐구하고, 고객의 말을 끊지 않고 고객이 전달한 내용을 간결하게 반영하거나 요약하는 것을 말한다.

7) 역량 7 알아차림을 불러일으킨다

(1) 정의

역량 7 '알아차림을 불러일으킨다(Evokes Awareness).'는 이 역량은 세 번째 그룹인 효과적으로 의사소통하기(Communicating Effectively)에 속한 역량으로써, '강력한 질문, 침묵, 은유(metaphor) 또는 비유(analogy)와 같은 도구와 기술을 사용하여 고객의 통찰과 학습을 촉진한다.'라는 정의하에 11가지의 세부항목이 있다.

(2) 적용

이 역량은 구역량에서는 네 번째 그룹인 '학습과 결과 촉진하기(facilitating learning and results)'에 속한 역량이었는데 신역량에는 세 번째 그룹의 '효과적으로 의사소통하기'로 변경된 것으로 이는 주목할 만하다. 즉, 목표를 계획하고 이를 실행에 옮기는 역량으로 보기보다는 오히려 효과적으로 의사소통하여 고객의 변화를 위한 통찰에 더욱 집중하는 역량으로 이 역량을 바라보는 관점이 변화되었다고 해석할 수 있다. 또한 이 역량은 구역량에서는 '자각인식하기(의식확대하기, creating awareness)'였으나 신역량에서는 동사형으로 '알아차림을 불러일으킨다(Evokes Awareness)'로 코치로써 해야 할 일을 좀 더 명확히 한 것으로 '지금 이 순간, 고객의 내면에서 일어나고 있는 심리역동, 즉 감정의 변화, 생각의 변화, 불일치, 자신의 잠재력과 가능성 등을 알아채도록 불러일으키는 것을 말한다. 또한 이 역량은 구역량보다도 더 넓어지고, 구체화되어 나타나고 있는데 그 이유는 [그림 4-1]과 같이 구버전의 역량 6 강력한 질문하기, 역량 7 직접적 커뮤니케이션, 역량 8 일깨우기가 통합된 것이기 때문이다.

코칭에서 강력한 질문(Powerful Questioning)은 고객의 생각을 자극하고 고객이 미처 인식하지 못한 부분에 관해 생각할 기회를 가져다주는 것이다. 즉, 고객의 가치와 신념, 태도 및 행동, 인식, 통찰 등에 관해 관점의 전환(paradigm shift)을 일으키는 강력한 무기이다. 이러한 강력한 질문에는 주제 이면을 탐색하는 질문, 성취모습을 활용한 질문, 존재에 대한 질문, 관점을 열어주는 질문 등이 있다.

이상의 강력한 질문과 직접적 커뮤니케이션을 통해 알아차림을 불러일으킬 코치의 자세는 코치 자신의 에고에 집착하지 않고, 고객의 사고방식, 가치관, 욕구, 신념 등에 대한 질문을 하고, 고객의 의견, 생각 또는 감정을 공유하고 탐구하는 것이다. 그리고 코치는 고객이 자신의 내면을 탐구하고, 그 생각을 확장하도록 명확하고 직접적이며 개방된 질문을 하고, 명확하고 간결한 언어를 사용하여야 한다.

8) 역량 8 고객의 성장을 촉진한다

(1) 정의

역량 8 고객의 성장을 촉진한다(Facilitates Client Growth). 이 역량은 네 번째 그룹인 학습과 성장 북돋우기(Cultivating Learning and Growth)에 속한 역량으로 그 정의는 "고객이 학습과 통찰을 행동으로 전환할 수 있도록 협력한다. 코칭과정에서 고객의 자율성을 촉진한다."이며, 이 역량의 세부항목은 8가지이다.

(2) 적용

이 역량은 기존 11가지 역량의 역량 9 행동설계하기, 역량 10 계획수립과 목표설정, 역량 11 진행 및 책무관리 역량이 함께 묶인 역량으로 구역량과 비교할 때 가장 많이 변경된 부분이라고 할 수 있다([그림 4-2] 참조). 이는 구역량의 세 가지 역량의 비중이 줄어들었다기보다는 한 가지로 묶어서 보는 것이 더 효과적이고, 다소 중복되는 역량을 간소화한 것으로 보인다(도미향, 2021).

그러므로 코칭에서는 고객을 앞으로 나아가게 하기 위한 분명한 목적과 잠재성에 대한 실행 수단과 책무 구조가 있어야 한다. 이를 위해서 고객의 실행계획을 다시 점검하고, 고객이 행동하지 않는 경우 장애물이 무엇인지 함께 탐구하여 개선적인 방안을 찾아 나가야 한다. 이 역량의 실행 지침을 실행하기 위해 코치는 코칭세션에서 고객이 이 세션에서 달성하고자 하는 것에 대해 어떻게 진행할 것인지에 관해 구체적 탐구와 계획 수립이 가능하도록 진행하여야 한다. 그리고 코치는 고객에게 이 코칭세션에서 새롭게 학습한 것을 어떻게 활용할 것인지, 앞으로 나아가는 방법과 행동, 고객 자신을 위한 최상의 책무 방법 등을 설계하여야 한다.

그리고 세션 마무리 단계에서 고객이 어떤 성찰과 배움과 성장이 있었는지 함께 나누고, 코칭 전반에서 고객의 탁월성을 '고객의 언어'로 정리해서 고객이 성취해낸 바를 축하하고, 고객의 패러다임 전환 및 성장을 요청하고 응원하는 것이 필요하다.

또한 신 역량에서는 마무리단계에서 고객과 더불어 코치도 파트너로서 마무리할 것을 새롭게 명시하고 있다(8-8). 즉, 코칭 과정에서 새로 알게 되거나 인식한 점, 실행하기로 한 것을 통해 성찰의 깊이를 더하고 향후 실행의지를 다지도록 해야 한다.

▌생각해 봅시다

1. ICF의 업데이트된 코칭핵심역량의 배경을 바탕으로 한국 코칭계에 주는 시사점과 어떻게 핵심역량을 적용할지에 관해 생각해 봅시다.

2. ICF 코칭핵심역량 신 · 구 모델의 비교를 통해 어떤 큰 차이점이 있는지, 가장 큰 변화 역량은 어떤 것인지에 관해 토의해 봅시다.

3. ICF 코칭핵심역량을 Being과 Doing으로 역량을 나누어 역량 그룹별로 변화와 코칭 적용 시 주안점에 관해 생각해 봅시다.

2부

코칭핵심역량의 실제

5장

코칭핵심역량 1: 윤리적 실천을 보여준다

누군가의 영혼에 영향을 미치는 '코치'라는 직업을 가진 사람은 매일 자신을 성찰하고 내면을 닦는 일을 게을리 하지 않아야 한다. '코칭하기'(Doing Coaching) 이전에 '코치되기'(Being A Coach)가 우선되어야 한다. 내면의 성찰 없이 코칭을 하는 것은 비 오는 날 유리닦개(wiper) 없이 운전하는 운전자처럼 위험한 일이다. 이러한 성찰을 위해 코칭윤리를 이해하는 것이 선행이 되어야 한다.

윤리란 인간이 사회의 일원으로서 지켜야 할 행동규범을 말하며 도덕적 속성과 더불어 법률적 속성도 함께 가진다. 코칭윤리 역시 코치와 고객의 코칭관계에서 상호 지켜야 할 도리이며 코치로서 행위하는 과정에서 이해하고 실천해야 하는 중요한 행동규범이다.

코칭은 고도의 전문적 기술을 갖추고 서비스하는 일이므로 높은 수준의 직업윤리 의식을 요구하는데, 이것을 ICF(국제코칭연맹)에서 명문화한 것이 바로 코칭윤리강령(Code of Ethics)이다. 코칭윤리강령이란 다른 모든 코칭역량의 초석이 되는 역량이며 모든 코치가 코치의 정체성에 기반하여 행동하게 하는 이정표 같은 역할을 한다.

이 장에서는 핵심역량 1인 윤리적 실천과 그에 따른 실행 지침을 살펴보고자 한다.

1. 역량 정의

> 코칭윤리와 코칭표준을 이해하고 지속적으로 적용한다.
> (Understands and consistently applies coaching ethics and standards of coaching.)

- ICF 윤리규정이란 다른 모든 코칭역량의 초석이 되는 역량이며 모든 코치가 코치의 정체성에 기반하여 행동하게 하는 이정표 같은 역할을 한다.
- 고객의 존재, 고객의 상황적 맥락 및 고객의 개별성을 이해하고 코칭관계에서 해소하기를 기대하는 욕구, 다양성을 잘 이해해야 효과적인 코칭관계를 개발할 수 있다.
- 진정성이 코칭에서 의미하는 것은 고객이 자신의 삶의 목적과 일치하는 여러 가지 행동을 발견함으로써 리더로서 자신의 성실성을 회복할 기회를 찾는 것이다.
- 실행 지침이란 코칭 관계에서 코치와 고객 쌍방이 지켜야하는 행동 지침으로 고객과의 관계에서 코치가 하거나 하지 않을 것에 대한 책임감을 가지고 준수해야 하는 것이다.
- 코칭을 위한 미팅 전이나 첫 세션에서 고객과 스폰서가 코칭의 본질, 비밀유지의 성격과 한계, 금전 문제, 그 외 코칭계약상의 조건들을 이해할 수 있도록 자세히 설명하고 확실히 알고 있는지 확인한다.
- 고객과 스폰서의 정보 중에 법에서 공개하라고 규정되어 있지 않은 것에 대해서는 가장 엄격한 수준의 비밀유지 의무를 지킨다.

2. 실행 지침

1. 고객, 스폰서 및 이해관계자와의 상호작용에서 코치의 진정성과 정직성을 보여준다.
   (Demonstrates personal integrity and honesty in interactions with clients, sponsors and relevant stakeholders.)
2. 고객의 정체성, 환경, 경험, 가치 및 신념에 민감하게 대한다.
   (Is sensitive to clients' identity, environment, experiences, values and beliefs.
3. 고객, 스폰서 및 이해관계자에게 적절하고, 존중하는 언어를 사용한다.
   (Uses language appropriate and respectful to clients, sponsors and relevant stakeholders.)
4. ICF 윤리 강령을 준수하고 핵심가치를 지지한다.
   (Abides by the ICF Code of Ethics and upholds the Core Values.)
5. 이해관계자 합의 및 관련 법률에 따라 고객 정보에 대해 비밀을 유지한다.
   (Maintains confidentiality with client information per stakeholder agreements and pertinent laws.)
6. 코칭, 컨설팅, 심리치료 및 다른 지원 전문직과의 차별성을 유지한다.
   (Maintains the distinctions between coaching, consulting, psychotherapy and other support professions.)
7. 필요한 경우, 고객을 다른 지원 전문가에게 추천한다.
   (Refers clients to other support professionals, as appropriate.)

실행 지침이란 코칭 관계에서 코치와 고객 쌍방이 지켜야 하는 행동 지침으로 고객과의 관계에서 코치가 하거나 하지 않을 것에 대한 책임감을 가지고 준수해야 하는 것이다. 즉, 코칭관계가 지속되는 동안 코치로서 어떻게 행동할 것인가, 고객과 어떻게 함께 할 것인가 등에 대해서 구체적으로 설명한 것이다.

아래는 핵심역량 1. 윤리적 실천에 관한 실행 지침 중 핵심적인 내용 위주로 기술한 것이다.

1) 진정성 보이기

고객이 누구인지 알기 위해 고객 한 사람을 이해하는 노력이 필요하다. 고객 한 사람의 입장과 관점, 상황을 이해함으로써 고객과의 긴밀한 코칭관계를 형성할 수 있다. 고객의 존재, 고객의 상황적 맥락 및 고객의 개별성을 이해하고 코칭관계에서 해소하기를 기대하는 욕구, 다양성을 잘 이해해야 효과적인 코칭관계를 개발할 수 있다(실행 지침 2).

코치는 코칭윤리규정을 준수하고 고객이 원하는 일을 도와주기 위한 높은 도덕기준과 진정성을 겸비하여야 한다. 고객을 잠재력이 풍부한 귀한 존재로 인식하고 존중하며 진정성 있게 대하는 코치의 태도는 고객으로 하여금 안심감과 편안함을 제공한다(실행 지침 4).

진정성이 코칭에서 의미하는 것은 고객이 자신의 삶의 목적과 일치하는 여러 가지 행동을 발견함으로써 리더로서 성실성을 회복할 기회를 찾는 것이다. 진정성은 코치에게 우선적으로 필요한 덕목이다. 코치는 먼저 자신이 높은 수준의 진정성을 보여줌으로써 고객의 진정성도 자연스럽게 지원할 수 있다.

2) 윤리규정 준수하기

윤리규정 준수와 관련하여 국제코칭연맹에서는 아래와 같이 엄격한 인증평가 기준을 제시하고 있다(부록 2 참조).

> 모든 수준의 코칭에서 코칭윤리규정을 반드시 숙지하고 적용해야 하며, ICF 코치자격 인증 평가 시에 지원자가 확실히 이해하고 있음을 보여 주어야 하는 코칭윤리규정은 모든 수준(level)에서 거의 같다. 지원자가 질문과 탐구에 초점을 맞춰 코칭대화를 시연하고 현재와 미래의 이슈에 대하여 대화한다면 지원자는 이 역량 평가를 통과할 수 있다. 그러나 지원자가 고객이 무엇을 하고 어떻게 해야 하는지를

말해 주는 데에 초점을 맞추거나(컨설팅 모드), 주로 과거 위주로, 그중에서도 과거의 감정 위주로 대화를 진행하는 경우(치료 모드)에는 불합격된다. 또한 지원자가 ICF 코칭정의의 바탕인 '기초 기반에 대한 탐구'와 '생각을 불러내는' 기술을 명확하게 보여 주지 못한다면 그것은 코칭의 다른 핵심역량에 영향을 미친다는 점에 ICF는 주목한다. 예를 들어 코치가 거의 전적으로 조언을 제시하거나 코치가 선택한 특정 해답이 바로 고객이 해야 할 일이라고 말한다면 신뢰와 친밀감, 코칭 프레즌스, 강력한 질문, 일깨우기, 그리고 고객의 자발적인 행동과 책무 등이 나타나지 않게 되며 모든 수준의 자격인증을 통과하지 못한다(ICF. Minimum Skills Required. https://coachfederation.org/icf-credential).

코칭 첫 만남에서 윤리규정에 대한 간단한 소개, 특히 비밀유지에 대한 안내를 실시하는 것은 고객으로 하여금 코치와 코칭절차에 대한 신뢰와 안심감을 갖게 하는 중요한 절차이다(실행 지침 5).

〈비밀유지에 대한 안내〉

코치: 코칭에 들어가기 전에 먼저 윤리규정과 비밀유지에 대한 안내를 잠시 드리겠습니다. ICF에서는 직업인으로서 윤리규정을 엄격하게 규정하고 있습니다. 제가 코칭기간을 통해서 얻게 되는 회사의 정보나, 사적인 정보 등 일체는 외부에 공개하지 않습니다. 다만, 그 내용이 회사의 규정에 위반되는 내용이거나 비윤리적인 경우에만 불가피하게 관련부서와 상의하게 되어 있습니다.
그리고 매회 세션 후에 코칭로그를 간략하게 기록하여 HR부서에 전달하게 됩니다. 이 로그는 코칭진행을 서포트할 목적으로만 활용됩니다. 기록내용에 대해서는 하시라도 수정이나 삭제를 요청하실 수 있습니다. 혹시 비밀유지 규정에 대해서 추가로 궁금하신 내용이 있으신지요?

위에 고객에게 안내한 내용은 ICF 윤리규정 제4부 윤리기준 제1장 고객에 대한 책임 중 '비밀유지'에 관한 내용에 근거한 것이다. 그 주요내용은 아래와 같다.

- 최초 미팅 전이나 그 미팅에서 나의 코칭 고객 및 후원자가 코칭의 성격과 잠재적 가치, 비밀유지의 성격과 한계, 재정적 합의 및 기타 코칭 협의 조건을 이해하고 있음을 설명하고 확인한다.
- 모든 코칭 상호작용 중에 관련된 모든 당사자 간에 정보가 교환되는 방식을 명확하게 이해한다.
- 정보가 비밀로 유지되지 않는 조건(예: 불법 활동-유효한 법원 명령 또는 소환장에 따라 법이 요구하는 경우, 자신 또는 타인에게 위험이 임박했거나 발생할 가능성이 있는 경우)에 대해 고객 및 후원자 또는 이해 관계자와 명확한 이해가 있어야 한다. 위의 상황 중 하나가 적용 가능하다고 합리적으로 믿는 경우 적절한 당국에 알려야 할 수 있다.

3) 다른 직업과의 차별성 유지

현장에서 코칭을 하다보면 고객의 이슈에 따라 코칭이 아닌 다른 방법론을 사용하고 싶은 욕구를 느낄 때가 많다. 특히 해당이슈가 코치의 지식과 경험에 부합할 때는 자신도 모르게 '코치의 모자'를 벗고 다른 방법론을 사용하고 있는 경우를 발견할 때가 있다. 이때 코치는 내가 지금 어떤 모드에 있는지, 그리고 그것이 진정으로 고객이 원하는 방법론인지 아니면 나의 에고(ego)인지를 구분할 필요가 있다. 따라서 코칭과 다른 방법론, 즉 컨설팅, 멘토링, 심리치료의 차이점을 이해하고 고객의 온전성, 자발성, 창의성을 해치지 않는 범위 내에서 사용하여야 한다(실행 지침 6). 만약 내가 해당뷰야의 전문성을 가지고 있지 않다면 고객의 양해를 구하고 해당 전문가를 소개하거나 위임하여야 한다(실행 지침 7).

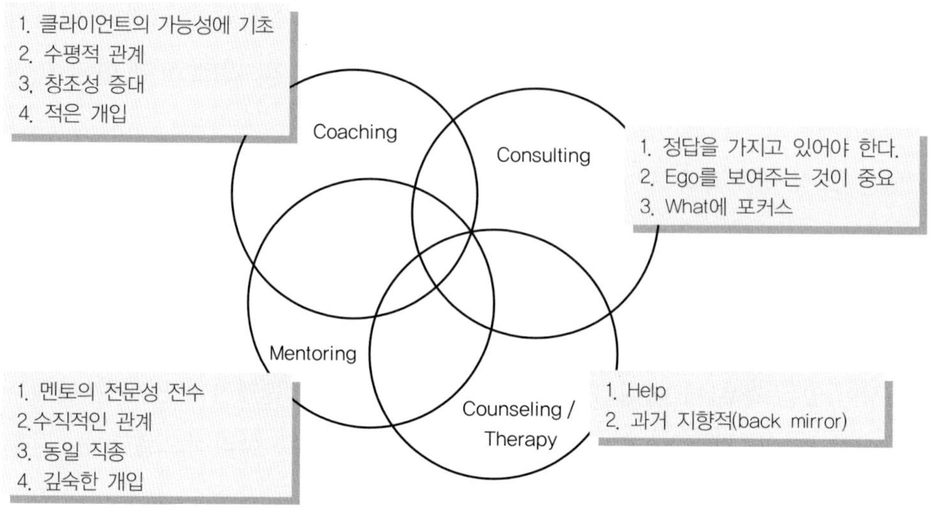

[그림 5-1] 코칭과 다른 방법론과의 차이

[그림 5-1]은 코칭과 유사한 다른 방법론과의 차이를 도식으로 설명한 것이다. 각각에 대한 상세설명은 3절 역량 실천에서 하도록 한다.

3. 역량 실천

1) 주안점

고객이 코치를 구할 때 흔히 물어보는 두 가지 질문이 있다. 첫 번째 질문, "그분 코칭 잘하세요?" 아마도 코치의 역량을 얘기할 것이다. 또 다른 질문은 "그분 코치로서 어떠세요?" 얼핏 듣기에는 위의 질문과 다르지 않은 것 같지만, 이 질문은 역량과 달리 바깥으로 잘 드러나지 않는 성품, 윤리의식 등을 가리키는 경우가 많다.

우리는 코치의 경쟁력을 위의 두 가지, 즉 역량과 성품의 측면에서 살펴볼 필요가 있다. 역량은 발현되는 것, 할 수 있는 것, 보이는 것인 반면에 성품은 내재화된 것, 갖추고 있는 것, 존재하는 것이라고 할 수 있다. 전자를 Doing이라 하고 후자를 Being이라 한다.

수년간 전문코치들을 양성하는 일을 하면서 느낀 점은 많은 코치들이 Being보다는 Doing에 더 힘쓰고 있다는 사실이다. 코칭스킬을 익히기 위해서 많은 시간과 노력을 들이는 반면, 정작 코치로서 지켜야 할 윤리는 무엇인가, 나는 왜 코치가 되려고 하는가에 대한 성찰은 부족한 듯이 보인다. 과연 무엇이 더 우선일까? 장기적인 관점에서 코치의 경쟁력은 Doing보다는 Being, 즉 성품과 윤리의식에서 나온다.

한국에 코칭이 들어온 지도 20년이 다 되어간다. 국내에서 코치자격증을 가진 코치가 약 9,000명을 넘어서고 있다(한국코치협회, 2021). 성장곡선의 관점에서 보면 이제 성숙기로 접어들었다고 볼 수 있다. 기업체 등 조직뿐만 아니라 일반인에게도 코칭이 널리 알려지고 있다.

ICF가 글로벌컨설팅업체인 PwC에 의뢰하여 2년 주기로 발표한 GCS(Global Coaching Study) 최근호 자료에 의하면, 코칭이 성장하는 데 있어 기회요인은 코칭의 이점이 점차 알려지고 있다는 것이고 반면에 가장 우려되는 장애물은 훈련받지 않은 무자격코치의 난립이라고 한다. 특히 코칭의 철학이나 윤리 등을 무시하고 또 하나의 스킬로만 접근하는 사람들이 시장과 고객에게 끼칠 수 있는 해악을 걱정하고 있는 것이다.

이제 본격적으로 자리 잡기 시작하는 코칭이 일부 코치들의 비윤리적인 행위로 시장에서 외면 받는 일은 없어야 하겠다. 아울러 코치들은 역량 이전에 성품과 윤리의식을 우선 배양함으로써 고객에게 진정성 있는 코치로서 신뢰받는 모습을 갖추는 데 힘써야 하겠다.

2) 코칭사례

(1) 진정성 보이기

고객과 코치가 처음으로 서로 만나는 날은 상호 간에 긴장수위가 높아질 수밖에 없다. 고객은 다양한 관점에서 코치를 탐색할 것이다. '내가 왜 코칭을 받아야 하는가', '코치는 나에게 도움이 될 것인가', '어디까지 오픈해야 하는가' 등등. 코치입장에서는 고객과의 심리적 장벽을 없애고 온전히 코칭에 몰입할 수 있도록 대화의 프로세스를 전개해 나가야 한다. 이때 중요한 것은 고객의 현재와 미래에 대한 진정한 관심을 보여주는 것이다(실행 지침 2).

〈고객에게 진정성 있게 다가가기〉

코치: 반갑습니다, 상무님. 오늘 첫날이네요. 코칭대상자로 선정되시고 어떤 기분이 드셨나요?

고객: 네, 솔직히 조금 당황했습니다. 내가 무엇이 부족해서 코칭을 받아야 하나, 약간 자조적인 생각이 들었습니다.

코치: 아, 자조적인 생각이 드셨군요. 자조적이라는 표현에 많은 의미가 내포되어 있는 걸로 보입니다만….

고객: 솔직히 제가 오늘날 이 위치에 오기까지 최선을 다해서 일했습니다. 야근, 휴일도 불사하면서요. 그동안 회사에서 인정도 많이 받았고 남들보다 빠른 승진도 했구요. 근데 최근 2년간 리더십 평가점수가 별로 안 좋았습니다. 문제의식은 가졌지만 저로서는 성과창출을 위해서 어쩔 수 없이 독려할 수밖에 없다는 생각을 하거든요.

코치: 네, 최근 2년간 리더십 평가점수가 낮아서 문제의식을 가지셨군요. 성과창출을 위해서 어쩔 수 없이 독려했음에도 불구하고 그 진정성을 인정받지 못한 서운함도 있으시고요.

고객: 그렇죠! 어떻게 좋은 말만 하면서 KPI(Key Performance Indicator, 중점성과지표)를 달성할 수 있겠습니까?

코치: 네, 상무님 입장에서는 KPI를 달성하려면 좋은 말로만 해서는 안 된다고 생각하시는군요.

고객: 네. 사실 그렇지 않나요?

> 코치: 만약 상무님이 CEO(Chief Executive Officer, 대표이사)의 입장이 된다면 임원들이 어떤 리더십을 발휘해 주길 기대할까요?
> 고객: 그야 뭐, 당연히 성과뿐만 아니라 부하직원에게도 진정성 있는 리더가 되길 기대하겠지요..
> 코치: 아, 네 진정성 있는 리더요~. 그 표현이 참 좋아 보이네요. 상무님이 생각하시는 진정성 있는 리더의 모습에 대해서 좀더 들어보고 싶네요.
> 고객: 진정성 있는 리더란 현재의 성과뿐만 아니라 구성원의 미래 비전까지 함께 고려하는 그런 리더가 아닐까요?
> 고객: 네, 맞습니다. 이번 리더십평가 항목 중에 미래비전에 대한 항목이 있더군요.
> 고객: 네, 그 부분을 제가 좀 소홀히 했습니다. 이번 코칭을 통해서 코치님께서 도움을 주시면 감사하겠습니다.
> 코치: 네, 상무님. 이렇게 오픈마인드 해주시니까 제 마음도 무척 편합니다. 앞으로 의미 있는 코칭세션이 되도록 서로 노력해 나가시지요. 자, 그러면 이해관계자(스폰서, 서포터즈)들의 인터뷰 내용을 조금 더 심도 있게 들여다볼까요?

지금은 많이 개선되었지만 코칭이 도입된 초창기만 해도 거의 예외 없이 이런 첫 만남을 가져야 했다. 코칭은 부족한 사람에게 내리는 페널티 성격의 처방이고 코치는 회사의 입장을 대변하는 사람 정도로 인식되던 때였다. 이때 코치가 고객과 맞서거나 혹은 좋은 말로써 분위기를 모면하려고만 한다면 고객과의 신뢰형성은 어렵게 될 것이다. 코치는 지속적으로 진정성을 보여주어야 한다. 코칭관계에서의 진정성이란 코칭윤리에서 추구하는 가치와 일치하는 행동을 보여주는 것을 말한다(실행 지침 1).

ICF 윤리규정의 제4부 윤리기준 제1장 고객에 대한 책임에 보면 '최초 미팅 전이나 그 미팅에서 나의 코칭 고객 및 후원자가 코칭의 성격과 잠재적 가치, 비밀유지의 성격과 한계, 재정적 합의 및 기타 코칭 협의 조건을 이해하고 있음을 설명하고 확인한다'라고 기술되어 있다. 고객이 코칭에 대해서 잘못 알고 있거나 부정적으로 인식하고 있다면 제대로 안내를 해주어야 한다. 사전안내 없이 코칭이 진행되면 이후의 코칭프로세스에 적지 않은 부작용이 발생할 수 있다.

(2) 윤리규정 준수하기

ICF 윤리규정은 5가지 주요부분으로 구성되어 있는데, 제1부 도입, 제2부 핵심정의, 제3부 ICF 핵심가치와 윤리원칙, 제4부 윤리기준, 그리고 제5부 서약이 그것이다. 특히 제4부 윤리기준은 총4장 28절로 구성되어 있고 코치가 지켜야할 직업인으로서의 윤리지침을 세밀하게 기록하고 있다. 윤리규정은 코치되기의 시작과 끝이므로 코치들이 항상 살펴보고 염두에 두어야 한다. 이에 윤리규정의 전문을 이 책의 마지막 부분에 부록으로 게재한다.

(사)한국코치협회에서 윤리위원장으로 봉사한 경험에 의하면 1년에 평균 4~5건의 코칭윤리위반 사례가 접수된다. 이중 다른 사람이나 기관의 프로그램을 무단 도용한 저작권 위반사례가 가장 많고, 코치자격을 허위로 기재하거나 경력을 과다 광고하는 등의 위반사례도 적지 않게 발생하고 있다. 이런 경우에 (사)한국코치협회의 윤리규정에 따라 엄격하게 심의하여 조처하고 있는데 주요 내용을 보면 아래에 해당된다.

- 코치로서 제공하는 것에 대해 진실하고 정확하게 한다.
- 나의 코칭역량, 전문 지식과 기능, 경력, 훈련, 협회자격 등을 정확하게 명시한다.
- 다른 사람의 노력과 기여를 인정하고 존중하며 내 것에 대해서만 내 소유권을 주장 한다. 나는 이 기준을 위반할 경우 제3자에 의해 법적 조치를 받을 수 있다는 점을 이해하고 있다.
- 나의 코칭성과나 전문적 코칭관계를 손상시키거나 방해하거나 또는 그런 것들과 상충할 수 있는 개인적 이슈들을 알아차리도록 항상 노력한다.
- 코칭관계를 시작하기 전에 고객 및 스폰서와 명확한 코칭계약을 체결하고 그것을 준수한다. 그 계약에는 모든 관련자들의 역할, 책임, 권리를 담고 있어야 한다.
- 계약서의 조항에 따라 고객이 코칭 기간 중이라도 언제든 코칭관계를 취소

할 수 있는 권리를 갖고 있음을 존중한다.

- 코칭관계로부터 받는 가치에 변화를 가져오는 요소들에 주의를 기울인다.

(3) 다른 직업과의 차별성 유지

코칭은 비교적 최근에 나타난 방법론으로서 기존에 형성된 인적자원 지원 방법론과 유사한 부분이 많다. 심리학적인 배경은 심리치료나 상담과 유사하고 교육학적 배경은 티칭과 성인학습론, 그리고 경영학적인 배경은 컨설팅, 멘토링과 공유하고 있는 점이 많아 보인다. 이제 각각의 방법론과 코칭 상호 간에 어떤 유사점과 차이점이 있는지 살펴보고자 한다(실행 지침 6).

① 상담과 코칭

상담(혹은 심리치료)은 주로 과거의 심리적 원인을 추적하여 고객의 정서적인 안정을 도와주는 방법론이다. 반면에 코칭은 현재를 바탕으로 더 나은 미래를 찾도록 도와주는 접근법이다. 상담이나 심리치료에서는 고객이 상담자 혹은 치료사에게 의존적인 경향을 보이는 반면에 코칭에서는 상호간에 수평적인 관계를 유지한다. 상담의 목적이 현재의 심리적 안정성을 추구하는 데 있다고 하면 코칭의 목적은 미래의 가능성을 발견하는 데 있다.

가. 상담 예시

내담자: 저는 남에게 피드백이나 싫은 소리를 하는 게 참 힘들어요. 남이 싫어하거나 서운한 소리, 신경 쓰이는 말은 잘 못해요.
상담자: 언제부터 그러셨나요?
내담자: 글쎄요, 아주 어릴 때부터 그런 것 같은데요.어린 시절에 엄마의 사랑을 받지 못한 아픔이 있었어요. 그래서 청소년기를 암흑기 속에서 보낸 것 같아요.
상담자: 어린 시절이라면 몇 살쯤을 얘기하시는 건가요?
내담자: 유아기부터 초등학교 저학년 때라고 기억돼요.
상담자: 그 시절에 엄마의 사랑을 받지 못한 구체적인 사건이 있었나요?

> 내담자: 네. 어릴 때 엄마랑 아빠가 자주 다투셨어요. 그러면 저는 무서워서 구석에 숨어서 울고 있다가 엄마 몰래 설거지나 청소 같은 것을 했어요.
> 상담자: 왜 설거지나 청소를 했나요?
> 내담자: 뭔가 엄마를 위로해주고 잘 보이려고 했나 봐요.
> 상담자: 그때 엄마의 반응은 어땠나요?
> 내담자: 막 불같이 화를 내면서 '누가 너보고 이런 거 하라고 했니?' 하면서 소리를 질렀어요.
> 상담자: 그때의 경험과 지금 남에게 싫은 소리 하지 못하는 것과는 어떤 관계가 있나요?
> 내담자: 저는 그 이후로 자존감과 용기가 부족한 아이로 자랐어요. 어른이 되어서도 내가 생각하는 바를 남에게 제대로 얘기 못하는 성격으로 굳어졌어요. 특히 남에게 싫은 소리를 하면 상대방이 나를 싫어할까봐 겁이 나요.
> 상담자: 어릴 때 엄마에게 인정받지 못했던 기억이 현실에서도 트라우마로 작용하는 것 같습니다.

〈표 5-1〉 상담과 코칭의 구분

구분	상담	코칭
목적	현재의 삶에서 특정 증상의 개선에 초점을 맞추고, 한 개인의 과거와 관련된 것으로 해답을 찾음(과거지향적)	개인이 현재 상태로부터 더 개선되고 더 발전되기를 원하는 것에 초점을 두고 고객이 말하는 것을 넘어서 고객이 진실로 원하는 것이 무엇인지 깨닫도록 사고 행동하는 것에 집중(미래지향적)

나. 코칭 접근 예시

> 코치: 그래요. 왜 남에게 싫은 소리나 아쉬운 소리를 못하는지 그 원인을 알고 싶고 그리고 앞으로는 좀 더 그런 얘기를 쉽게 할 수 있으면 좋겠다, 그런 말씀이죠?
> 고객: 네, 맞아요.
> 코치: 네, 좋습니다. 그런데 남에게 싫은 소리나 아쉬운 소리를 쉽게 하는게 고객님에게 얼마큼 중요한가요?
> 고객: 많이 중요해요. 사실은 별 생각이 다 들거든요. 말을 못 하고 있을 때 어떤 모임이 있는데 형편상 갈 수가 없는 경우가 있어요. 주관하는 입장에서는 미리미리 얘기해 주길 바라는 거를 알고 있지만, 저는 다른 사람의 부탁을 거절하는 게 어

려워요. 그래서 쉽게 얘기를 못하고 차일피일하다가 오히려 기간 내에 피드백을 못해줘서 더 큰 민폐를 끼친 예가 여러 번 있어요.…. 정말 제게는 되게 중요해요.

코치: 고객님이 원하시는 대로 다른 사람들에게 쉽게 하고 싶은 얘기를 할 수 있게 되었다고 가정을 해본다면 그때는 고객님의 생활이 어떻게 바뀔 것 같아요?

고객: 제가 용기 있는 사람이 될 것 같아요. '용기'가 요즘에 화두잖아요? 그리고 자신감 하고도 왠지 연결될 거 같아요.

코치: 네, 용기와 자신감…. 또요?

고객: 또… 그리고 사실 사람들을 배려하고 사랑하고 매력 있는 사람이 될 것 같아요. 지금 코치님의 질문을 들으면서 관계에서 진짜 배려라는 걸 잘하는 사람이 되어야겠다는 생각이 드네요.

코치: 네, 아쉬운 소리, 싫은 소리를 잘하지 못하는 나를 극복하면 고객님은 용기 있는 사람이 되고 자신감 있고 진정으로 남을 배려하는 사람이 된다, 이렇게 정리할 수 있겠네요?

고객: 네.

② 컨설팅과 코칭

컨설팅은 컨설턴트의 전문성이 중요한 분야이다. 컨설턴트는 해당분야에 대해서 지식과 경험을 가지고 있어야 하며 이슈에 대한 솔루션을 제공할 수 있어야 한다. 일반적으로 컨설팅은 사람보다 사실, 즉 what에 초점을 맞춘다. 주로 조직의 전략이나 비전, 재무, 프로세스 등에 관심이 있다. 반면에 코칭은 사실보다는 사람, 즉 who에 포커싱한다. 비즈니스코칭에서는 CEO, 임원, 매니저 등 조직을 이끌어가는 핵심인재들이 주요 대상이다. 변화목표는 리더의 관점, 행동, 스타일 등이며 고객이 책임감을 가지고 변화를 이끌어가도록 한다. 고객과 코치와의 관계는 수평적이며 코치가 반드시 해당분야의 전문가일 필요는 없다.

〈표 5-2〉 컨설팅과 코칭의 구분

구분	컨설팅	코칭
목적	전문지식을 갖춘 컨설턴트가 과학적인 방법으로 문제를 분석하고 해결책 제공	고객 스스로 문제를 발견하고 효과적인 대안을 탐색, 선택 및 결정하여 행동에 옮기고 결과에 이르는 과정을 고객이 주도하게 함
방향	일방향	쌍방향
질문 관점	고객이 말한 것을 그대로 받아들이고 적절한 솔루션 탐색 (회사의 목표와 같은 '무엇'에 집중)	고객의 상황적 맥락과 고객의 관점을 고객과 함께 탐구하여 고객이 실제 원하는 것을 발견하고 그와 관련된 고객의 행동 대안을 탐색 (코칭받는 대상자인 '누구'에 더 집중)
해결주체	컨설턴트	고객 자신

가. 컨설팅 접근 예시

고　　객: 사실은 제가 전문코치로 성장하고 싶어요. 특히 비즈니스코칭을 하고 싶어서 경영대학원에 들어왔는데 의외로 비즈니스코칭이 진입장벽이 높더라구요.

컨설턴트: 왜 비즈니스코치가 되려고 하시나요?

고　　객: 국내에서 라이프코칭은 아직 시장이 성숙되어 있는 것 같지 않고, 주변에 이름 있는 코치 분들이 대부분 비즈니스코칭을 하고 있더라구요.

컨설턴트: 그렇군요. 비즈니스코치가 되기 위해 본인이 가지고 있는 강점과 약점은 무엇인가요?

고　　객: 글쎄요. 강점으로는 경영대학원에서 코칭MBA를 취득했다는 것과 결혼 전에 잠깐 회사생활을 했었기 때문에 조직분위기는 조금 안다는 거구요, 약점은… 사실은 기업체에 고위직으로 근무하지 않았기 때문에 좀 걱정이 됩니다. 그리고 기업체에 연결할만한 네트워킹이 없는 것도 약점이네요.

컨설턴트: 그러시군요. 그러면 지금 말씀하신 것을 토대로 SWOT분석을 해볼까요? 제가 칠판에 그려보겠습니다. SWOT분석은 아시겠지만 해당이슈에 대해 내부의 강점과 약점, 그리고 외부의 기회와 위협 요인을 분석해서 전략을 세우는 겁니다.

고　　객: 네.

(컨설턴트가 유성펜을 들고 칠판에 분석틀을 그리고 고객과 질의응답을 한다. SWOT분석을 약 30분간 하고 나서 라이프코칭 전문가로 전략방향을 제안한다.)

컨설턴트: 지금 분석결과에 나온 바와 같이 앞으로 기회요인은 코칭에 대한 시장의 전

반적인 인식이 높아지고 있다는 것, 그리고 라이프코칭 시장이 성장하고 있다는 것, 위협요인은 비즈니스코칭의 경쟁이 심하다는 점과 기업고객들의 코치 선발기준이 점점 까다로워지고 있다는 점이네요.

고　　객: 네. 그러면 저는 어느 쪽으로 진출하면 될까요?

컨설턴트: 고객님은 비즈니스현장 경험은 적지만 부모로서 자녀를 훌륭하게 키우셨고 또 많은 인생경험을 가지고 계시니까 학부모 코칭이나 부부관계 전문코치로 나가보시면 어떨까 하는데요.

고　　객: 그러기 위해서는 어떤 절차를 밟아야 할까요?

컨설턴트: 마침 제가 아는 코치님 중에서 부부관계 전문코칭을 하시는 분이 있으니까 연결시켜 드릴게요. 그리고 학부모코칭과 관계되는 교육 프로그램도 몇 군데 소개를 드리겠습니다.

고　　객: 네, 감사합니다.

나. 코칭 접근 예시

고객: 사실은 제가 전문코치로 성장하고 싶어요. 특히 비즈니스코칭을 하고 싶어서 경영대학원에 들어왔습니다.

코치: 비즈니스코치가 되려는 특별한 이유가 있으신가요?

고객: 국내에서 라이프코칭은 아직 시장이 성숙되어 있는 것 같지 않고, 비즈니스코칭을 해야 주변에서 경력자로 인정을 해주더라구요.

코치: 그렇군요. 비교적 활성화되어 있는 비즈니스코칭으로 가고 싶다는 말씀이군요. 지금 말씀하신 외부의 환경요소 외에 비즈니스코치가 되고 싶은 또 다른 이유가 있을까요?

고객: 사실은 경력단절 후에 다시 사회활동을 하려니까 만만치 않더라구요. 주변에서 요즘 코칭이 대세니 그쪽을 해보면 어떻겠냐고 해서 기왕이면 MBA석사학위도 따고 코치자격증도 따자고 해서 경영대학원으로 왔습니다. 이제 막상 졸업하고 나니 생각보다 막막합니다

코치: 네, 그렇군요. 나름대루 전문코치가 되기 위해서 많은 노력을 하셨는데 생각보다 막막하시군요. 사실 생각만큼 코칭시장의 문이 넓은 것은 아니지요. 그렇다면 수변여건을 고려하지 않는다면 고객님이 진정으로 해보고 싶은 일은 무엇인가요?

고객: 제가 25년 이상 결혼생활하면서 부부관계가 위태로운 적도 있었고 자녀문제 때문에 힘든 적도 많았어요. 이제 애들을 어느 정도 키워놓고 집안도 안정이 되니까 사회에 기여하고 싶은 생각이 들더라구요. 기왕이면 예전의 나와 같은 어려움을 겪고 있는 부부나 학부모 대상으로 코칭을 하면 좋을 것 같아요.

코치: 그러시군요. 고객님은 라이프코치로서 이미 충분한 자격을 가지고 계시는 것 같아요.
고객: 아, 그런가요? 근데 라이프코칭은 시장이 성숙되지 않았다고 해서 어떻게 접근해야할지 모르겠습니다.
코치: 그런 점이 분명히 있습니다. 비즈니스코칭보다는 아직 덜 알려져 있고 또 코칭 비용도 낮은 게 사실입니다. 혹시 거꾸로 이런 점을 이점으로 활용할 수 있는 부분이 있을까요?
고객: 이점이라…. 어쩌면 덜 알려져 있다는 것은 경쟁자가 적다는 얘기일거고, 어차피 제가 코칭을 통해서 많은 돈을 벌고자 하는 것은 아니니까요. 오히려 라이프코칭에서 제게 기회가 더 많을 수도 있겠네요!
코치: 아, 그러신가요? 그러면 라이프코치가 되기 위해서 추가로 어떤 것을 더 해보면 좋을까요?
고객: 마침 제가 아는 코치님 중에서 부부관계 전문코칭을 하시는 분이 계시니까 한번 연락드려봐야겠네요. 그리고 학부모코칭과 관계되는 교육 프로그램도 있는 것 같던데 알아봐야겠습니다. 제가 여태까지 비즈니스코칭이라는 허상만 좇은 것 같네요!
코치: 네 좋습니다. 외부의 환경이나 평판 위주로 생각하시던 것에서 진정으로 내가 원하는 것이 무엇인가를 발견하신 것 같아서 진심으로 축하드립니다!
고객: 네, 감사합니다. 코치님!!

③ 멘토링과 코칭

멘토링은 같은 분야에서 근무경험을 가진 선배(멘토)가 후배(멘티)에게 지혜를 제공해 주는 방법론이다. '멘토'라는 말은 그리스 신화에서 비롯되었는데, 고대 그리스의 이타카 왕국의 왕 오디세우스가 트로이 전쟁에 나가면서, 친구에게 자신의 아들 텔레마코스를 보살펴 달라고 맡겼는데, 그 친구의 이름이 바로 멘토(Mentor)였다. 멘토는 오디세우스가 전쟁에서 돌아올 때까지 텔레마코스의 친구, 선생님, 상담자, 때로는 아버지가 되어 그를 잘 돌보았고 텔레마코스가 성장하는 데 더할 나위 없이 커다란 정신적인 지주 역할을 했다. 그 후로 멘토라는 이름은 지혜와 신뢰로 한 사람의 인생을 이끌어 주는 지도자라는 의미로 사용되었다(위키백과, 2021).

반면, 코치는 반드시 같은 분야에서 근무경험을 가질 필요는 없으며 멘토링과 달리 고객과 코치의 관계는 수평적이다. 코치는 고객에게 자신의 지식과 지혜를 강요하지 않는다. 오히려 고객이 주도권을 가지고 새로운 발견을 할 수 있도록 독려한다. 당연히 코치가 고객의 롤모델일 필요는 없다.

멘토링과 코칭은 분명한 차이점이 있으면서도 유사점도 많은데 가장 대표적인 것이 일대일 관계를 가지며 상대방의 성장에 초점을 둔다는 것이다. 따라서 지역이나 기관에 따라서 멘토링과 코칭을 구분 없이 사용하는 곳도 다수 있다.

〈표 5-3〉 멘토링과 코칭의 구분

구분	멘토링	코칭
목적	멘토는 전문가로서 자신의 전문적 경험에 기초한 지혜와 지식을 전수받고자 하는 멘티를 지도. 조언, 상담, 코칭이 포함될 수 있음.	전문가와 비전문가가 아닌 수평적 관계로 개인이 정한 목표 달성이나 목표에 부합하는 목표를 개발하여 결과를 얻을 수 있도록 파트너로서 참여, 지원 (코치는 자신의 경험이나 조언을 먼저 제공하지 않음)
방향	일방향	쌍방향
해결주체	멘토	고객 자신

가. 멘토링 접근 예시

멘티: 제가 코칭에 입문하게 된 계기는 청소년기에 느꼈던 그런 암흑기를 우리 후대에게는 물려주지 않기 위해서 청소년코칭에 관심을 갖게 되면서부터였습니다.

멘토: 네 저도 종류는 다르지만 청소년기를 제대로 보내지 못해 후회가 많이 되는데요, 청소년코칭에 관심을 갖게 되신 것은 훌륭한 생각이시네요.

멘티: 네, 그 점이 바로 제가 멘토코치님을 가깝게 생각하는 점입니다. 특히 멘토코치님은 코칭실습할 때 피드백을 잘하시잖아요. 경우에 따라 상대방이 힘들어할 것을 알면서도 그의 성장을 위해 객관적으로 피드백을 하시는데 저도 그런 점을 닮고 싶어요.

멘토: 코치님도 지속적으로 연습을 하시면 피드백을 잘하실 수 있을 거예요. 무엇보다 피드백하실 때는 감정을 배제하시고 객관적인 사실을 중심으로 피드백하는 게 중요합니다.

나. 코칭 접근 예시

코치: 청소년코칭에 관심을 갖게 된 특별한 동기가 있으십니까?

고객: 제가 느꼈던 암흑기를 후대 청소년은 느끼지 않았으면 좋겠고, 제 경험을 살려서 유능한 청소년전문 코치가 되고 싶습니다.

코치: 아, 청소년전문코치가 되고 싶으시군요. 향후에 유능한 청소년 전문코치가 되어서 누군가 코치님에게 성공경험을 물으시면 뭐라고 답변하실 수 있으실까요?

고객: 우선 남에게 싫은 소리를 하지 못하는 성격을 용기와 자존감, 배려로 극복을 했구요, 멘토코치님에게서 객관적으로 피드백하는 방법을 배웠다고 말씀드릴 것 같아요.

코치: 오, 좋네요. 고객님이 코칭에 입문하게 된 배경과 코칭공부를 열심히 하시는 이유가 연결이 잘되네요.

고객: 네, 우연히 코칭이라는 걸 알게 됐는데, 그 순간 이거다! 싶었고 계속 코칭을 공부하면서 우리 딸이 조금이라도 어렸을 때 코칭을 알았다면 내가 더 좋은 엄마가 되지 않았을까 그런 마음으로 계속 살았어요.

코치: 네, 코칭에 합류하시게 된 것을 진심으로 축하드립니다! 유능한 청소년 전문코치가 되기 위해 중요한 요소들은 어떤 것들이 있을까요?

생각해 봅시다

1. 전문직으로서 높은 수준의 기술과 윤리의식이 요구되는 코칭의 직업적 특성은 무엇인지 생각해 봅시다.

2. 고객 또는 이해관계자들과의 만남에서 진정성을 보이는 것은 코칭에 어떤 영향을 미치는지 논의해 봅시다.

3. 코칭관계에서 습득한 비밀유지를 보장하는 것은 고객과의 신뢰감 형성에 어떻게 작용하는지 토의해 봅시다.

6장

코칭핵심역량 2: 코칭 마인드셋을 구현한다

의사결정 이론과 일반 시스템 이론에서 마인드셋은 한 명 이상의 사람 또는 한 집단이 보유한 가정, 방법 또는 공명의 집합을 일컫는 말이다. 마인드셋을 구축하면 사람 또는 집단 내에서 이전의 행동이나 선택 또는 도구를 계속 채택하거나 수용하는 강력한 동기를 창출할 수 있다. 따라서 코칭에서의 마인드셋은 고객을 어떤 존재로 바라보고 코칭관계를 어떻게 구성하며 코치라는 직업적 특성을 어떻게 규정하느냐와 관련된다고 볼 수 있다. 코칭 마인드셋이란 고객은 유능하고 스스로 선택할 수 있으며 그 선택에 대해서 스스로 책임질 수 있다는 믿음을 갖는 것이다. 코치는 코칭의 철학에 기반하여 고객을 '전인적이고 자원이 풍부한 창의적인 존재'로 바라보고 대한다. 고객뿐만 아니라 코치 자신에 대해서도 그러한 시각을 가지고 대하여야 한다. 이를 위해서 코치는 개방적이고 호기심을 가지고 유연하며 고객 중심적인 사고방식과 행동을 견지하여야 한다. 또한 지속적인 학습과 개발에 전념하고 코칭 향상을 위해 꾸준히 성찰하는 습관을 만들어 가야 한다. 그리고 고객에게 도움을 주기 위해 스스로의 인지능력과 직관을 활용할 줄 알며 자신의 감정 조절 능력을 개발하고 유지할 수 있어야 한다.

이번 장에서는 핵심역량 2. 코칭마인드셋 구현과 그 실행 지침에 대해서 살펴보고자 한다.

1. 역량 정의

개방적이고 호기심이 많으며, 유연하고 고객 중심적인 사고방식(마인드셋)을 개발하고 유지한다.
(Develops and maintains a mindset that is open, curious, flexible and client-centered.)

마인드셋이란 사고방식 혹은 사고의 틀, 태도 또는 습관적으로 형성되는 의견 등을 포함한 '마음의 틀'이라 할 수 있다. 좀 더 나아가면 세상, 사물, 사람 등을 바라보는 관점, 프레임, 패러다임 등이 개인의 행동은 물론 정신적 태도에 영향을 미치는 신념이나 사고방식이라 할 수 있다(박창규, 2020). 코칭 마인드셋이란 코치가 어떤 관점에서 코칭을 바라보고 고객을 대해야 하는지에 대한 마음가짐이라고 할 수 있다. 따라서 코치는 개방적이고 호기심을 가지고 유연하며 고객 중심적인 사고방식과 행동을 견지하기 위해 아래와 같은 실행 지침을 실천하여야 한다.

- 코치가 개방적이고 호기심을 가지고 유연하며 고객 중심적인 사고방식과 행동을 견지하려면 아래와 같은 실행 지침을 실천하여야 한다.
- 고객은 자율성을 가지고 스스로 선택할 수 있으며 자기 자신의 선택에 대해 책임을 진다.
- 코치로서 학습과 개발에 전념하며 코칭 향상을 위해 지속적으로 성찰하는 습관을 만들어 간다.
- 코치는 상황이나 맥락, 배경과 문화가 자신과 타인에 미치는 영향을 알아차리고 받아들인다.
- 고객들에게 도움을 주기 위해 코치 자신의 인지능력과 직관을 활용한다.
- 자신의 감정을 조절하는 능력을 개발하고 정신적으로 그리고 감정 면에서

안정된 세션을 준비한다.

- 배타적이지 않고 필요시 외부 전문가로부터 도움을 구해야 한다.

2. 실행 지침

1. 코치는 선택에 대한 책임이 고객 자신에게 있음을 인정한다.
   (Acknowledges that clients are responsible for their own choices.)
2. 코치로서 지속적인 학습 및 개발에 참여한다.
   (Engages in ongoing learning and development as a coach.)
3. 코치는 코칭능력을 향상시키기 위해 성찰훈련을 지속한다.
   (Develops an ongoing reflective practice to enhance one's coaching.)
4. 코치는 자기 자신과 다른 사람들이 상황과 문화에 의해 영향받을 수 있음을 인지하고 개방적 태도를 취한다.
   (Remains aware of and open to the influence of context and culture on self and others.)
5. 고객의 유익을 위해 자신의 인식과 직관을 활용한다.
   (Uses awareness of self and one's intuition to benefit clients.)
6. 감정 조절 능력을 개발하고 유지한다.
   (Develops and maintains the ability to regulate one's emotions.)
7. 정신적, 정서적으로 매 세션을 준비한다.
   (Mentally and emotionally prepares for sessions.)
8. 필요하면 외부자원으로부터 도움을 구한다.
   (Seeks help from outside sources when necessary.)

실행 지침이란 코칭관계에서 코치와 고객 쌍방이 지켜야 하는 행동 지침으로 고객과의 관계에서 코치가 하거나 하지 않을 것에 대한 책임감을 가지고 준수해야 하는 것이다. 즉, 코칭관계가 지속되는 동안 코치로서 어떻게 행동할 것인가, 고객과 어떻게 함께 할 것인가 등에 대해서 구체적으로 설명한 것이다.

아래 내용들은 핵심역량 2. 코칭마인드셋 구현에 관한 실행 지침 중 핵심적인 내용 위주로 기술해 놓은 것이다.

1) 고객의 자율성 존중

의사이자 심리학자인 아들러(Alfred Adler, 1870~1937)에 의하면 인간은 열등감을 가진 존재로 태어나서 우월성을 추구하고 궁극적으로 타인과 사회에 공헌하는 존재로 성장한다고 했다. 인간은 누구나 신성을 가지고 태어났으며 스스로 자신을 보살피고 당면한 문제를 해결할 수 있는 능력을 가지고 있다고 한다. '자식에게 고기를 잡아주면 하루를 살 수 있지만, 고기 잡는 방법을 가르쳐주면 평생을 살 수 있다'라는 탈무드의 경구처럼 코칭은 고객에게 고기 잡는 방법을 가르쳐주는 것이 아니라 스스로 고기 잡는 방법을 찾아낼 수 있도록 이끌어내는 프로세스이다. 이를 위해서 코치는 고객을 평가, 판단하지 않아야 하며 가르치려 하기보다는 공감하고 이해하고 존중하여야 한다. 또한 고객과의 관계는 위계적이 아니라 수평적이어야 하며, 코치가 사용하는 언어는 판단적이 아니라 중립적이어야 한다.

갈릴레오 갈릴레이(Galileo Galilei, 1564~1642)의 말처럼 사람이 사람을 가르칠 수는 없다. 단지 스스로 배우도록 도울 수 있을 뿐이다. 고객이 다양한 가능성을 볼 수 있도록 돕고 새로운 관점에서 현재와 미래를 볼 수 있도록 길잡이 역할을 하되 최종적인 의사결정은 고객 스스로 할 수 있도록 고객의 자율성을 허용하고 인정해야 한다(실행 지침 1). 그래야 조급함, 원망, 책임전가 등에서 벗어날 수 있다. 왜냐하면 '고객은 유능하고 스스로 선택할 수 있으며 그 선택에 대해서 스스로 책임질 수 있는 존재'이기 때문이다(석진오, 2020).

2) 지속적인 학습과 개발

지속적인 학습이란 직무 요구사항에 대한 변화의 기대, 학습활동에 대한 참여, 성장목표 설정, 피드백 과정과 요구, 학습활동을 통해 배운 것을 직무에 적용하고, 수행능력을 향상하는 행동으로 정의된다(김혜연 역, 2019). 코칭에서 지속적인 학습활동이란 코칭의 효과성을 위해 세션 중에 새롭게 알게 된 것을 다음 코칭에 적용하는 과정이며, 코치로서의 성장을 위한 목표를 설정하고 이에 대한 수행과 피드백을 요청하는 활동 등으로 정의할 수 있을 것이다.

코치는 평생 학습을 해야 한다. 마치 고인 물이 썩어버리듯이 학습하지 않는 코치는 고객에게 악영향을 미친다(실행 지침 2). 우리가 만나는 고객은 자원이 풍부하고 호기심이 가득하며 창의적인 존재이기 때문에 우리도 고객에게 원숭이처럼 강한 호기심을 가져야 한다. 고객이 세상을 인지하는 방식을 가지고 자기 자신을 영웅처럼 느끼도록 만들어서 본인의 이야기를 어떻게 바꾸어 나가는지를 이해하는데 호기심을 가져야 한다. MCC인 하산(Hassan, 2019)은 "고객이 가지고 있는 지혜에 대한 깊은 신뢰와 진실된 호기심을 함께 가질 때 우리는 고객이 스스로 그 상황을 발전시켜 나가도록 힘을 불어넣을 것이다"라고 했다.

2020년 초에 MCC자격을 취득한 나에게 누군가 이렇게 덕담을 했다. "와, 코치님, 이제 코치로서 모든 걸 다 이루셨네요." 이 덕담에 나는 이렇게 대답했다. "글쎄요, 이제 시작인 것 같습니다. MCC야말로 멘토코치의 도움 없이 혼자 설 수 있는 자격증이 아닐까 생각합니다." 듣는 사람 입장에서는 밥맛(?)일 수도 있겠지만 코치에게 지속적인 학습과 개발이 중요하다는 점을 얘기하고 싶었다.

코치가 학습을 멈추면 궁극적으로 고객을 돕는데 있어 한계점에 봉착한다. 최고의 코치가 된다는 것은 평생을 학습의 여정과 함께 하는 것이다. 국내 1호 MCC인 P코치는 군대 장성으로 예편한 뒤 예순 가까운 연세에 코칭을 시작해서 20년간 정말 많은 학습을 이루어낸 분이다. 코칭학습과 관련된 세미나에 참석하면 어김없이 그 분을 만나 뵐 수 있었다. 영어학원에서 아들 뻘 되는 젊은이들과 어울리기 위해 맥주 사가면서 함께 공부했다는 말은 지금도 코칭계에 귀감으로 들려지고 있다. 그러한 지속적인 학습이 오늘날 한국 코칭계의 대부로 우뚝 서게 된 원동력이 되었고 지금도 많은 후배들에게 멘토코치로서 존경받는 초석이 되었음은 물론이다.

3) 성찰하는 습관 개발

코치에게는 성찰이라는 거울이 필요하다. 성찰의 사전적 의미는 '자신이 한 일을 깊이 되돌아보는 일'을 뜻하며, 주로 자신의 내면적 활동에 초점을 맞추고 있어 심리학에서는 '메타인식'으로 다루어지고 있다. 성찰은 기존의 인지구조에 바탕을 두고 새로운 경험이나 지식을 평가하고 해석함으로써 새로운 이해를 이끌어내는 과정이라고 말할 수 있다(HRD용어사전, 2021). 코치가 자신을 성찰하고 고객에게 내면의 자신을 살필 수 있도록 지원하려면 스스로 돌아볼 수 있는 침묵의 시간이 필요하다(실행 지침 3). 나는 과거 10여 년 동안 명상센터에서 꾸준하게 운동을 해 왔고 요즘도 하루에 20분 정도는 고요한 가운데 성찰의 시간을 가지려고 노력한다. 사무실 벽에는 잔잔한 호수사진을 걸어놓고 틈틈이 마음의 평정을 찾으려고 애쓰고 있다. 일상생활로 헝클어진 마음가짐으로 고객을 만났을 때 온전히 몰입할 수 없기 때문이다.

코치의 성찰은 세 가지 관점에서 살펴보아야 한다. 코치 자신, 고객, 그리고 중립적인 관찰자 입장이 바로 그것이다. 그리고 각각 어떤 일이 있었나, 그래서 어떻게 되었는가, 이제 어떻게 할 것인가라는 세 가지를 스스로에게 물어보아야 한다(Wood, 2019).

(1) 코치자신에 대한 성찰

- 고객을 편견 없이(egoless) 바라보았는가?
- 나는 고객의 자율성을 존중하였는가?
- 고객의 이슈에 집중하기보다 고객자신에게 집중하였는가?

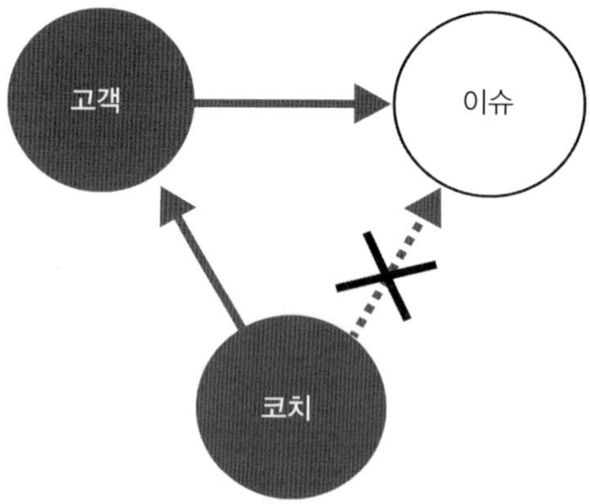

[그림 6-1] 코치는 무엇을 바라보는가?

[그림 6-1]에서 제시된 바와 같이 코치는 이슈를 보지 말고 고객에게 집중하여야 한다. 고객이 스스로 영감을 얻고 방법을 계획할 수 있도록 그를 도와야 한다. 코치의 역할은 고객의 이슈를 직접 해결하는데 있지 않고 고객이 자기 상황에 대한 주도권을 가지고 해결을 준비할 수 있도록 돕는 데 있는 것이다.

견지망월(見指忘月)이라고 해서 '달을 보라고 달 쪽을 향해 손짓을 했더니 달은 보지 않고 손가락 끝만 본다'는 말이 있다. 고객을 보지 않고 고객이 가진 이슈를 해결하려고 집중하는 순간, 고객은 자율성을 잃어버리고 코치의 답에 의존하게 된다. 설사 코치가 답을 제시한다고 하더라도 그것은 코치의 답이지 고객의 답은 아니다. 우리가 고객의 인생을 살아보지 않고 어떻게 고객에게 이래라 저래라 답을 제시할 수 있겠는가? 고객에게 답을 제시하는 행위는 마치 내게 잘 맞는 안경을 상대방에게도 강권하는 것과 같은 이치이다.

(2) 고객에 대한 성찰

- 고객은 어떤 사람인가?
- 고객이 중요하게 생각하는 가치와 신념은 무엇인가?
- 고객이 말하지 않는 본질은 무엇인가?
- 고객에게 당장 필요한 것은 무엇인가?

고객이 어떤 사람인가 하는 것은 그가 사용하는 말과 행동과 표정으로 관찰된다. 고객은 자신의 말과 행동에 대해 일일이 인식하지 못할 때가 있다. 유심히 살펴보면 고객의 말과 행동은 일관성이 있다. 그의 언행에 영향을 미치는 신념과 가치체계가 숨어있기 때문이다. 고객은 때때로 자신의 신념이나 가치와 상반되는 언행을 할 때가 있다. 또한 하고 싶은 말을 다하지 않을 때가 있다. 이럴 때는 호기심을 가지고 질문해야 한다.

사람의 성격은 10살 이전에 대부분 형성된다고 한다. 그 이후에는 그 성격을 강화하고 부분적으로 교정하는 시간들이다. 어릴 때부터 형성된 성격은 성인이 된 이후에도 고스란히 말과 행동에 영향을 미친다. 우리가 유심히 관찰하고 성찰하면 말과 행동에 영향을 미치는 근원을 알 수 있다. 근원을 알면 겉으로 드러나는 말과 행동을 수정하기가 용이하다.

(3) 관찰자의 입장에서 성찰

- 고객과 코치 간에 라포(Rapport)는 충분히 형성되어 있는가?
- 고객은 코칭장면에서 신뢰롭고 안전하고 비밀이 보장된다는 확신을 가지고 있는가?
- 고객과 코치 간에 코칭관계(coaching relationship)는 작동이 되고 있는가?

코칭은 계약관계이며 대개는 서로 모르는 사이에서 이루어진다. 그만큼 초기 단계에서 라포형성이 중요하다. 고객내면에 자리 잡고 있는 깊은 얘기가 흘러나오지 않으면 스스로 성찰이 이루어지기 어렵다. 또한 코치를 신뢰하지 않으면 그 깊은 얘기를 털어놓기가 쉽지 않다. 사전에 비밀유지에 관한 계약을 체결하고 고객에게 그 사실을 알리기도 하지만, 코칭장면에서 나온 얘기가 비밀유지가 가능할 것인가 하는 의구심을 고객은 갖게 마련이다. 비밀유지를 위한 코치의 노력을 제3자인 관찰자 입장에서 성찰하여야 한다.

또한 고객이 성찰할 수 있는 여유 공간을 주어야 한다. 초보코치일수록 침묵을 두려워한다. 고객이 생각할 시간을 주지 않고 질문을 쏟아낸다. 심지어 해당 이슈에 대한 본인의 생각을 고객의 허락 없이 늘어놓는다. 이렇게 해서는 고객의 자율성을 침해할 뿐만 아니라 성찰의 공간이 생기지 않는다.

또 하나의 성찰방법은 슈퍼비전을 받는 것이다. 슈퍼비전을 받는 코치는 높은 능력을 갖추고 있으며 계속 자신의 코칭실행을 향상하고자 하는 사람들이다. 그것은 자신의 코칭을 향상할 수 있는 지원환경이다. ICF에서는 슈퍼비전과 멘토코칭을 구분하고 있다. 슈퍼비전은 코치와 고객 사이에서 일어나는 코칭세션에 대해 슈퍼바이저(멘토코치)가 관찰하고 피드백을 주는 과정이다. 또한 멘토코칭은 후배코치가 선배코치에게 자신의 이슈에 대해서 코칭을 받는 행위이다. (사)한국코치협회에서는 슈퍼비전을 코치 더 코치(coach the coach)라고 부르며 일반코칭에 비해 2배의 시간가치를 인정해 준다.

국내에서는 슈퍼비전의 중요성이 상대적으로 덜 알려져 있다. 그저 자격시험 준비할 때 지원요건을 충족시키기 위한 의례적인 절차 정도로 여기는 풍토가 강하다. 가까운 일본만 해도 슈퍼비전이나 멘토코칭 시장이 급속하게 팽창하고 있다고 한다. 코치역량을 향상하고 전문코치로 성장하기 위해서 필수불가결한 과정이라고 인식하기 때문이다.

MCC자격시험을 준비하면서 슈퍼비전과 멘토코칭의 필요성과 효과를 절감했다. 오래된 습관과 에고(Ego)를 멘토코칭을 통해서 객관화할 수 있었다. 비록 몇 차례 낙방의 고배를 마시기는 하였지만 2년여의 MCC자격취득 과정은 코치로서 나를 돌아보고 성찰하는 값진 시간이었다.

사람이 사람답게 사는 길은 끊임없는 자기성찰을 통하여 자신의 삶을 되돌아볼 수 있기 때문이다. 우리가 코치로서 성숙해지는 과정에도 자기를 살펴보는 성찰이 필수적이다. 내가 코치로서 지금 제대로 살아가고 있는지, 더 나아가 사람답게 제대로 살고 있는지를 살펴보는 자기 성찰이 없다면 이미 코치로서의 성장을 멈춘 사람들이라 할 수 있다(박창규, 2020).

4) 코치의 인지능력과 직관 활용

직관(insight)이란 판단, 추리 따위의 사유작용을 거치지 아니하고 사물의 본질이나 대상을 직접 파악하는 것을 일컫는 말로써 직감(gut feeling)과 유사한 단어이다.

직관적인 성향은 자연이나 사물을 관찰하여 본질을 바라보는데 이는 후천적인 개발이 가능하다. 이를 위해서 코치는 개방적이고 호기심을 가지고 유연하며 고객 중심적인 사고방식과 행동을 견지해야 한다(실행 지침 4).

유연성은 직관력을 키우기 위해 가장 필요한 덕목이다. 유연성과 관련해서는 물(water)의 속성을 떠올릴 필요가 있다. 노자(老子, 중국 고대의 사상가이며 도가(道家)의 시조)는 '최고의 선은 물과 같다(上善若水)'라고 했다. "물은 만물을 이롭게 하는 데 뛰어나지만 다투지 않고 가장 낮은 곳으로 흐른다. 그러므로 도에 가깝다."고 했다. 물은 세상의 모든 오물을 쓸어버릴 만한 힘을 가지고 있지만 평소에는 그 힘을 자랑하지 않는 자제력을 지니고 있고, 주어진 용기(用器)에 따라 모양을 바꾸는 유연성을 가지고 있으며, 만물을 이롭게 하면서도 자기가 한 일에 대해서 아무런 공치사도 하지 않는 겸양을 갖추고 있다. 물은 만물의 모습을 비춰줄 수도 있고 지친 영혼이 쉬어갈 수 있는 쉼터를 제공해 주기도 한다. 코치는 바로 물과 같은 존재가 되어야 한다.

코치는 직관이 이끄는 대로 말하되 굳이 설명하지 않아도 된다. 내 생각을 설명하려는 의도는 그동안 정답(正答)과 추론적(推論的)인 사고방식에 익숙해져 있기 때문이다. 직관은 정답에 관한 것이 아니기에 코치의 직감이 반드시 적중할 필요는 없다. 무엇보다 고객의 말이나 표정, 바디랭기지 등의 변화에 대해서 예민하게 관찰하고 직관한 것을 솔직하고 대담하게 말하는 것이 중요하다(실행 지침 5).

5) 자신의 감정조절 능력개발

강렬한 감정을 나타내는 고객을 대할 때는 자신 있는 태도를 보임으로써 고객의 감정에 압도되거나 그 감정에 빠지지 않고 스스로 조절할 수 있어야 한다. 자기감정에 몰입해 있던 상태로부터 감정을 관찰할 수 있는 위치로 시각을 전환하면 자신의 감정의 본질이나 자신이 원하는 것을 인지하게 되면서 스스로 다음 단계로 자연스럽게 나아가게 된다(실행 지침 6).

다니엘 골만(Goleman, 2007)에 의하면 화, 공포, 슬픔, 기쁨 그리고 이와 관련된 감정들은 모두 전염성이 높다고 한다. 조심하지 않으면 타인의 감정을 '따라갈 수' 있다. 코치는 항상 고객에게 공감하므로 고객의 감정에 영향을 받을 수 있다. 오늘 코칭세션에 어떤 고객이 왔는데 매우 우울하다면 코치도 갑자기 우울해질 수 있다. 그런 상태가 계속되어 우울해지면 코치의 사고력과 창의력이 감소해서 코칭성과에 영향을 줄 수 있다(김혜연, 2019).

마음은 집중하는 훈련을 하지 않으면 마치 원숭이가 밀림에서 이 나무 저 나무 왔다 갔다 하는 것처럼 수시로 움직이기 때문에 매 순간 지금 이 순간에 일어나고 사라지고 있는 일들을 놓치게 된다. 마음챙김은 바로 이 순간에 일어나고 사라지고 있는 것들을 챙겨서 바르게 인식하는 과정을 말한다(석진오, 2020).

코칭에 들어가기 전에 정신적으로 그리고 감정적인 면에서 세션을 준비하여야 한다. 임원코칭은 대부분 고객사의 해당임원 집무실에서 이루어진다. 보안수칙의 강화로 인해 집무실까지 들어가는데 여간 까다로운 절차를 거쳐야 하는 게 아니다. 실무팀을 통해서 사전에 등록을 하였음에도 불구하고 신분증을 맡기고 핸드폰에 보안스티커를 붙이고 담당자가 내려와서 직접 안내를 해야 들어갈 수 있다. 공항 검색대처럼 몸을 스캔하고 가방을 올린 다음에 겨우 엘리베이터에 탑승할 수 있다. 회사입장에서는 당연한 절차임에도 코치가 정신적, 감정적으로 코칭모드에 들어가는 데 여러 가지 방해요소로 작용한다.

임원실에 들어가면 보통 직사각형 회의탁자에 임원과 마주앉게 된다. 대화의 공간이라기보다는 협상의 공간에 가깝다. 시선을 피할 공간도 없는데다가 임원은 방금 전까지 급한 회의를 마치고 온 상태다. 서로가 정신적으로 그리고 감정면에서 충분히 준비가 되지 않은 상태에서 코칭에 들어가게 된다. 물론 지난 2주간의 안부도 묻고 지난 세션의 과제리뷰도 하고 점차 코칭모드로 들어가긴 하지만, 충분한 교감을 하기에는 다소 부족한 면이 있다. 만약에 별도로 준비된 장소에서 코칭이 이루어지면 어떻게 될까? 가능하면 회사를 벗어나면 좋고 여의치 않더라도 최소한 집무실은 벗어나는 게 좋겠다. 직사각형이 아닌 원형탁자로 준비하고 서로 시선이 조금 자유로운 90도 방향으로 앉으면 효과적이다. 잔잔한 음악도 흐르고 은은한 조명까지 갖춰진다면 금상첨화일 것이다. 상호간에 정신적, 감정적으로 준비된 상태가 되고 고객도 업무현장(Work Place)에서 벗어나서 자신을 좀 더 나른 방향에서 바라볼 수 있게 될 것이다. 건물 밖에서 산책하면서 코칭을 할 수 있다면 좋고 기왕이면 숲길이 있으면 더 좋을 것이다(실행지침 7).

그룹코칭이나 세미나를 하는 경우에 코치의 평정심을 깨트리고 분노를 유발하는 고객도 있다. 내가 초보코치일 때 경험이다. 팀장 대상으로 그룹코칭을 하는 중에 유독 신경 쓰이게 하는 팀장이 있었다. 코칭시간에 자주 늦는 것은 말할 것도 없고 본인 발표시간에는 주제와 관련이 없는 내용을 장황하게 설명하거나 회사에 대한 시니컬한 비판으로 일관하곤 한다. 다른 멤버들도 해당 팀장의 성향을 알고 있는 듯 별로 개의치 않고 있지만 코칭주제가 자주 옆길로 빠질 때는 적잖이 신경이 쓰이는 듯 했다. 코칭 후에 문제의 팀장과 함께 차를 마시면서 걱정되는 바를 전달했다. 그랬더니 또 선선하게 코칭과정에 집중하겠노라고 얘기한다. 다행이나 싶었는데 웬걸, 다음 시간에는 똑 같은 패턴이 반복되고 있다. 참다못한 코치가 한 마디 한다. "팀장님의 태도가 우리그룹 전체에 악영향을 미치고 있습니다. 그룹코칭에 관심이 없으시면 교육팀에 통보해서 빠지시는 게 어떨까요?"이 한마디에 난리가 났다. 당연히 문제의식을 공유하리라고 믿었던 교육팀에서는 오히려 코치의 강압적인 태도를 문제 삼았다. 더 이해되지 않는 것은 다른 그룹멤버들이었다. 분명히 진행상황을 공유하고 있었고 해당 팀장에 대한 불만을 개별적으로 토로했음에도 불구하고 막상 문제가 터지고 나니까 동료의식이 발동된 건지 코치에게 등을 돌리는 것이었다.

나는 이 문제로 인해서 멘토코치를 찾았다. 해당 팀장이 얼마나 무성의하고 무례했는지, 교육팀이나 동료 팀장들의 사후행동이 얼마나 어이없었는지를 끊임없이 토로했다. 희한하게도 그때의 멘토코치는 3회차 코칭까지 한마디도 자신의 의견을 얘기하지 않았다. 그저 '당신 입장을 이해한다.' '많이 힘들었고 억울하겠다' 하면서 코치의 남은 감정찌꺼기를 다 쏟아내게 하였다. 간혹 이런 질문을 하였다.

"교육팀 입장에서는 코치인 당신에게 무엇을 기대했겠는가?" 그리고 "동료팀장들은 해당팀장이 공격받는 상황에서 어떤 기분을 느꼈겠는가?"

이 두 가지 질문에 무너졌다. 내가 감정조절에 실패한 것이다. 그리고 은연중에 코칭받는 고객을 가르치거나 개선해야 할 대상으로 생각하고 있었던 것이다 (실행 지침 6).

3. 역량 실천

1) 주안점

코칭관계에서 코치는 '개방적이고 호기심을 가지고 유연하며 고객 중심적인 사고방식과 행동'을 견지하여야 한다. 이를 위해서 '지속적인 학습과 개발에 전념하여야 하며 꾸준히 성찰하는 습관'을 만들어 가야 한다. 그리고 스스로의 인지능력과 직관을 활용할 줄 알며 자신의 감정을 조절하는 능력을 개발하고 유지할 수 있어야 한다.

코칭은 성과를 극대화하기 위해 묶여있는 개인의 잠재능력을 풀어주는 것이다. 고객이 코치의 가르침에 의존하지 않고 스스로 배우도록 도와주는 것이다. 자각과 책임을 불러일으키는 것이 코칭의 본질이다. 책임은 성과와 직결되고 책임감은 선택에서 나오는 것이며 선택은 다시 질문이나 요청에서 나온다(Whitmore, 2007). 고객의 자각을 도와주고 책임감을 심어주는 코칭은 코치의 코칭 마인드셋에서 비롯된다. 코칭마인드셋은 개방성과 유연함, 고객에 대한 호기심과 연민, 자신에 대한 끊임없는 학습과 성찰 등을 통해서 개발할 수 있고 멘토코칭을 통해서도 향상시킬 수 있다.

2) 코칭사례

(1) 고객의 자율성 존중

아래 사례에 나오는 고객은 중견 네트워크회사의 영업팀장으로 근무하고 있다. 5년 뒤의 중장기 목표에 대해서 물었을 때 회사의 기대에 부응하여 성공한 매니저의 모습을 꿈꾸고 있다. 그 비전을 위해 '매일 2시간씩 여유시간이 주어진다면 무엇을 하겠는가?'라는 질문에 고객의 우선순위가 왔다갔다한다. 처음에는 '독서'를 이야기했다가 그 다음에는 '운동'을 얘기한다. 이어서 '인재육성'이 중요하다고 한다. 뭔가 우선순위가 필요하다는 판단을 한 코치는 나름대로의 시간관리 기법을 제시한다. 코치가 제시하는 방법론은 고객에게 도움이 될 수도 있지만 경우에 따라 고객의 입장에 맞지 않을 수도 있고 무엇보다 고객의 자율성을 심하게 훼손할 수 있다.

> 코치: 5년 뒤의 비전을 위해 매일 해야 할 우선순위에 대해서 여러 가지 말씀을 해주셨습니다. 지금 말씀하신 것들 중에서 우선적으로 가장 중요한 게 무엇인가요?
> 고객: (…) 가장 중요한 게…. 근데 가장 중요한 건 운동인 거 같아요. 어떤 생각이 들었냐 하면 그 일들을 다 하려고 하면 일찍 일어나야 되고 사실 잠자는 시간을 줄여야 하

는 거거든요. 그리고 장기적으로 5년 뒤에 원하는 모습들을 상상을 했을 때 그게 가능하려면 체력이 뒷받침되어야 하니까 이게 우선적으로 필요할 것 같아요.

코치: 네 운동이오. 그 다음으로 중요한 게 있다면 뭘까요?

고객: 음. 그 다음으로는 인재육성이오.

코치: 아, 인재육성이군요. 아까는 독서가 필요하다고 말씀하신 것 같습니다만….

고객: 독서가 기본적으로 중요하긴 한데, 네트워크 회사의 업무상 가장 필요한 일은 인재육성입니다.

코치: 고객님께 인재육성은 왜 중요한가요?

고객: 네, 저의 업무와 관련해서 반드시 필요한 일이 바로 인재육성입니다. 사업의 지속적인 성공을 위해서 인재육성은 절대적으로 필요합니다. 인사고과 항목 중에서도 인재육성이 무려 30%를 차지하고 있거든요. 매니저로 성공하려면 성과관리도 중요하지만 인재육성이 무엇보다 중요합니다.

코치: 아 그러시군요. 제가 조언을 좀 드려도 될까요? (네, 네) 하루에 2시간이라는 시간이 확보되면 하고 싶은 일이 뭐냐고 했을 때 많은 얘기를 해주셨어요. 하나하나 살펴보면 다 의미 있고 중요한 것인데 어차피 고객님께 주어진 시간은 정해져 있잖아요? 그 시간에 이 모든 걸 다 하고 싶다고 하면 오히려 하나도 제대로 안 될 수도 있으니까 우선순위를 정하는 게 좋을 것 같아요.

고객: 네, 맞습니다.

코치: 아마 아시겠지만 스티븐 코비의 '성공하는 사람들의 7가지 습관'에서 나오는 시간관리 축이 있지 않습니까? 중요도와 긴급도를 각각의 축으로 놓으면 4가지 분면으로 나누어지지요. 중요도가 높고 긴급도 높은 1분면은 무조건 해야 되는 일이지요. 말하자면 비상사태 같은 것이지요. 그리고 중요도가 낮고 긴급도도 낮은 4분면, 예를 들면 멍하니 시간을 낭비한다든지, 지나치게 늦잠을 잔다든지, 지나친 TV시청 같은 시간은 가능한 줄여야 해요.

고객: 네, 코치님. 그런데 저는 TV 보고 이럴 시간 없어요.

코치: 아, 시간을 잘 보내고 계시네요. 계속 제 말씀을 드려도 될까요? (네) 이제 2개의 면이 남아 있잖아요? 3분면에 해당하는 긴급하지만 중요하지 않은 거, 그리고 2분면에 해당하는 중요하지만 긴급하지 않은 거, 예를 들면 중요하지만 긴급하지 않은 예가 운동이죠. 인재육성이나 독서도 거기에 해당되는 것 같군요.제가 드리고 싶은 말씀은 긴급하지는 않지만 중요한 일에 집중하려면 3분면과 4분면의 활동은 가능한 줄여나가는 전략이 필요할 것 같아요. 어떻게 생각하세요?

고객: 네네 맞는 거 같아요. 그런데 코치님은 인재육성을 중요하지만 긴급하지 않은 2분면에 두셨지만, 저희 회사의 특성상 인재육성은 중요하고도 긴급한 1분면에 해당되는 일입니다. 내 밑으로 후배가 많이 들어오고 그들이 성과를 내줘야지 저의 성과가 올라가는 구조이거든요.

코치: 아, 고객님 업무특성상 그렇겠네요!
고객: 네, 그래서 중요하고도 긴급한 일인 인재육성은 어차피 해야 하는 거니까 당연히 신경을 쓸 것 같구요, 긴급하지는 않지만 중요한 독서나 운동에 좀더 마음을 두어야할 것 같네요. 그러면 중요하지 않은데 긴급하게 나의 시간을 침범하는 3분면에 해당하는 일에는 어떻게 대처해야 하나요?
코치: 경계를 정해놓고 누군가 그 경계를 침범했을 때 "NO!"라고 말하는 용기가 필요할 거 같아요.
고객: 아~ NO라고 말하는 용기가 필요하겠네요.

고객을 특정한 의도대로 설득한다는 것은 코칭의 철학이나 윤리에 맞지 않는다. 코칭철학에 의하면 고객은 '전인적이고 자원이 풍부하고 창의적인'존재이기 때문에 스스로 본인의 이슈를 해결할 수 있다. 다만, 아직 해당이슈를 직면할 수 있는 준비가 되어있지 않을 뿐이다. 고객의 인생을 내신 살아보지 않은 코치가 자신의 성공기준을 고객에게 적용하는 것은 마치 나에게 맞는 안경을 상대방에게도 권하는 것과 마찬가지이다.

(2) 성찰하는 습관 개발

아래 사례에서 고객은 유능한 전문가로서 동시에 많은 프로젝트를 수행해 왔는데, 특히 지난 여름동안 너무 큰 프로젝트를 동시에 2~3개 수행하면서 현재 약간의 번 아웃이 온 상태이다. 지금은 작은 프로젝트를 수주한 상태인데 선뜻 달려들어 수행을 하지 못하고 차일피일 미루고만 있다.

코치: 지금 표정이나 말씀을 들어 보니까 고객님의 내면에서 뭔가 복잡하고 정리되지 않은 생각들이 많이 일어나는 거 같은데, 어떤 생각들이 일어나고 있나요?
고객: 네네 좀 복잡하고 정리되지 않은 생각들이 있는 것 같습니다. 지난 여름까지 큰 프로젝트 두세 개 정도 돌아가면서 어떻게 보면 감당 못할 정도로 헉헉거리면서 프로젝트를 했어요. 목표지점에서 안 끝나면 안 되니까 막 거기 몰입해서 어떻게 치러 냈는데, 지금 하고 있는 프로젝트는 크기로 보면 아주 자잘한데 오히려

진도는 안 나가고 그렇다고 마음 편히 놀지도 못하는 뭔가 어정쩡한 상태가 계속되는 것 같아요.
코치: 지금의 어정쩡한 상태를 비유적으로 표현해 볼 수 있을까요?
고객: 뭐라고 할까, 화장실을 갔는데 뭔가 안 나오거나 덜 나오거나 그런 상태인데 할 수 없이 일어서서 움직여야 되는 상황, 그런 느낌이랑 좀 비슷한 거 같아요.
코치: 아, 그런 기분이면 찝찝하고 개운하지 않은 그런 느낌?
고객: 네, 그런 느낌, 몸도 마음도 딱 그런 상태인 것 같아요.
코치: 그렇군요. 그런 찝찝하고 개운하지 않는 느낌은 어디서부터 오는 것일까요?
고객: 제가 요즘 일에 집중을 못하는 것 같아요. 집중을 해야 일이 끝나잖아요. 일은 계속 이렇게 널려있는데 깨끗하게 딱 끝나고 치워야 되는데, 치우지 못하는 게 현재 상황의 가장 핵심인 거 같아요. 그래서 집중 자체를 할 수 있고 깔끔하게 일을 끝내면 좋을 텐데 그게 잘 안되어서 답답하네요.
코치: 집중할 수 없어서 일이 제때 끝나지 않고 그래서 답답하군요.. 그러잖아도 지금 말씀을 하시면서 왼쪽 소매도 올리시고 손도 자주 비비시고, 뭔가 좀 어수선하게 보입니다만….
고객: 네, 말씀하신대로 제가 요즘 좀 어수선해요. 납기가 있으니까 그 전에 끝나기는 할 텐데…. 마음먹고 앉으면 늘 하던 대로 진도가 나갈 텐데…. 막상 시작하기가 힘드네요.
코치: 그렇군요. 납기는 정해져 있는데 선뜻 일을 시작하기가 힘들군요. 일이 시작조차 되지 않고 있으니까 마음이 어수선하고 어떻게 보면 불안할 것 같기도 하네요.
고객: 네, 맞아요. 코치님! 요즘 제 마음이 그래요. 불안해요. 납기 내에 안 끝날까봐, 제대로 안 끝날까봐….

고객은 스스로의 역량에 상당한 자신감을 가지고 있으나 차일피일 미루어온 일에 대하여 까닭모를 불안감과 초조함에 사로잡혀 있다. 그러면서도 본인이 얼마나 유능한지, 이 정도 일은 마음만 먹으면 금방이라도 끝낼 수 있는데 단지 지금 이러저러한 잡동사니들이 발목을 잡고 있다는 것을 어필하고 싶어 한다.

코치는 고객의 어투(Tone of Voice)와 몸짓언어(Body language)에서 초조함과 불안감을 발견하고 고객 스스로 그것을 직면하도록 안내하고 있다.

코치: 그러시군요. 그럼 저랑 같이 '불안'이라는 녀석이 어떻게 생겼는지 잠깐 살펴보는 시간을 갖도록 할까요? (…) 잠깐 눈을 감아보시겠어요? (이때 잔잔한 명상음악이 있으면 도움이 된다)
천천히 숨을 깊게 들이마시고, 천천히 내 쉬세요. 또 한 번 깊게 들이마시고 내 쉬고… 몇 차례 더 심호흡을 해보세요. (…) 이제 눈앞에 그 '불안'이라는 녀석의 실체를 한번 떠올려보세요. (…) 어떻게 생겼나요? (…) 한번 만져보세요. (…) 냄새도 맡아 보세요. (…) 어떤 느낌이세요? (…) 그 녀석의 이름을 짓는다면 뭐라고 부르고 싶으세요? (…) 이름을 한번 불러보세요. 무엇이라고 대답하나요? (…) 이제 그 녀석에게 말을 붙여보세요. 무슨 말을 하고 싶으세요? (중략)
코치: 어떠신가요? '불안'과 친구가 되어 대화를 해 보니까 기분이 어떠세요?
고객: 네 마음이 편해졌습니다. 사실은 별거 아니네요. 보니까 이런 거 같아요, 간단한 문제인데 복잡하게 생각했던 것 같아요. 그냥 문만 열고 나가면 되는데 방안에 틀어박혀서 그냥 뭐 이런저런 핑계대고 있는 은둔형 외톨이 같았어요. 선뜻 행동으로 옮기지 못하는 자신을 합리화하기 위해서 여러 가지 구실을 만들고 있다는 생각이 드네요. 그냥 오늘이라도 책상에 앉아서 시작하면 될 것 같아요. 늘 해오던 일이니까 일단 시작만 하면 또 속도가 붙거든요. 광고문구가 생각이 나네요. 'Just do it!'
코치: 오, Just do it! 축하드립니다. 코칭을 처음 시작할 때 다소 불편하고 정리가 되지 않는다고 말씀하셨는데 지금은 표정부터 훨씬 편안해지신 것 같습니다.또 이제 어떻게 하면 집중할 것인가 그 방법도 발견하셨네요. Just do it!
고객: 아 네, 감사합니다.

결국 주어진 일을 납기 내에 마치려면 일단 작게나마 시작해야 한다. 하루에 단 몇 분간만이라도 일에 몰입하게 되면 불안감도 서서히 약화될 것이고 일의 속도도 붙을 것이다. 고객은 실행의지를 'Just Do It!'이라는 한마디의 광고문구로 대변하고 있다. 코치는 성찰을 통해서 고객의 변화를 알아차리고 비춰줌으로써 고객을 위한 거울이 될 수 있다.

(3) 코치의 인지능력과 직관 활용

사례에서 고객은 신사업 진출을 결심하지 못했다고 얘기하지만 이미 마음속으로는 사업진출을 결심한 상태이다. 코치는 직관적으로 고객의 목소리 톤이나 바디랭귀지, 그리고 즐겨 사용하는 어휘에서 신규사업에 대한 강한 시그널을 읽을 수 있었다. 그럼에도 고객은 누군가에게 확언을 받고 싶은 것이다. 자신의 선택이 잘못 되지 않았다는 강한 지지와 격려를 받고 싶은 것이다.

코치: 음, 그러시군요. 요즘 뭔가 새로운 생각들을 많이 하고 계시네요. 말씀 들어 보니까 대표님은 안정성을 추구하기보다는 계속해서 새로운 모험을 하고 싶어 하는 그런 성향이 있으신 것 같네요.

고객: 네, 제가 그런 성향이 좀 있습니다. 사실은 굉장히 보수적이면서도 뭔가 새로운 일을 계속 추구하는 그런 스타일이기도 합니다. 원칙을 깨는 건 좋아하지 않지만 원칙을 지키면서도 새로움을 따라갈 수 있는 방법을 계속 찾아내는 성향이 강하구요. 일단 마음먹으면 좌고우면하지 않는 스타일입니다. 그래서 의사결정하기까지가 어려운데 평소에 안전 제일주의를 강조하는 편이어서 아직 신규사업에 대한 진출 의지가 50%를 넘지를 못했거든요. 이게 50%를 딱 넘어가면 그 다음부터는 망설임 없이 할 수가 있는데 현재 상태에서 머물러 있는 지가 벌써 두 달 째가 되고 있습니다.

코치: 음, 그렇군요. 지금 스스로 보수적이고 원칙을 지키지만 뭔가 새로운 것을 갈구하는 스타일이다, 그리고 안전 제일주의자여서 신규 사업에 대한 진출 의지가 50%를 넘지 못했다, 그런 말씀을 하셨네요. 제가 잘 이해했는지요? (고객: 예.) 그런데 제가 쭉 들으면서 느끼는 것은 새로운 일, 도전, 트랜드 이런 얘기할 때는 목소리에 굉장히 힘이 들어가고 톤도 빨라지고요, 안전 지향적이고 머물러 있다, 이런 얘기할 때는 에너지가 많이 떨어지는 느낌을 받았습니다만?

고객: 아, 네. 그런가요?

코치: 고객님은 아직 50% 미만이라고 말씀하시지만 저의 직관으로는 신규사업 진출 쪽으로 거의 기울어져있는 느낌을 받았는데 어떻게 생각하시는지요?

고객: 예, 맞아요!

직관이란 마치 살아있는 생선과도 같아서 바로 낚아채지 않으면 도망가 버린다. 직관이 떠오르는 그 순간, 말로써 뱉어야 한다. 하지만 순간적으로 코치의 방어기제가 발동한다. '내 직관이 틀리면 어떡하지?' '괜히 물어봤다가 헛다리짚었다고 비웃음만 사는 거 아냐?' 이런 경우는 마치 갓 잡은 생선이 내 손을 탈출하여 다시 연못으로 도망가는 것과 같은 경우이다.

설사 코치의 직관이 틀렸다고 해도 걱정할 필요가 없다. 친절한 고객은 코치의 말에 아래의 3가지 반응을 보여줄 것이다.

첫째, 전적으로 수용하고 받아들인다.
둘째, 일부는 수용하고 나머지는 수정해 준다.
셋째, 전체를 수정하거나 다시 얘기해 준다.

위의 사례에서 만약 고객이 코치의 직관을 수정해 준다면 이렇게 전개될 것이다.

코치: 고객님은 아직 50% 미만이라고 말씀하시지만 저의 직관으로는 이미 신사업에 신출하는 쪽으로 거의 기울어져있는 느낌을 받았는데 어떻게 생각하시는지요?
고객: 글쎄요, 신사업에 진출하고 싶은 강렬한 의지가 있는 것은 맞는데 여러 가지 상황으로 지금은 녹녹치가 않네요.
코치: 아, 그러시군요. 무엇이 고객님의 결심을 붙잡고 있나요?
고객: 아시다시피 코로나 팬데믹 상황으로 전 세계 유통망이 차단되어 있거든요….

(4) 자신의 감정조절 능력개발

코칭기간 동안 고객은 격한 감정의 소용돌이에 갇히기도 하고 때로는 근거없는 낙관론에 휩싸이기도 한다. 이때 코치는 '동조적 관찰자(Attached Observer)'가 아닌 '객관적 관찰자(Detached Observer)'의 역할을 하여야 한다. 너무 가까운 거리에 있으면 상황을 객관적으로 보기 어려워지기 때문이다. 예를 들어 코칭 중에 고객이 눈물을 보일 때 경험이 적은 코치일수록 당황하게 된다. 같이 따라 울거나 섣부른 위로를 하는 경우가 대부분이다. 특히 남성코치들은 대단히 난감해 한다. 이때 가장 좋은 방법은 소리 없이 티슈를 내밀고 고객이 진정될 때까지 기다려주는 것이다.

코치: 지금 목소리가 약간 흥분하면서 놀란 듯한 느낌이 전달되네요.
고객: 네, 정말 깜짝 놀랐는데 그분이 저를 찾아오신 이유 중에 하나가 멘토코치가 필요하다는 거예요. 그래서 저한테 "코치님이 멘토코칭을 잘한다는 얘기를 듣고 찾아왔는데, 자격증을 따야 되는데 멘토코칭을 해주세요"라고 의뢰를 해서 물어봤더니 그 분은 코치자격증은 없는데 이미 우리나라의 대기업인 H사에 코치로 들어가서 활동을 하신다는 거예요!
코치: 하하하, 자격증도 없는 분이 대기업에 코치로 활동을 한다고 해서 많이 놀라셨군요.
고객: 네, 많이 놀랬구요. 굉장히 충격이었구요, 한편으론 대단히 자괴감이 들었습니다.
코치: 아, 충격과 자괴감까지….
고객: 네, 왜냐하면 나는 지금까지 이렇게 많은 자격증과 많은 공부를 하고 학위까지 땄지만, 들어가지 못한 대기업인 H회사에 뭘로 들어갔지? 어떻게 들어갔지? 이 부분에서 굉장히 자괴감이 들었고요.
아, 또 하나는 이 분을 제가 코칭하기 전에 코칭수준이 어느 정도 되는지 "저를 한번 코칭을 해주세요."라고 했는데 코칭을 잘 못하고, 코칭이 아닌 컨설팅을 하고 계시더라고요.
코치: 저런, 코칭이 아니라 컨설팅을 하셨군요.
고객: 네, 그런데 더 충격적인 게 있었어요.
코치: 아 더 충격적인 게 있었어요? 그것은 뭔가요?
고객: 그게 뭐냐면 그 분의 고객인 담당 임원이 코칭이 너무 좋다고 다른 회사를 또 소개시켜 줬대요. 세상에!
코치: 정말 더 큰 충격을 받으셨겠네요. 지금 '자괴감'이라는 표현을 여러 번 쓰셨는데 그것은 어디에서 오는 감정인가요?
고객: 네, 제가 그걸 보면서 난 지금 뭐 하고 있지? 나는 뭐지? 하는 존재론적인 마음도 들었고요. 내가 정말 코치로서 능력이 없나? 이런 생각도 들었고요. 그래서 '자괴감'이라는 표현을 사용했습니다. 그 생각을 계속 하다 보니까 마음이 되게 무겁고 이런 생각이 너무 많이 들었어요. 코치로서 초심이 흔들리게 되었습니다.
코치: 아, 그러셨군요. 그 분은 코치자격증도 없고 실제로 코칭하는 것을 보더라도도 코칭과는 거리가 멀고 그런데도 유명 대기업에 코치로 들어갔고 그런데 거기서 성과를 내서 다른 고객도 소개를 받아서 코치님은 굉장한 충격과 심지어 자괴감까지 드셨군요. 정말 속상하셨겠어요. 저 같아도 좀 황당했을 것 같아요(공감).
고객: 네, 그렇죠. 그래도 모처럼 마음속에 있는 얘기를 털어놓고 코치님이 이해해 주시니까 제가 조금 마음이 풀리네요.

고객은 전문코치로 활동하기 위해서 대학원에서 코칭석사 학위를 받았고 ICF

의 PCC까지 취득했다. 하지만 대기업과 연결고리가 없어 아직 기업체 대상 비즈니스코칭의 기회를 잡지 못했다. 한국의 코칭시장에서는 대기업의 임원코치로 활동한 경험 유무로 코치의 등급을 매기는 다소 이해하기 어려운 등급기준이 있다. 이 점에서 고객보다 코칭입문이 늦은 후배가 대기업의 강사경력으로 코칭을 하고 있다는 게 나름 화가 나고 자존심이 상했던 거다.

코치: 조금 전에 처음에 코칭을 시작할 때 가졌던 초심이 흔들렸다고 했는데 그 얘기를 좀 들려주시겠습니까?

고객: 처음에 제가 코칭을 시작했을 때 남편하고 이혼하려고 했었거든요. 이혼하려고 마음먹고 제가 찾아간 멘토코치님이 계셨어요. 그래서 "제가 이혼을 하려고 합니다." 그분이 저한테 이렇게 얘길 하시는 거예요.
"이혼하세요. 근데, 이혼하실 건데 왜 저를 찾아오셨어요?" 이렇게 물어보시더라고요. 그분의 질문에 답을 하면서 제 마음에 '아, 내가 하고 싶은 게 이혼이 아니었구나. 내가 정말 남편과 행복하게 살고 싶었구나'라는 마음을 알게 됐어요. 남편한테 가서 "내가 이혼을 원하는 줄 알았는데 내가 진짜 원한 건 당신하고 행복하게 사는 거였어." 이렇게 얘기를 하니까 남편이 막 우는 거예요. 저 보고 고맙다고… 그러면서 남편한테 "나 코칭 공부하고 싶어." 그랬더니 하라고~ 충분히 자격이 있고 해도 될 거 같다고 막 서포트를 해주어서 제가 여기까지 올 수 있었던 거거든요.

코치: 아, 이혼의 위기에서 벗어난 게 바로 코칭의 힘이었군요. 이후로 남편의 적극적인 서포트가 있었고…. 그렇다면 고객님이 코칭에서 얻고자 하는 것은 대우가 좋은 대기업에 들어가거나 코치로서 화려한 명성을 얻기보다는 힘들어하는 사람을 제대로 도와주는 그런 진정성 있는 코치가 되는 것을 원하신 거네요?

고객: 네, 처음부터 제가 원했던 거 같아요. 힘든 시간을 보내고 지금의 제 모습이 되었고 지금의 가정이 존재하잖아요. 음. 저는 그런 코치가 되고 싶었어요.

코치: 그렇다면 현재 원하는 트랙에 제대로 서있는가요?

고객: 네 그 트랙에 제대로 서있습니다. 그런데 제가 잠시 그 트랙에서 벗어나려고 했던 거 같아요. 화려하게, 멋있게 대기업의 코치로 활동하시는 분들 보면서 아, 그렇게 나도 되고 싶다는 마음이 든 것 같아요. 제가 잠깐 초심을 잃고 아, 나도 저렇게 되고 싶은데. 나 충분히 할 수 있는데 본연의 모습을 잠깐 잃어버리지 않았었나 하는 생각이 드네요.

코치: 그러셨군요, 그러면 지금은 어떻게 정리가 됐나요?

> 고객: 음…. 저기 단풍잎처럼 제 색깔을 다시 찾아야겠어요.
> 코치: 아, 단풍잎처럼 색깔을 다시 찾는다.
> 고객: 네, 단풍잎의 고유한 색깔처럼 내가 정말 되고 싶었던 원래 모습에 대해서 다시 생각해 보고 싶네요.

이때 멘토코치로서 고객의 입장에 동조하거나 무조건 위로만 해서는 안 된다. 이때는 동조(Sympathy)하지 말고 공감(Empathy)해야 한다. 고객의 입장에서 충분히 들어주고 감정을 읽어주되(共感) '나도 그런 적이 있어요.' '괜찮아요. 그런 건 중요하지 않아요.' 등과 같이 동조(同調)나 위로, 동감(同感)을 표하는 것은 이후 코칭프로세스에서 악영향을 끼칠 수 있다. 예를 들어 물에 빠진 사람을 구하려고 무턱대고 물에 뛰어드는 우를 범해서는 안 된다. 코치가 중립적인 입장에 서지 못하면 고객이 해당관점에서 벗어날 수 있도록 도와주기 어렵다.

▌생각해 봅시다

1. '고객은 전인적이고 자원이 풍부하며 창의적인 존재이다' 라는 코칭철학을 구현하기 위해 코치가 할 수 있는 것은 무엇인지 생각해 봅시다.

2. 고객의 기대와 스폰서의 의도가 맞지 않을 때 코칭의 철학과 윤리에 비추어 코치가 취할 수 있는 입장은 무엇인지 논의해 봅시다.

3. 정기적으로 멘토코칭과 슈퍼비전을 받는 코치와 그렇지 않은 코치의 차이점에는 어떤 것들이 있는지 토의해 봅시다.

7장

코칭핵심역량 3: 합의를 도출하고 유지한다

코칭과 관련된 합의는 코칭의 품질을 결정하는 가장 첫 번째 과정이다. 코치와 고객 그리고 이해관계자는 성공적인 코칭을 위해 함께 코칭 과정을 설계하는 파트너가 된다. 일반적으로 전문적인 코칭은 고객 측의 요청에 의해서 이루어지는데, 가장 먼저 해야 하는 일이 코칭의 목적을 공유하는 것이다. 그 목적과 고객의 요청사항을 근거로 하여, 필요한 코칭의 성격과 규모를 결정하고 코칭을 진행하기 위한 코칭계획과 목표를 합의한다. 코칭계획에는 진행 프로세스와 그에 따른 세부 계획이 포함되고, 코칭관계에 대한 설정을 분명히 한다. 목표 합의 또한 코칭의 효과성을 보장하고 제고하는데 필수적인 요소이다. 목표는 코칭의 목적에 부합하는 코칭 주제와 그 주제와 관련된 달성 목표를 함께 설정하고 합의 한다. 코칭이 진행되는 동안, 사전에 합의한 내용은 코칭 종료까지 유지되어야 하며, 중간에 수정할 필요가 생기면 합의를 통해 새롭게 적용하고 남은 기간 동안 유지한다.

이 장에서는 코칭핵심역량 3의 정의와 실행 지침에 대해 구체적으로 살펴보고자 한다.

1. 역량 정의

고객 및 이해관계자와 협력하여 코칭관계, 프로세스, 계획 및 목표에 대한 명확한 합의를 한다. 개별 코칭세션은 물론 전체 코칭과정에 대한 합의를 도출한다.
(Partners with thc client and relevant stakeholders to create clear agreements about the coaching relationship, process, plans and goals. Establishes agreements for the overall coaching engagement as well as those for each coaching session)

코칭은 고객과의 코칭 합의를 통해 계약서 혹은 합의서를 작성하면서 시작된다. 사전에 협의를 통해 코칭 합의를 위한 조율을 하겠지만 실제적인 코칭 행위는 합의를 완료하면서부터이다. 물론 코칭 합의 전에 협의할 때와 코칭 계약서 작성 시 그리고 코칭 완료 후에도 코치로서 고객에게 정확한 정보를 제공해야 하고 적절한 선택을 할 수 있도록 전문적인 행동을 해야 한다. 여기서 고객은 직접적으로 코칭 관계를 맺는 당사자와 이해관계자를 포함한다. 이해관계자는 조직의 경우 코칭 당사자와 이해관계가 있는 인사 담당자이거나 조직의 상사일 수 있고, 학생의 경우 코칭 대금을 지불하는 부모나 스폰서일 수 있다. 코칭과정과 내용은 코칭 결과에 큰 영향을 미치므로 개별 코칭세션과 코칭과정 전체에 대한 충분한 협의와 명확한 합의는 성공적이고 효과적인 코칭을 위해 필수적 요소이다.

2. 실행 지침

1. 코칭인 것과 코칭이 아닌 것에 대해 설명하고 고객 및 이해관계자에게 프로세스를 설명한다.
(Explains what coaching is and is not and describes the process to the client

and relevant stakeholders.)

2. 관계에서 무엇이 적절하고 적절하지 않은지, 무엇이 제공되고 제공되지 않는지, 고객 및 이해관계자의 책임에 관하여 합의한다.
(Reaches agreement about what is and is not appropriate in the relationship, what is and is not being offered, and the responsibilities of the client and relevant stakeholders.)
3. 코칭진행방법, 비용, 일정, 기간, 종결, 비밀 보장, 다른 사람의 포함 등과 같은 코칭 관계의 지침 및 특이사항에 대해 합의한다.
(Reaches agreement about the guidelines and specific parameters of the coaching relationship such as logistics, fees, scheduling, duration, termination, confidentiality and inclusion of others.)
4. 고객 및 이해관계자와 함께 전체 코칭계획 및 목표를 설정한다.
(Partners with the client and relevant stakeholders to establish an overall coaching plan and goals.)
5. 고객과 코치 간에 서로 맞는지를 결정하기 위해 파트너십을 갖는다.
(Partners with the client to determine client-coach compatibility.)
6. 고객과 함께 코칭세션에서 달성하고자 하는 것을 찾거나 재확인한다.
(Partners with the client to identify or reconfirm what they want to accomplish in the session.)
7. 고객과 함께 세션에서 달성하고자 하는 것을 얻기 위해 고객 스스로가 다뤄야 하거나 해결해야 한다고 생각하는 것을 분명히 한다.
(Partners with the client to define what the client believes they need to address or resolve to achieve what they want to accomplish in the session.)
8. 고객과 함께 코칭과정 또는 개별 세션에서 고객이 달성하고자 하는 목표에 대한 성공척도를 정의하거나 재확인한다.
(Partners with the client to define or reconfirm measures of success for what the client wants to accomplish in the coaching engagement or individual session.)
9. 고객과 함께 세션의 시간을 관리하고 초점을 유지한다.
(Partners with the client to manage the time and focus of the session.)
10. 고객이 달리 표현하지 않는 한 고객이 원하는 성과를 달성하기 위한 방향으로 코칭을 계속한다.
(Continues coaching in the direction of the client's desired outcome unless the client indicates otherwise.)
11. 고객과 함께 코칭 경험을 존중하며 코칭관계를 종료한다.

(Partners with the client to end the coaching relationship in a way that honors the experience)

1) 코칭인 것과 코칭이 아닌 것에 대해 설명하고 고객 및 이해관계자에게 프로세스를 설명한다

코칭을 처음 경험하는 고객의 경우 코칭에 대해서 잘 모르는 경우도 많다. 코칭을 알기 전에 경험한 또는 인지하고 있는 분야와 어떤 차이가 있고 어떤 부분이 고객에게 도움이 되는지를 분명하게 알려주어야 한다. 그리고 이런 부분에 대해 코칭 전에 고객과 이해관계자가 숙지하고 있는지를 확인하고 그것을 확인했다는 내용이 합의서 혹은 계약서에 명시되어야 한다. 혹시 있을지 모르는 오해를 방지하기 위한 필수적인 절차이다.

코칭인 것과 코칭이 아닌 것을 설명하기 위해선 코칭과 유사한 분야와의 비교를 통해 설명할 수 있다(〈표 7-1〉 참조). 비교의 대상은 주로 상담과 컨설팅, 멘토링이다. 개인을 상대로 하는 코칭은 상담과 비교가 되고 기업이나 조직을 상대로 하는 코칭은 컨설팅, 멘토링과 비교된다. 기업의 리더를 코칭할 때, 성과와 관련된 코칭을 하면 컨설팅과 비교가 되고 구성원들과의 관계 혹은 개인 이슈와 관련된 코칭을 하면 멘토링과 비교가 된다. 코치는 이러한 차이에 대해 자세히 알고 있어야 고객과 이해관계자에게 쉽게 설명할 수 있고 그들의 이익을 위해 제대로 된 정보를 제공할 수 있다.

또 하나, 매우 중요한 포인트가 있는데 그것은 코칭 주제의 당사자가 누군가이다. 코칭과 유사한 영역은 모두 주제의 중요성에 무게를 크게 두지 않는다. 해결해야 할 것들이 매우 입체적으로 존재하기 때문에, 주제를 정할 때 그 주제의 당사자가 누구이든 결국 고객과 연관성이 깊으므로 다양하게 다루면서 좁혀 들어갈 수 있다. 반면에 코칭은 고객 당사자의 이슈만 다룬다. 왜냐하면 코칭은

〈표 7-1〉 코칭과 유사 분야의 비교

구분	코칭	상담	컨설팅	멘토링
목적	성과향상, 리더십, 성장, 변화, 개발	정서적 고통 완화, 행동 수정	문제 분석과 해결, 전문적 방법 제공	선배로서의 지도, 노하우 전수
관계	코치-고객(피코치)	상담사-내담자	컨설턴트-고객사	멘토-멘티
관계특성	파트너, 수평적	수직적	수직적	수직적
초점	현재와 미래	과거와 현재	과거와 미래	과거와 현재
조언	거의 없음	조언, 치료	전문적 지도와 조언	조언, 지도, 충고
해결 주체	고객	상담사	컨설턴트	멘토
해결 방식	수평적 대화, 질문과 탐구	수직적 대화, 질문과 대답	분석과 보고서	모델링
소통방향	쌍방향	단방향	단방향	단방향
상대 인식	성장과 발전의 주체	교정, 치료의 대상	문제해결의 대상	초보자, 주니어
역할	생각 파트너	치료를 위한 상담자	특정 분야 전문가	시니어 실력자

고객 자신의 현재의 상태와 본인이 이루길 원하는 상태를 다루는 전문 영역이기 때문이다. 따라서 주제의 당사자가 반드시 고객 자신이어야 한다. 간혹 코칭 시작 시 주변 인물들의 문제를 코칭 주제로 삼고 싶어 하는 고객이 있다. 어쩌면 매우 자연스러운 일이다. 주변 인물의 문제를 고객 자신의 문제로 동일시하는 경향이 있을 수 있다. 그러나 코칭은 고객에게 필요한 생각을 함께 나누는 경청과 질문으로 이어지는데 주제의 당사자가 고객 자신이 아닐 경우 다른 사람의 행동과 생각에 대해 코칭대화를 하게 되므로 코칭이 제대로 이루어질 수 없다. 고객이 주제의 당사자가 아닐 경우 고객이 주체가 되는 주제로 전환해서 코칭 주제를 수정할 수 있도록 도와야 한다. 그래야 그 주제와 관련된 목표를 설정할 수 있고, 그 목표에 대해 스스로 책임감을 가지고 코칭에 임할 수 있다.

코칭 합의 사항엔 코칭 진행과 관련된 프로세스에 대한 부분도 포함된다. 크게 보면 3단계 정도로 볼 수 있는데, 합의-코칭진행-마무리로 이루어진다. 각 단계별로 하위 단계가 있을 수 있으며 고객에 따라 상호 합의에 따라 다양하게 정할 수 있다. 기본적으로 코치가 제시를 하면서 고객의 선택을 받아내기도 한다. 개인 코칭의 경우엔 비교적 단순한 프로세스로 진행되지만 기업이나 조직에서 복수의 코치가 복수의 고객을 코칭하게 되는 경우엔 코치와 고객을 매칭하는 일도 중요한 프로세스가 된다. 이어지는 역량 항목에서 자세히 다루도록 한다.

2) 관계에서 무엇이 적절하고 적절하지 않은지, 무엇이 제공되고 제공되지 않는지, 고객 및 이해관계자의 책임에 관하여 합의한다

코칭은 코치와 고객의 코칭관계에 의해 이루어진다. 코칭 합의에 의해 정해진 코칭관계 안에서 고객과 코치는 코칭관계를 통해서 소통을 한다. 세계적인 코칭 교육회사인 CTI의 프로그램을 소개한 코액티브 코칭(Kimsey-House et al., 2016)이라는 책에서는 이에 대해 다음과 같이 설명한다.

> 우리는 코액티브 코칭에서 코치와 고객이 비록 다르기는 하나 동등한 역할을 하는 대등한 관계라고 강조한다. 그들은 그러한 관계 속에서 상호 협력적이다. 그래서 그들은 어느 면에서는 함께 창조하고 협업하는 사람들이다. 이러한 관계를 아래 그림 에서 보듯이 삼각도로 묘사할 수 있다. 코치는 코칭관계에 파워를 허용한다, 고객도 코치가 아니라 관계에 파워를 허용한다, 고객은 결국에는 관계에 의해 임파워되고, 그들이 하는 선택과 그들의 삶을 주도하도록 임파워된다. [그림 7-1]에서처럼 모든 관계의 파워는 고객을 위해 존재한다.
>
> 고객은 코치를 만나서 코칭대화에 참여하지만 개인으로서의 코치가 아닌 코칭관계를 만나고 있다고 할 수 있다. 합의된 코칭관계 속에서 전문적인 기능을 하는 코치라는 대상을 만나는 것이다. 따라서 코칭관계가 아닌 관계는 두 사람의 관계가 될 수 있다. 다시 말하면 합의된 코칭관계에 의해서만 관계가 이루어지며 그 외의 관계는 합의된 코칭 기간 동안 허용되지 않는다. 이 관계는 코칭윤리규정에 의해 통제되며 합의 사항에 의해 제한된다. 코칭윤리 위반에 해당하는 이성 간의 코칭관계에 있어서 부적절한 관계도 코칭관계에 대한 이해가 분명하면 사전에 방지할 수 있다.

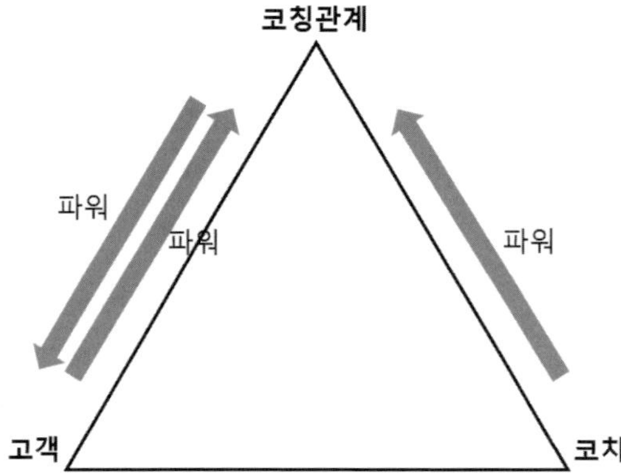

[그림 7-1] 코칭의 파워 삼각도

출처: Kimsey-House, Henry et al.(2016).

코칭에서 무엇이 제공되고 제공되지 않는지도 역시 코칭 합의 시 확인해야 하는 사항이다. 일단 코칭에 관심이 있고 코칭을 받겠다는 의도를 가지고 있는 고객은 어떤 부분을 제공받는 지 대강은 알 것이다. 그러나 전술했듯이 유사 분야와의 혼동으로 기대하는 부분이 사뭇 다른 경우도 적지 않다. 위의 '코칭과 유사 분야의 비교표'를 보면 각 분야가 제공하는 것이 다를 수밖에 없음을 알 수 있다. 한편, 기본적으로 코칭의 효과성을 극대화하기 위한 도구들은 제공할 수 있다. 이를테면 코칭의 진행을 돕는 문서양식이라든가, 고객의 생각을 돕는 각종 도구(카드, 책 소개, 동영상 등)들은 상황에 따라 제공하는 것이 좋다. 이런 부분까지 세세하게 합의 사항으로 다룰 필요는 없다. 여기서 주의해야 하는 것은 유사 분야와의 혼동으로 코칭에서 제공할 수 없는 것에 대한 사전 정리가 필요함을 기억해야 하는 것이다.

3) 코칭진행방법, 비용, 일정, 기간, 종결, 비밀 보장, 다른 사람의 포함 등과 같은 코칭관계의 지침 및 특이사항에 대해 합의한다

코칭관계를 정하는 중요한 부분들의 목록이다. 코칭진행방법(물류, Logistics)

은 코칭을 진행하는데 필요한 물자들이 있을 때, 그 부분에 대한 담당을 어느 쪽에서 할 것인가를 정하는 것이다. 거기엔 물자들의 목록이 나와야 하고 일정과 장소 그리고 물류의 수단 등이 포함된다. 도구나 장비의 규모가 크면 이 부분이 매우 중요하다. 개인코칭보다 조직에서 큰 규모로 코칭을 한다든가 그룹코칭이나 워크숍 규모의 코칭 교육이 진행될 경우 해당되는 사항이다. 비용은 선불, 중도금, 후불 등 여러 가지 경우가 있고 사전에 정하는 것이 좋다. 기간과 일정은 가장 기본적인 조항이며 횟수도 포함하여 합의하게 된다. 종결은 소위 '납품완료'와 같은 개념이다. 종결의 기준을 무엇으로 할 것인가 하는 부분이다. 기업이나 조직에서 코칭이 이루어질 경우 이 종결은 고객의 만족에 영향을 미친다. 합의된 최종 리포트라든가 코칭만족도 평가라든가 코칭 후 변화에 대한 진단이라든가 비용을 들여서 코칭을 구매한 고객에게 만족할 만한 '납품완료'가 이루어져야 한다. 종결 시 고객이 만족하는 조건으로 합의를 하는 것이 고객 관리에 유리할 것이다.

비밀보장은 코칭윤리에서도 매우 중요하게 다루는 부분이다. 비밀보장에 문제가 생기면 코칭은 그 기본 취지가 무너지기 때문에 회복이 불가능하다. 요즘엔 특히 개인정보에 관한 사회적인 중요성도 심화되고 있기에 개인정보는 물론이고 코칭대화의 내용도 절대적으로 비밀이 유지해야 한다. 다만 연구 목적이라든가, 책에 게재를 한다든가, 공개 슈퍼비전을 한다든가 하는 경우엔 개인정보와 대화 내용 일부가 공개되기도 하는데, 이런 경우엔 반드시 사전 동의를 얻어야 하고 합의 사항에도 포함되어야 한다. 이를 위해 녹취를 하거나 촬영을 하게 되는 경우에도 사전에 합의된 대로 절차를 지켜야 한다. 기업이나 조직에서 코칭을 할 때 인사 담당은 코칭 내용을 가급적 자세히 받아보길 원하는 경우가 있을 수 있다. 코칭 내용 그 자체 보단 코칭이 제대로 이루어지고 있는지를 알고 싶어 하는 요구 사항인 것이다. 이런 경우라 하더라도 고객의 입장에서 비밀유지에 해당되는 사항은 리포트에 포함하지 말아야 한다. 여기에 대해서도 사전 합의 과정에서 확인해야 한다.

다른 사람의 포함은 코칭 대상자의 추가 혹은 코치의 보강 등 코칭 기간 중 발생할 수 있는 다른 사람의 포함에 관한 합의라고 볼 수 있다. 또한 코칭 현장에 관찰자가 참여하는 경우도 있을 수 있다. 매우 특별한 경우지만 그룹코칭의 경우 보조 코치가 참여한다든가, 고객 측의 관계자가 참관을 한다든가, 연구목적으로 학생이 참관을 한다든가 하는 경우도 있을 수 있는데, 예측되거나 예측되지 않는 예외의 경우에 대해서도 미리 합의를 해둘 수 있는 것이다. 물론 기본 합의 내용에서 변경되거나 추가되는 내용에 대해서 코칭이 진행되는 도중이라도 양방의 합의에 의해 수정되고 보완될 수 있음은 일반적으로 사회에서 이루어지는 계약에서와 마찬가지다. 양방 간의 계약이지만 사회적 법 테두리 안에서 이루어진다.

4) 고객 및 이해관계자와 함께 전체 코칭계획 및 목표를 설정한다

전체 코칭계획 및 목표를 설정한다는 것은 코칭이 본격적으로 시작되기 전에 코치와 고객 그리고 이해관계자가 코칭계획과 목표를 함께 설정한다는 것이다. 개인이든 조직이든 이해 당사자가 있는 경우 코칭계획과 목표 설정에 대한 합의에 그를 포함시킨다. 이는 코칭 목표를 달성하기 위해 이해관계자와 함께 협력해야 하는 부분이 있을 수 있고, 코칭 서비스 구매 결정자가 이해 당사자인 경우, 구매의 동기와 목적을 충족하는 방안이기도 하다.

코칭계획과 목표설정과 관련하여 ICF 핵심역량 구버전에는 다음과 같이 나와 있다(10. 계획수립과 목표설정).

- 수집한 정보를 통합하고, 학습과 개발을 위한 관심사와 주요 영역의 코칭계획과 개발 목표를 고객과 함께 수립한다.
- 달성 가능하고, 측정 가능하고, 구체적이며 목표 날짜가 있는 계획을 수립한다.

- 코칭 과정과 상황이 변하면 사전에 합의한 바에 따라 계획을 조정한다.
- 고객이 학습을 위해 다양한 자료(예: 서적, 다른 전문가)를 찾고 활용할 수 있도록 돕는다.
- 고객에게 중요한 초기 성공이 무엇인지를 확인하고 목표를 정한다.

코칭계획의 근거는 수집된 고객 정보의 통합, 고객의 배움과 성장을 위한 주요 영역의 설정 그리고 고객의 관심사이다. 코칭계획은 SMART(Specific, Measurable, Attainable, Relative, Time-limit) 원칙에 의거해서 수립한다. 코칭 진행 과정에서 합의한 기준, 상황과 조건의 변화를 충분히 감안하여 언제든 조정하고 수정할 수 있다. 코칭 내용과 관련하여 고객의 이해와 학습을 도울 수 있는 자료(책, 동영상, 아티클, 논문, 다른 전문가 등)는 고객이 소화할 수 있는 범위 내에서 제공하는 것이 좋다. 자료 제공자의 이미지가 코치의 역할의 중요 부분으로 인식되는 것은 바람직하지 않다. 초기 성공이 무엇인지 확인한다는 것은 코칭 초반에 성공을 할 수 있는 포인트를 확인하고 그 동력으로 전체 코칭 목표를 어렵지 않게 달성할 수 있도록 한다는 것이다. 따라서 초기 성공은 결과 목표(최종목표)를 향한 과정 목표 달성으로 생각할 수 있다. 초기 성공은 두 번째 세 번째 성공으로 이어질 수 있고 그러한 과정상의 작은 목표 달성이 결과 목표 달성을 가능하게 한다.

코칭에서 목표 설정은 코칭계획을 완성하는 가장 중요한 요소이다. 코칭계획 자체가 코칭 목표 설정를 위한 것이기도 하다. 목적을 가지고 코칭을 의뢰하는 고객과 이해 당사자는 코칭 목표가 얼마큼 현실적으로 잘 설정되는 가에 따라 코칭 전체 기간에 영향을 받는다. 코치는 고객이 해결하고자 하는 혹은 이루고 싶어 하는 것이 무엇인지를 고객의 입장에서 신중하고 심도 있게 이해하고 그 이해한 사항을 대화를 통해 확인한다. 그다음, 확인된 내용을 어떻게 코칭 목표로 명료하게 만들어 내는지가 중요하다.

코칭 목표는 크게 두 가지 요소로 구성된다. 첫째, 해결하거나 달성하고 싶은 과제를 간단한 문장으로 정하는 것과 둘째, 이루어진 것을 측정하고 확인할 수 있는 기준을 정하는 것이다. 즉 정성적 목표와 정량적 목표가 동시에 설정되어야 하는 것이다. 예를 들어 개인 코칭의 경우, 살을 빼고 싶은 고객은 "체중 감량: 몸무게를 5개월 안에 5kg 빼기"같은 방식으로 코칭 목표를 설정할 수 있다. 기업의 리더를 코칭하는 경우, 업무와 관련해 성과를 내고 싶은 고객은 "2분기 수주 목표 조기 달성: 5월 말까지 목표의 80% 이상 달성"이 코칭 목표가 될 수 있다. 여기에 기간이 명시되는 데, 이 기간은 코칭 기간 내에 포함될 수도 있고 그렇지 않을 수도 있다. 고객의 입장에서 현재 가장 중요한 사안에 대해 코칭을 통해서 어떤 방안을 마련하거나, 목표를 향해서 긍정적으로 전진하는 과정으로서 코칭 기간을 활용할 수 있다. 상기와 같이 코칭목표를 설정했는데 코칭 기간을 넘어선 기간일 경우에는, 코칭 기간 안에 달성하고자 하는 목표치를 별도로 설정해야 한다. 또한 코칭 기간을 과정 목표(결과 목표를 위한 과정상의 기간별 목표)를 달성하는 기간으로 정렬하여 매 코칭세션마다 소위 세션목표를 정해서 진행할 수도 있다.

5) 고객과 코치 간에 서로 맞는지를 결정하기 위해 파트너십을 갖는다

이 부분은 고객과 코치 간에 서로 맞는지(client-coach compatibility) 소위 매칭(Matching)의 적절성이라고 하는데, 주로 복수의 고객과 복수의 코치가 코칭 관계를 맺을 때 검토하고 합의해야 하는 절차다. 매칭을 할 때의 기준은 다양하며 일반적으로 고객 측에서 정한 기준을 사용한다. 경우에 따라서는 코치 측에서 기준을 권하기도 한다. 이때 양 측은 고객과 코칭의 전문 분야 혹은 경력 혹은 성격 유형 등을 고려하여 상호 불편함 없이 소통할 수 있도록 협의한다. 또한 한 명의 고객 당 복수의 코치를 추천하고 고객이 직접 선택하는 방식으로도 행해진다. 매칭 방식이 정해지면 본격적인 코칭이 시작되기 전에 매칭을 위한 사전 미팅이 이루어질 수도 있다.

이러한 절차는 코칭 시작 후 혹시 발생할지도 모르는 미스매칭을 방지하기 위한 수단이다. 코칭 시작 후 미스매칭이 발생되면 리매칭을 해야 한다. 개인 코칭의 경우 사전에 코치의 프로파일을 공개하고 코칭계획을 합의하는 과정에서 고객과 코치 간의 교류가 이루어지므로 매칭의 적절성 여부가 쉽게 결정된다. 이 과정은 결정권 혹은 선택권이 어느 한쪽에만 있는 것이 아니며, 효과적인 코칭을 위해서는 고객 측과 코치 측 모두 파트너십을 가지고 솔직한 소통을 해야 한다.

6) 고객과 함께 코칭세션에서 달성하고자 하는 것을 찾거나 재확인한다

코칭계획과 목표를 설정했으면 그 다음 본격적인 코칭세션에서는 세션별 목표를 설정해야 한다. 전체적인 코칭 목표와 세션별 목표는 기본적으로 정렬되어야 하며 최종목표, 즉 결과목표의 과정에 해당하는 중간목표들로 설정된다. 이때 중간 목표를 달성하기 위한 별도 주제를 정할 수 있고 그와 관련된 목표를 설정한다. 한편 코칭 전체 목표와 정렬된 주제 및 과정 목표 외에 해당 세션에 필요한 별도의 주제 혹은 목표를 설정할 수도 있다. 이것이 코칭계획의 합의 사항과 동떨어진 전혀 별개의 사항이라면 수정과 관련된 별도의 협의와 합의가 필요하겠지만, 크게 벗어나지 않으면 결과적으로 연결되어 있을 수 있으므로 고객과 코치의 협력으로 당초의 코칭계획과 목표의 내용으로 수렴하게 된다.

여기서 재확인이 필요한 이유는 해당 코칭세션이 코칭 전체 과정에 어디에 해당되고 어떻게 흘러가고 있는지 그 맥락을 파악할 필요가 있기 때문이다. 그래서 코치는 고객으로 하여금 합의된 세션 목표를 다시 한 번 정리해서 요약하도록 요청하고, 수시로 현재의 느낌과 생각을 물어보고 지금의 상태가 전체의 어느 부분에 해당되는 지를 점검하도록 돕는다. 그렇게 하는 동안 고객은 동기부여가 이루어지고 앞으로 전진할 의도를 강화한다.

7) 고객과 함께 세션에서 달성하고자 하는 것을 얻기 위해 고객 스스로가 다뤄야 하거나 해결해야 한다고 생각하는 것을 분명히 한다

세션목표는 전체 목표 안에서 현재 세션부터 다음 세션까지 달성하고자 하는 목표 혹은 중간 달성 목표(세션 고객 목표)를 설정하면서, 세션 그 자체에서 해당 코칭이 끝났을 때 어떤 결과가 있기를 원하는 지를 목표(세션 코칭 목표)로 설정한다. 이를테면, 전체 목표가 2사분기 5월 안에 80% 이상의 조기 달성이라고 했을 때, 중간 달성 목표를 3월까지 35% 이상 달성 혹은 다음 세션까지 25% 달성으로 설정하면서, 오늘 코칭이 끝났을 때 그러한 목표를 달성할 수 있는 방안을 찾아내는 것이 세션 목표인 것이다.

이것을 정리하면, '다음 세션까지 25%를 달성할 수 있는 방안 찾기'로 할 수 있겠다. 이렇게 해야 코칭이 끝났을 때 그 결과를 확인할 수 있는 것이다. 방안이 제대로 안 나왔으면 고객과 코치가 해당 세션을 성공적으로 진행하지 못한 셈이다. 이런 경우 어떻게 보완할 수 있는지를 협의하고 실행할 수 있어야 한다. 하다가 안 되면 그만이라는 생각은 고객이나 코치가 취할 책임 있는 태도가 아니다. 방안을 찾는다는 것은 목표치를 달성할 수 있도록 현재 상황을 리뷰하고 해결 방안을 다양하게 탐구하고 달성 가능한 실천 계획을 세우는 것을 말한다. 그리고 그것을 잘 실천하기 위해 고객이 직접 해야 하는 행동 계획을 구체적으로 세우고 스스로 관리할 수 있는 방안도 실행계획에 포함할 수 있도록 도와야 한다.

세션목표는 철저하게 고객 자신이 주체가 되어 스스로 추진할 수 있는 과정과 결과로 이루어진다. 이것이 분명하게 인식되어야 자신의 일로 온전히 받아들이고 해결방안을 적극적으로 모색하게 된다. 코칭세션이 끝나면 나타날 결과에 대해 그 책임을 고객 스스로 떠맡을 때 코칭세션 동안 고객 주도의 대화가 가능해지고, 코칭세션 이후의 실행에 대한 책임도 마찬가지로 고객 주도의 계획수립에 의해 이루어진다. 이것이 바로 '자기결정성'의 위력이며, 그렇게 자신에 의해 생산된 아이디어와 수립된 계획이어야 온전히 자신의 일로 인식되면서 생각과 행동이 지속된다.

8) 고객과 함께 코칭과정 또는 개별 세션에서 고객이 달성하고자 하는 목표에 대한 성공척도를 정의하거나 재확인한다

목표에 대한 성공 척도를 정의한다는 것은 앞에서도 언급한 것처럼 목표가 이루어졌음을 측정하고 확인할 수 있는 기준을 정하는 것을 말한다. 목표의 내용에 따라 그 기준이 여러 가지로 설정될 수 있다. 달성할 목표를 계수화하기 쉬운 기간이나 양적 수치는 목표값을 명확하게 하고, 계수화하기 어려운 질적 목표는 스케일로 환산해서 설정한다. 예를 들어 양적 수치는 중량, 금액, 거리, 분량 등 수치로 측정할 수 있는 것들이고, 질적 스케일은 1~10점의 척도를 제시하고 그 정도를 측정할 수 있다. 관계에 대한 만족도를 제고한다거나, 시간 활용의 효율성을 강화한다거나, 어떤 작업에 대한 완성도를 높인다든가 하는 목표는 질적 스케일로 성공 기준을 정할 수 있는 것이다.

이런 방식으로 목표에 대한 성공의 기준을 정하면 코칭세션이 끝나고 나서 코칭의 결과를 측정할 수 있으며 코칭 후 수행 목표에 대한 부분도 그 달성도를 스스로 측정하여 다음 회차에 코치와 함께 확인할 수 있다. 이를테면, 코칭세션 자체의 목표에 대한 결과를 측정하는 경우, 코칭 시작 시 설정한 목표 즉, 어떤 방안을 고안하고 실행 계획을 세운다고 했을 때 그 산출된 내용에 대한 충실도나 완성도를 측정할 수 있으며, 코칭세션 완료 후 실천 사항에 대한 목표치를 코칭 시작 시 설정하는 경우, 정해진 기간에 그 달성도를 고객 스스로 측정할 수 있고 그 결과를 다음 코칭 회차에 코치와 함께 점검할 수 있다.

9) 고객과 함께 세션의 시간을 관리하고 초점을 유지한다

코칭 시간은 사전에 합의한 내용을 기준으로 고객과 함께 준수한다. 정해진 시간 안에 필요한 사항을 충분히 다룰 수 있도록 서로 노력하며, 예외의 상황이 발생하면 양측의 합의 하에 시간을 신축성 있게 운용할 수 있다. 정해진 시간 안에 효과적으로 코칭을 진행하려면 해당 코칭세션에서 다루는 주제와 목표에 집중해야 한다. 대화를 나누다 보면 주제와 목표에서 벗어나는 경우가 있는데, 고객의 말을 경청하고 따라가다 보면 코칭시간 운영에 차질이 생기기도 한다. 적절한 시기에 고객이 본래의 주제와 목표를 향해 대화의 방향을 조정할 수 있도록 도와야 한다.

초점을 유지한다는 것은 코칭대화의 흐름을 일관성 있게 유지한다는 의미도 있다. 코칭 프로세스상, 주제와 목표는 명료하게 설정되었는데 그 이후에 해결 방안을 모색하고 실행 계획을 수립하는 단계에서 앞뒤가 정렬이 안 되는 경우가 있다. 코치는 이런 상황에서는 대화를 통해 고객에게 사실을 알리고 주제와 목표에 부합하는 내용으로 정리하고 수정하도록 돕는다. 코치는 항상 열린 마음으로 고객의 상태를 관찰하고 피드백을 하며 생산적인 대화가 유지될 수 있는 분위기를 만들어야 한다.

10) 고객이 달리 표현하지 않는 한 고객이 원하는 성과를 달성하기 위한 방향으로 코칭을 계속한다

코칭대화는 기본적으로 고객이 주도한다. 질문은 주로 코치가 하지만 그 질문의 주인은 고객이다. 다시 말하면 코칭 질문은 고객으로부터 나온다. 고객에게 필요한 질문을 제공하는 것이므로 대화의 주도권은 고객에게 있는 것이다. 코치는 이끌면서 질문하는 것이 아니라 따라가면서 질문하는 것이다. 따라서 고객이 별도의 요청을 하지 않는 한 고객과 합의한 코칭 목표를 향해 대화의 방향을 유지한다. 그러나 고객의 요청은 없었는데 대화의 내용상 방향성에 문제가 발생하기도 한다.

당초의 주제와 목표를 벗어났는데 사안이 중요한 것으로 보일 경우, 고객에게 이후 대화의 방향을 선택할 수 있도록 기회를 제공한다. 이런 경우 본래의 주제와 목표가 다루어지지 않는 부분에 대해 고객이 감수할 수 있는지 확인해야 하고, 새로운 방향을 선택할 경우 어떤 상황이 전개되는지에 대해 충분히 검토하고 선택할 수 있도록 도와야 한다. 그러나 겉으로는 다른 주제와 목표로 보이지만 내적으로 혹은 다른 관점으로 볼 때 동일한 범주에 속하는 사안인 경우도 많다. 코치가 그 부분에 관한 연관 관계에 대해 질문을 함으로써 고객은 자신도 몰랐지만 같은 주제의 다른 표현임을 알아차리게 된다. 이런 과정을 통해 코칭 대화의 깊이가 더해지고, 고객의 내면에 대한 성찰이 심화된다.

코칭이 진행되는 동안 각 세션 별로 목표를 정하고 그 결과를 점검하지만, 세션에서 설정한 주제와 목표가 해당 세션에서 충분히 다루어지지 못하는 경우도 있다. 위에서 언급한 상황들을 성실하게 챙기고 다지다 보면 부득이 시간이 모자랄 수 있다. 코치와 고객은 차수를 변경해서 동일한 주제와 목표를 다루기로 합의할 수 있다. 코칭의 전체적인 품질을 높일 수 있다면 고객과 코치의 합의에 의해 필요한 부분을 수정해서 적용할 수 있지만, 가급적이면 사전에 합의된 사항들에 의해 코칭의 내용과 진행 방향이 관리될 수 있도록 함께 노력한다.

11) 고객과 함께 코칭 경험을 존중하며 코칭관계를 종료한다

사전에 합의한 코칭 기간과 피드백이 마무리되면 코칭관계를 종료한다. 코칭관계는 코칭과 직접적으로 관련된 관계를 말하며 고객과의 관계가 완전히 종료되는 것은 아니다. 이해관계자를 포함한 고객과의 관계는 다음에 추가적인 코칭관계를 맺을 수 있기 때문에 항상 열린 상태를 유지한다. 코칭관계는 고객과 코치가 코칭을 진행하는 동안 파트너십을 발휘하면서 서로에게 동기부여를 하는 관계를 의미하기도 한다. 동기부여를 한다는 것은 코칭의 매 순간 상대방의 존재를 알아차리고 감사하며 축하하고 격려하는 것이다.

특히 코칭을 마무리하는 시점엔, 그동안 함께했던 시간과 노력에 대해 함께 기억하고 감사하고 축하하고 격려한다. 그렇게 주고받은 긍정적이고 생산적인 에너지가 각자의 마음속에 깊이 스며들면 각자는 양측의 코칭관계를 떠나서 다른 사람과도 동일한 에너지 교환을 하게 될 가능성이 커진다. 이것은 코칭이 가지고 있는 하나의 큰 그림 중 하나이며 코칭의 사회적 기능이기도 하다.

3. 역량 실천

1) 기본양식

코칭합의서(예시)

코치	(이름)	(연락처)
고객	(이름)	(연락처)

※ 000(이하, 코치)와 000(이하, 고객)은 국제코칭연맹(ICF) 또는 (사)한국코치협회(KCA)의 윤리규정에 의거하여 코칭에 대한 상호이해를 바탕으로 코칭이 이루어짐을 확인합니다. 상호 성실한 자세로 코칭에 임하고 본 계약 내용을 성실히 이행함으로써 코칭이 진행되는 동안 서로에게 소중한 시간이 될 수 있도록 최선을 다할 것을 약속합니다.

1. 코치는 년 월 일부터 년 월 일까지 고객에게 1회당 1시간의 코칭을 ( )회 실시하며 협의에 의해 연장 실시한다.
   - 코칭료는 시간당(회당) 원으로 하고 회 단위로 코칭 완료 전 일괄 지급한다.
   - 본 코칭은 면대면(face to face) 코칭을 기본으로 하되 양자의 협의에 의해 전화 혹은 온라인 코칭도 가능하다.
2. 코치는 코칭 과정에서 이루어지는 모든 대화에 대해 비밀을 보장해야 한다.
   - 단, 고객에게 긴급한 도움이 필요하다고 판단되는 경우는, 전문기관 또는 주변에 알리어 도움을 청해야 하므로 비밀보장 원칙에서 제외된다.
3. 코치와 고객은 상호 이해에 기초하여 코칭 과정이 순조롭게 진행되도록 각종 상호 지원을 아끼지 않는다.
4. 코치와 고객은 코칭이 정신과 전문의, 심리치료사(psychotherapist)들이 행하는 의료적 정신적 문제에 관한 상담이나 치료를 포함하지 않는다는 것에 동의한다.
5. 코치는 고객이 코칭 과정을 통해 목적하는 바를 달성할 수 있도록 그 의무와 책임을 다하며 지속적인 역량개발에 힘써야 한다.
6. 고객은 코칭을 통한 결정과 행동에, 비록 코치의 지원하에 이루어진 결정이라 하더라도, 모든 책임을 가지게 된다.
7. 고객은 코칭에 성실하게 임하지 않거나, 코치가 본 계약의 성실 이행을 해치는 상황이 발생할 경우 코칭을 중단하거나 상호 대상을 변경할 수 있다.
8. 코치 혹은 고객의 요청에 의거 계약기간중이라도 양자가 합의하여 코칭을 중단할 수 있다.
9. 본 계약서는 2부 작성하여 코치, 고객이 각 1부씩 보관한다.
10. 위 항목에 정하지 않은 것은 국제코칭연맹(ICF) 또는 (사)한국코치협회(KCA)의 통상 관례와 양자 간의 필요에 따라 협의하여 정한다.

작성일: 년 월 일

고 객: (서명/인)

코 치: (서명/인)

코칭 목표 합의서(예시)

생활 문화/환경:
–대학교 2학년을 마치고 군대를 다녀와서 본인의 전공에 대한 재검토를 하고 있는 상황
–현재 전공은 국어국문학인데 IT 계열의 일을 하고 싶어 함.

코칭 배경/목적:
–대학 2년의 학력을 포기하고 전공을 바꾸고 싶은 마음
–어떤 경로로 전공을 바꿀 수 있는지 고민 중
–과연 이것이 맞는 건지 확신이 안 섬

코칭 주제:
–전공 변경과 관련된 진로 문제

코칭 목표(달성 목표):

코칭을 통해 이루고 싶은 목표:
–결과적으로 IT 계열로 전공을 변경한다.

코칭세션에서 얻고 싶은 결과:
1. 전공 변경에 대한 확신
2. 전공 변경 방안

목표 달성 확인 지표:

코칭을 통해 이루고 싶은 목표:
–1년 안에 IT 계열로 전공을 변경한다.

코칭세션에서 얻고 싶은 결과:
1. 전공 변경에 대한 확신의 정도(현재: 6/10 → 결과: 10/10)
2. 전공 변경 방안 및 추진 계획에 대한 구체적 문서 작성

년 월 일 위와 같이 합의 함.

(코치: , 코칭고객: , 스폰서:)

코칭보고서(예시)

<table>
<tr><td>코 치</td><td>○○○ 코치</td><td colspan="2">코칭유형</td><td colspan="2">1:1 면대면</td></tr>
<tr><td>코칭일시
진행시간</td><td>2021년 ○월 ○일
○○시○○분(○○분간)</td><td>회
기</td><td>2</td><td>코칭장소</td><td>○○○센터</td></tr>
<tr><td>고 객</td><td>○○○</td><td colspan="2">연락처</td><td colspan="2">○○○-○○○-○○○
abcd@eftg.com</td></tr>
<tr><td>실행 점검</td><td colspan="5">지난 회기 과제: 강점 검사 및 직업 적성 검사하기
실행: 검사 완료 및 검사 결과지 검토</td></tr>
<tr><td>코칭주제
및 목표</td><td colspan="5">주제: 전공 변경 적절성 검토
목표: 전공 변경 확신도 제고(9/10 이상)</td></tr>
<tr><td>코칭내용</td><td colspan="5">–2가지 검사 결과 내용 검토 및 고객 소감 경청
–논리적 추론 등 IT 직무 적성 하위 항목에 대한 고객 본인 평가 및 대안 탐구
–IT 관련 직종 중 중점 관심 분야 리스트 업
–향후 진로 관련 고객 비전 세우기
–코칭 결과: 확신도 상승(9/10)</td></tr>
<tr><td>과제 및
차후계획</td><td colspan="5">–IT 관련 관심 직종 자료 검색(인터넷 중심)
–IT 관련 관심 직종 근무자 소개받기(고교 선배에게 부탁)
―――
–가능하면 현재 근무 중인 분과 만나보기
–논리적 추론 역량 개발을 위한 방안 생각해 보기.</td></tr>
<tr><td>코치의
고려사항</td><td colspan="5">현재 고려중인 빅데이터 관련 직무는 향후 발전 가능성에만 초점이 맞추어져 있으며 오직 도전해보겠다는 열정으로 전공 변경과 진로 설계를 추진하고 있는 건 아닌지 스스로 돌아볼 수 있는 코칭대화 필요
→ 확신의 마침표를 찍을 수 있는 최종 점검</td></tr>
<tr><td>추가질문</td><td colspan="5">(이메일로 답변 바랍니다.)
–코칭대화 중에 수학을 싫어해서 걱정이라고 했는데, 그것과 빅데이터 관련 직무와는 어떤 관련이 있을까요?
–빅데이터 관련 직무에 필요한 역량 중 현재 자신에게 있는 부분은 무엇인가요?</td></tr>
</table>

2) 코칭사례

다음은 코치와 고객이 처음 만나서 코칭 계약서를 작성하고 코칭 전체에 대한 계획을 세우면서 나눈 코칭대화 사례이다.

(1) 40대 팀장과의 코칭 첫 세션

코치: 먼저 보내주신 기초 질문에 답변은 잘 읽어 보았습니다.
고객: 네 생각하기 어려운 질문도 있어서 조금 힘들었습니다.
코치: 네 그래도 성의껏 답변해 주셔서 많은 도움이 될 것 같습니다.
고객: 잠시라도 나에 대해 바라보는 시간을 가졌던 것 같습니다.
코치: 그렇게 생각해 주셔서 감사하구요. 코칭을 처음 받게 되었다고 하셨는데 기분이 어떠신가요?
고객: 글쎄요, HR에서 연락이 와서 코칭 대상자라고 하길래 반드시 해야 하는 건 아니라 해서 안 하려 하다가 집사람이 코칭 그거 좋은 거라고 알려줘서 한번 해보자라는 마음으로 신청하게 되었습니다. 근데 우리 팀원들이 왜 팀장님이 코칭 대상자가 되었는지 모르겠다고 해서 그냥 웃고 말았습니다. 사실 두 달 전에 실시한 리더십 다면 평가에서 제가 상대적으로 낮게 평가된 부분이 꽤 있거든요. 특히 부하들 평가가 점수가 많이 낮더라구요. 자기들이 그렇게 평가해 놓구 그런 말은 하는 게 솔직히 얄미웠습니다.
코치: 네 얄밉기까지 하셨군요. 평가라는 게 워낙 주관적인 거라서… 김 팀장님 본인 생각은 어떠셨나요? 본인 평가 점수와 부하들 평가 점수가 차이가 어느 정도 인가요?
고객: 네 차이가 꽤 나던데요. 저도 놀랐습니다.
코치: 혹시 저에게 그 결과표를 보여주실 수 있을까요?
고객: 물론입니다. 제가 이메일로 보내드리겠습니다.
(중략)
코치: 이번에 코칭 기간 동안 어떤 부분을 가장 중요하게 다루면 좋을까요?
고객: 아무래도 저의 리더십과 관련된 부분이 좋겠습니다. 특히 공감력과 방향제시 쪽이 문제가 되고 있는데, 서로 생각의 차이가 있는 것 같기도 하고... 사실 이번에 본부를 옮기고 나서 이런 결과가 나온 부분에 대해서 저도 당황스럽거든요. 지금까지 한 번도 이런 적이 없는데….
코치: 오늘을 포함해서 6회 코칭 이후에 어떤 결과가 만들어 지면 좋을까요?

고객: 제가 팀 내 구성원들과 막힘없이 소통할 수 있게 되면 좋겠습니다. 지금은 살짝 조금 벽이 있거든요. 본부마다 문화가 조금씩 달라서 그런지. 저도 잘 모르겠습니다.

코치: 무엇이 다르고 어떻게 조화를 이루는 가에 대한 생각을 해야겠군요. 어떠세요?

고객: 네 그게 해결되어야 하겠습니다.

코치: 김 팀장님의 언어로 이 부분을 정리해서 말씀하신다면 어떻게 말씀하고 싶으신가요?

고객: 네, 원팀으로 가도록 하자!

코치: 원팀으로 가도록 하자, 네~ 의지와 힘이 느껴집니다. 원팀은 어떤 모습일까요?

고객: 뭐 딴 거 있나요, 막힘없이 소통하고 서로 모자란 거 도와주고 우리 팀에서 일하는 것이 나쁘지 않다. 팀장을 중심으로 일하는 데 불편함이 없다. 이 정도죠.

코치: 네~ 원활한 소통과 상호 돕기, 불편함 없는 팀장 등을 말씀하셨어요.
그 밖에 또 팀장님이 생각하는 원팀의 특징이 있다면 무엇일까요?

고객: 음…. 또 있다면 아, 업무공유를 잘 되어야 모든 것이 가능하죠. 업무공유. 전에 있던 본부에선 이게 잘 되었거든요, 여기는 그런 부분이 많이 모자라죠.

코치: 네 좋습니다. 그런 모든 부분들이 만족스럽게 되어 팀장님이 원하는 원팀이 잘 된 상태를 10점으로 본다면 현재 상태는 몇 점을 주시겠습니까?

고객: 지금이요? 제가 볼 땐, 5점 정도.

코치: 5점에서 10점으로 갈 수 있는 기간은 어느 정도로 보시나요?

고객: 이번 코칭 기간 내 할 수 있도록 도전하겠습니다.

코치: 와~ 도전이라는 말씀이 멋집니다. 지금 저와 나눈 대화가 이번 코칭 기간 중 이루고 싶은 김 팀장님의 코칭 목표가 될 텐데, 전체적으로 정리해서 말씀해주실 수 있을까요?

고객: 네. 공감과 방향제시 향상을 위한 리더십 함양으로서 결과적으로 원팀이 되어 움직이도록 팀장 역할을 한다. 현재는 5수준인데 10수준으로 올리겠다. 코칭 기간 동안.

코치: 감사합니다. 저도 팀장님이 그 목표를 이룰 수 있도록 생각 파트너로서 노력하겠습니다.

고객: 생각 파트너라는 말이 참 위로가 됩니다. 함께 생각해 주신다는 거죠? 방법을….

코치: 네 코치는 구체적인 방법을 생각해 드리는 것은 별로 좋아하시 않구요, 김 팀장님이 생각하는 과정을 함께하면서 혹시 고정되어 있을지 모르는 생각의 패턴과 관점을 유연하게 해드리고 팀장님 스스로 방법을 만들어 낼 수 있도록 돕는 일을 합니다.

고객: 아~ 저에게 숙제를 너무 많이 주시는 거 아닌가요? 방법을 좀 주셔야 도움이 될텐데….

> 코치: 네~ 부담 갖지 마시구요, 아까 도전하겠다는 말씀과 마음을 떠올리시고 저와 손 잡고 한 발 한 발 전진하시면 됩니다. 팀장님이 원하는 만큼의 보폭으로 가시면 됩니다. 제가 계속 응원하고 함께 할 테니까요. 제가 아는 범위에서 드릴 수 있는 방법과 아이디어는 한계가 있고 그것은 팀장님 것이 아니기에 실효성도 떨어질 겁니다. 팀장님에게 맞는 솔루션은 오직 팀장에게서 나온다고 생각합니다.
> 고객: 말씀을 듣고 보니 그런 것 같네요. 아~ 코칭이 이런 거군요. HR이 오리엔테이션 때 말한 것이 이제 이해가 되네요. 코칭은 컨설팅이 아니고 발전적 대화 파트너다.
> 코치: 이해하신 것 같아 마음이 놓입니다. 이번 코칭에 저도 기대가 됩니다. 감사합니다.

위 내용은 리더십 코칭 처음 세션에서 매우 전형적으로 이루지는 대화 중 하나다. 코칭에 임하는 태도에 대해 점검하고 공감하는 부분도 놓치지 말아야 하며 이는 향후 남은 세션에 적지 않은 영향을 미친다. 코칭 주제와 목표 설정은 전적으로 고객이 생각하고 말하고 정리할 수 있도록 했다. 이도 역시 고객 위주의 대화를 이어나가는 데 매우 중요하다. 간혹 코치가 정리하고 확인하는 경우가 있는데 그것은 고객이 코치의 말을 기다리는 패턴를 만들어낼 가능성이 있으므로 가급적 피해야 하는 행동이다.

코칭을 처음 대하는 고객은 코치라는 사람이 뭔가 솔루션을 제공할 것이라는 기대를 하는 경우가 많다. 이에 대해선 반드시 설명을 해야 한다. 그렇지 않을 경우 고객에 따라선 코치를 무능하고 매우 형식적인 대화 상대로 여기게 되며 한참 지나고서야 불만이라며 얘기하게 된다. 코칭 과정 전체를 위한 이와 같은 세팅들은 코칭 시작 전의 안내와 첫 세션에서 분명하게 확인하고 넘어가야 하는 핵심 사항이다.

다음은 코치와 고객이 처음 만나기 전에 코치가 고객에게 이메일로 발송한 코칭을 위한 기초 질문서 내용이다. 사전에 발송 동의를 얻고 보내는 것이 좋다.

코칭을 위한 기초 질문(예시)

코칭 시 다루는 모든 정보는 비밀이 유지되며 섬세한 주의를 기울여 다루게 될 것입니다.

- 고객님 이름 ____________/________ (세)
- 코칭 혹은 컨설팅을 받아보신 경험이 있으십니까? 있다면 어떤 효과가 있었는지 간단히 설명해 주십시오.
- <u>이번 코칭대화에서 다루고 싶은 주제는 무엇입니까?</u>
- 고객님의 성격의 유형은 무엇입니까?(강점, DISC, MBTI, 에니어그램 등)
- 고객님이 생각하시는 가장 바람직한 삶은 무엇입니까?
- 고객님의 꿈은 무엇입니까?
- 혹시 포기했던 혹은 잊혀진 꿈이 있다면 그것은 무엇입니까?
- 현재 조직에서의 역할에서 어려움이 있다면 무엇입니까?
- 고객님에게 가장 소중한 가치는 무엇입니까?
- 그 가치를 실현하기 위해 고객님이 취하는 행동은 무엇입니까?
- 고객님의 어떤 강점이 지금의 고객님을 있게 했을까요?
- 혹시 고객님을 힘들게 하는 심리적인 어려움이 있다면 그것은 무엇일까요?
- 고객님의 삶에서 가장 궁극적인 목적(혹은 사명)은 무엇입니까?
- 고객님의 10년 후는 어떤 모습(상태)이 되어 있기를 원하십니까?
- 고객님은 무한한 가능성의 소유자이며 그 자체로 완전하다는 말에 얼마나 동의하십니까?
  (1.전혀 동의 안함~10.완전히 동의함: 수치로 적어 주십시오.)
- 이 글을 작성하면서 드는 생각이나 느낌을 말씀하신다면?

■ 다음은 일반적인 상황의 삶의 중요 요소입니다. 각 항목의 주관적인 중요도와 만족도를 표기해 주시기 바랍니다. (1.최저 ~ 10.최고: 수치로 표기 바랍니다.)

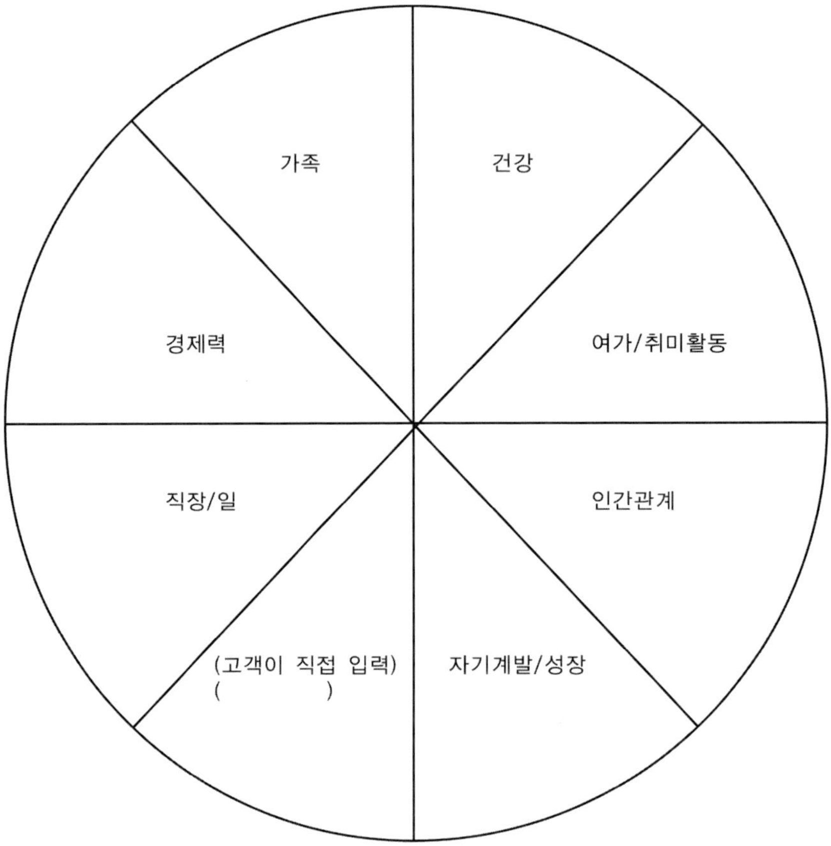

	가족	건강	여가 취미활동	인간 관계	자기계발/ 성장	직장/일	경제력	직접입력 ( )
중요도								
만족도								

3) 코칭팁

(1) 코칭의 모든 경우에 계약서를 작성해야 하나?

기업을 고객으로 하는 코칭의 경우엔 기업 HR 부서와 코칭 전반에 관한 계약을 맺고, 코칭 대상 별로 별도의 계약서를 작성하지 않는다. 통상적으로 코칭에 대한 마음의 준비를 목적으로 개별적으로 코칭 합의서를 작성해서 서명하여 각자 보관하는 경우도 있다.

라이프 코칭 등 개인을 상대로 하는 코칭의 경우엔 계약서를 작성하는 것이 좋다. 주로 첫 세션 전에 기본 사항에 대해 합의하고 확인하는 과정이 필요하다.

(2) 기업의 HR이 요청한 코칭 주제와 고객(코칭 대상자)가 원하는 코칭 주제가 다른 경우엔 어떻게 하나?

원칙적으론 여기서 실질적인 고객은 기업 측이라고 봐야 하기에 HR의 요구사항을 우선시해야 한다. 코칭의 사유가 기업의 요청에 의한 것이기 때문이다. 그러나 양측의 주제가 상이하다고 하지만 결과적으론 상관 관계가 있을 수 있으므로 고객(코칭 대상자)와 함께 조율하면서 진행할 수 있다. 만약 저항이 심할 경우엔 HR에 알리고 협의해야 한다.

(3) 팀 코칭의 초기 협의와 계약은 어떤 점을 고려해야 하나?

ICF에선 이를 위해 팀 코칭을 위한 별도의 핵심역량을 정해놓았다.

- 다른 팀 개발 방식과 어떻게 다른지를 포함하여 팀 코칭이 무엇이고 무엇이 아닌지 설명한다. (팀 코치가 팀 코칭과 다른 팀 개발 방식 간의 차이점을 강조하는 것이 중요하다. 개인의 고유한 성격을 감안할 때, 팀들은 팀과 팀 코치 사이의 적합성을 결정하는 과정에 보다 의식적으로 집중해야 한다.)

- 코칭 관계, 프로세스, 계획, 개발 방식 및 목표에 대한 명확한 합의를 공동으로 생성하기 위해 팀 리더, 팀 구성원, 이해 관계자 및 모든 공동 코치를 포함한 모든 관련 당사자와 파트너 관계를 맺는다. (팀 코칭 계약은 개별 팀 구성원과 공동 코치를 포함한 모든 당사자가 동의할 수 있어야 하며, 해당하는 경우 스폰서뿐만 아니라 한 사람과 작업할 때도 적용된다. 팀 코칭 세션에서 일어나는 일에 대한 기밀 유지는 물론 팀 코치와 개별 팀원 간의 사적인 논의도 다루어야 한다. 조직의 문화, 사명, 전반적인 맥락이 팀 코칭 참여에 영향을 미치는 역할과 정도를 고려하는 것도 중요하다.)

- 코치, 팀의 리더 그리고 팀이 어떤 방법으로 코칭 프로세스의 주도권을 공유할 지를 팀의 리더와 함께 결정한다. (팀 코칭을 진행하는 목적 중에 하나는 팀의 지속성을 키워 코치 없이도 앞으로 나아가는 추진력을 유지하는 것이다. 처음에는 코치가 주도권을 가지고 코칭 과정을 진행하지만 주도권이 어떻게 점차적으로 리더와 하나의 개체로서의 팀에게 넘어갈지에 관한 합의가 필요하다.)

▮ 생각해 봅시다

1. 직접적인 코칭고객 이외에 이해관계자는 누구이고 왜 코칭 초기단계에서 코칭 전반에 관한 합의에 참여하는지 생각해 봅시다.

2. 고객의 이해관계자인 코칭계약 담당자가 코칭의 진행 내용을 공유해 줄 것을 요청할 경우, 고객의 비밀보장과 관련하여 어떻게 대응해야 하는지 생각해 봅시다.

3. 고객은 코치를 만나서 코칭대화에 참여하지만 개인으로서의 코치가 아닌 코칭관계를 만나고 있다고 할 수 있다고 했는데 그 이유가 무엇인지 생각해 봅시다.

4. 고객이 사전에 합의한 목표 달성을 위해 코칭세션 중 약속한 실행사항을 지키지 않고 코칭에 열의를 보이지 않고 있을 때, 코치는 어떻게 행동해야 할지 생각해 봅시다.

8장

코칭핵심역량 4: 신뢰와 안전감을 조성한다

모든 일의 시작은 관계 만들기로부터 시작된다. 오늘날 성과를 내는 최고의 팀을 이끄는 리더들의 특성도 심리적 안전감(psychological safety)을 조성할 줄 아는 것이다. 코칭대화를 통한 코칭의 성과도 그 시작은 관계 만들기며 그 토대가 신뢰와 안전감을 조성하는 것이다.

이 장에서 다루게 될 4번째 역량 '신뢰와 안전감을 조성한다(Cultivates Trust and Safety).'는 8가지 역량에서 관계의 공동구축(Co-Creating the Relationship) 그룹에 포함된 3가지 역량 중 두 번째 역량이다. 이 역량에서의 키워드는 안전하고 지지적인 환경조성(Creates a safe, supportive environment), 전인으로서의 고객존중(Respects whole person of the client), 프로세스에서 고객의 성취를 인정하기(Acknowledges the work of the client in the process)이다.

이제 역량의 정의와 더불어 실행 지침을 살펴보고자 한다.

1. 역량 정의

> 고객과 함께, 고객이 자유롭게 나눌 수 있는 안전하고 지지적인 환경을 만든다. 상호 존중과 신뢰 관계를 유지한다.
> (Partners with the client to create a safe, supportive environment that allows the client to share freely. Maintains a relationship of mutual respect and trust.)

코치가 신뢰와 안전감을 조성하는 것은 고객이 무엇이든 자유롭게 나눌 수 있기 위함이다. 누군가와 신뢰와 안전감이 조성되었다면, 상호 간에 어떤 것이든 자유롭게 나눌 수 있다. 고객이 자신의 실패경험이나 새로운 도전, 마음속에 품은 꿈이나 비전, 남이 들으면 웃을지도 모르는 야망, 자신의 기쁜 감정은 물론 억눌렀던 감정도 자유롭게 표현할 수 있는 안전하고 지지적인 환경을 만들어 낼 수 있는 역량이다. 하지만 그것은 코치 혼자서 하는 외로운 작업이 아니라 고객과 함께 하는 작업이다.

그래서 코칭에서의 관계 만들기(Co-Creating the Relationship)는 상호협력적이다. 또한 이 관계는 대등하고 협력적이다(Kimsey-House, 2016). 코치와 고객이 상호 존중하고 신뢰함으로써 새로운 코칭관계가 만들어 진다. 더불어 이 관계는 마르틴 부버(Martin Buber)[1]가 이야기한 것처럼 존재와 존재의 만남으로 이뤄지는 관계이다(Buber, 2020). 이렇게 만들어진 코칭관계의 질이 고객을 변화와 성장으로 안내한다. 코칭관계는 세 가지의 특징을 가지고 있다. 첫째, 다소간 지속적이다. 물론 단 한 번의 코칭으로도 고객은 코칭관계에서 임파워링될 수 있다. 하지만 매주 한 번씩 코칭관계로 만나서 최소 12회기, 3달 정도의 시간이 적절하다. 둘째, 코칭관계는 깊은 관계다. 만나서 머리에 있는 생각이나 아이디어만 나누는 관계가 아니라 가슴에 맺혀 있던 이야기, 때론 뱃속 저 깊은 곳에 아무에게도 이야기하지 못했던 속 깊은 이야기까지도 자유롭게 나눌 수 있

1) 오스트리아 출신의 유대계 종교철학자로 유대인 히브리 고전학자 솔로몬 부버의 손자이다.

는 관계다. 마지막으로 코칭관계는 창조적인 관계다. 안전하고 신뢰할 수 있는 관계에서 나누는 대화로 인해 한 번도 생각해 보지 않았던 새로운 대안이나 방법들이 드러나고 고객이 자신과 상황을 새로운 관점으로 볼 수 있는 창조적인 작업이 일어나는 관계다. 이러한 상호존중과 신뢰의 관계는 대화의 초기에만 필요한 것이 아니다. 세션의 시작부터 마지막까지, 첫 세션에서 종결 세션까지 상호파트너십 관계를 유지할 수 있는 것이 전문코치로서의 역량이다.

2. 실행 지침

1. 고객의 정체성, 환경, 경험, 가치 및 신념 등의 맥락 안에서 고객을 이해하려고 노력한다.
   (Seeks to understand the client within their context which may include their identity, environment, experiences, values and beliefs.)
2. 고객의 정체성, 인식, 스타일 및 언어를 존중하고 고객에 맞추어 코칭한다.
   (Demonstrates respect for the client's identity, perceptions, style and language and adapts one's coaching to the client.)
3. 코칭과정에서 고객의 고유한 재능, 통찰 및 노력을 인정하고 존중한다.
   (Acknowledges and respects the client's unique talents, insights and work in the coaching process.)
4. 고객에 대한 지지, 공감 및 관심을 보여준다.
   (Shows support, empathy and concern for the client.)
5. 고객이 자신의 감정, 인식, 관심, 신념, 및 제안하는 바를 그대로 표현하도록 인정하고 지원한다.
   (Acknowledges and supports the client's expression of feelings, perceptions, concerns, beliefs and suggestions.)
6. 고객과의 신뢰를 구축하기 위해 인간으로서의 한계를 인정하고 개방성과 투명성을 보여준다.
   (Demonstrates openness and transparency as a way to display vulnerability and build trust with the client.)

1) 고객의 정체성, 환경, 경험, 가치 및 신념 등의 맥락 안에서 고객을 이해하려고 노력한다

모든 고객은 하나의 존재로서 특별(unique)하다. 동일한 사람은 없으며 모두가 유일무이한 존재이기에 코치가 고객을 대할 때도 고객을 있는 그대로 존재 자체로 대해주어야 한다. 개인이 자신의 본성을 보는 독특한 특성과 태도인 정체성으로부터 시작하여 그가 살아온 환경과 지금 처해진 상황, 그리고 고객이 삶 속에서 경험한 것들, 고객이 추구하는 가치와 신념이 녹여져서 어떤 이야기를 하고 결정을 하고 행동을 한다.

이때 코치는 '왜 그렇게 생각하세요?', '왜 그렇게 결정하세요?', '왜 그렇게 행동하세요?'라고 할 수가 없다. 무엇이 고객으로 하여금 그런 생각과 감정과 행동과 결정을 하게 할까를 맥락 안에서 이해하려는 노력을 해야 한다. 고객을 대하면서 '도대체 이해할 수가 없다.'거나 '어떻게 그렇게 할 수가 있지?'라거나 '아무리 이해하려고 해도 받아들일 수가 없다.' 등의 생각이나 이야기는 신뢰와 안전감 조성에 도움이 되지 않는다. 그러니까 고객인 것이다. 그 상황과 환경에서 그렇게 생각하고 말하고 행동하고 결정하니까 그 고객인 것이다. '이게 우리 고객님이구나.'라고 이해해야 한다. 이렇게 다양한 요소들이 복합적으로 연결되고 영향을 주고받는 맥락 속에서 고객을 이해하려고 노력해야 한다.

> "궁금합니다. 어떻게 해서 자신을 '성장을 돕는 인큐베이터'같은 사람이라고 했을까요?"
> "지금 처한 환경을 들어보니 충분히 그럴 수 있겠다는 생각이 듭니다. 이해가 되네요."
> "그런 경험들을 하셨으니 충분히 그런 생각을 하실만하네요."
> "고객님이 소중히 여기는 것이 무엇인지 이해하고 나니 어떻게 해서 그렇게 결정하셨는지 이해가 되네요."
> "고객님이 중요하게 생각하는 신념을 듣고 나니 왜 그렇게 말씀하셨는지 공감이 됩니다."

2) 고객의 정체성, 인식, 스타일 및 언어를 존중하고 고객에 맞추어 코칭한다

영어 단어 respect는 re+spect로 이루어진 단어다. '다시(re) 본다(spect).'는 의미다. 다시 보기 전에는 어떻게 봤을까? 어쩌면 코치 자신의 정체성, 인식, 스타일, 언어로 고객을 볼 수밖에 없다. 하지만 이 지침에서 요구하는 '존중하는 것을 보여주라(Demonstrates respect).'는 것은 코치 자신의 것을 내려놓고 있는 그대로의 고객을 보라는 것이다. 고객이 자신을 어떤 사람이라고 정의하든지, 고객의 지각체계나 인식하는 방식, 그리고 고객의 종교관, 세계관, 인생관, 라이프스타일, 고객이 사용하는 언어습관까지를 있는 그대로 보라는 것이 존중의 의미다. 이렇게 유일무이한 자신을 있는 그대로 존재로 대해주는 경험을 통해 고객은 코치에게서 안전감과 신뢰감을 얻게 되고 두 사람 사이에 코칭관계가 형성된다.

더불어 주목할 것은 '고객에게 맞추어 코칭하라(adapts one's coaching to the client).'는 것이다. 언어를 예로 들어보자. 고객들이 이야기하는 것을 잘 들어보면 시각적 언어를 선호하는 사람이 있고, 어떤 사람은 청각적 언어를 선호하는 사람이 있다. 또 어떤 사람은 촉각적 언어를 선호하는 사람이 있다. 이런 것을 맞추어 주면 신뢰와 안전감 형성에 도움이 된다.

"저는 고객님을 존중합니다."
"그렇게 이해하고 받아들이신 것을 저는 존중합니다."
"저는 고객님이 말씀하신 '세상은 기회로 가득 차 있다'라는 말씀을 존중합니다."

고객: "저에게는 새로운 전망이 필요합니다."	시각적 언어사용
코치: "네, 새로운 전망이 필요하다는 말씀이시군요.	시각적 언어반응
코치: "네, 그렇게 느끼고 계시군요."	촉각적 언어반응
고객: "와, 그거 괜찮게 들리는데요."	청각적 언어사용
코치: "네, 괜찮게 들리셨군요.	청각적 언어반응
코치: "네, 좋게 보이셨군요."	시각적 언어반응

고객: "느낌이 좋으면 해보려고요."	촉각적 언어사용
코치: "네, 느낌이 좋으면 해보시겠다는 거군요.	촉각적 언어반응
코치: "네, 괜찮게 들리셨나 보네요."	청각적 언어반응

3) 코칭 과정에서 고객의 고유한 재능, 통찰 및 노력을 인정하고 존중한다

코치는 코칭 과정에서 알게 되거나 드러난 고객이 가지고 있는 고유한 재능을 인정하고 존중해야 한다. 이때 인정한다고 하는 'Acknowledges'라는 단어는 '감추어진 어떤 것을 드러나게 하다'라는 뜻이 있다. 따라서 코치에게 알아 차려진 고객의 고유한 재능이 있다면 그것을 드러나게 해주는 것 자체가 인정이다. 이렇게 해주었을 때 두 사람 사이에는 급속도로 안전하고 신뢰로운 관계가 형성된다.

"와, 우리 고객님은 발음이 아주 명료하시네요."
"고객님은 남을 기분 좋게 해주시는 특별한 유머감각을 갖고 계시네요."
"어쩜 그렇게 간결하게 정리해서 말씀하세요. 전달능력이 탁월하시네요."

더불어 고객이 매 순간뿐 아니라 코칭 과정에서 알아차림 하거나 통찰을 일으킨 부분에 대해 인정하고 존중해 주어야 한다. 코칭에서 가장 중요한 두 가지 요소는 알아차림과 책임이다(Whitmore, 2019). 고객의 이야기를 듣다 보면 고객이 스스로 알아차림을 경험하고 이야기하는 순간이 많다. 이럴 때 코치는 그 말을 정리하거나 확인하려고 하기보다는 그런 알아차림의 순간을 인정하고 축하해 줌으로써 신뢰를 더욱 확고히 구축하게 된다.

"그런 통찰을 얻으셨다니 정말 축하드립니다."
"그 통찰이 고객님을 업(Up)시키고 있네요."
"와~ 그런 생각이 드셨군요. 축하드립니다."

마지막으로 고객이 코칭 과정에서 해온 수고와 노력에 대해 인정하고 존중해야 한다. 대화를 하다보면 고객이 해온 일이 고객의 목적에 맞지 않거나 전혀 도움이 안 되는 경우도 발견하게 된다. 하지만 이런 경우에도 코치는 고객이 해온 일들 속에 들어 있는 긍정적 의도를 헤아려 주고 그것을 존중해야 한다.

"자녀들에게 그렇게 잔소리를 하신 것도 뭔가 선한 의도가 있을 것 같은데요?"
"네, 그러네요. 자녀들이 자신의 일들을 주도적으로 책임감 있게 했으면 하는 마음으로 그렇게 말씀하셨던 거네요. 이해가 갑니다."

목적에 부합한 노력이나 해온 일에 대해서는 당연히 인정해 주어야 한다.

"와~ 벌써 목표를 위해 그런 노력들을 해오고 계셨군요. 대단하시네요."
"우리 고객님은 힘든 상황에서도 원하시는 바를 위해 충분한 노력들을 하고 계시네요."

4) 고객에 대한 지지, 공감 및 관심을 보여 준다

코치는 필요하다면 매 순간 고객에게 지지와 공감, 관심을 보여주어야 한다. 라포형성 대화를 시작할 때부터 세션을 종료할 때까지 전 과정에서 코치는 고객을 지지하고 공감해야 한다. 또한 코치 자신의 관심을 기울여야 한다.

예를 들어 세션을 시작할 때는 물론 세션에서 원하는 것이 명확해 졌을 때, 코치는 고객에게 그 목표를 위해 자신도 최선을 다해 함께 하겠다고 지지를 표명할 수 있다.

> "저는 고객님과 코칭을 함께 하는 동안 우리 고객님의 목표달성을 위해 최선을 다해 헌신하겠습니다."
> "고객님, 저도 우리 고객님이 말씀하신 것을 이번 세션에서 성취하실 수 있도록 최선을 다해 함께하겠습니다."
> "저는 항상 우리 고객님 편입니다."

또한 신뢰와 안전감 조성을 위해서는 공감과 관심을 보여주어야 한다. 특히 공감은 고객의 이야기를 듣는 동안에 고객이 느꼈을 법한 감정에 대해서뿐만 아니라 상황이나 입장에 대해서도 헤아려 주거나 질문해 주는 것이 좋다.

> "와, 가족이 모처럼 모이셔서 그런 좋은 시간을 가지셨다니 얼마나 행복하셨을까요?"
> "네, 고객님의 이야기를 듣고 보니 지금 얼마나 힘든 상황인지 이해가 됩니다. 그래도 이렇게 코칭에 임해주시고 담담하게 상황을 잘 나눠주셔서 감사합니다. 저도 오늘 우리 고객님과 최선을 다해 함께 하겠습니다."
> "세상에~ 그래서 그때 기분이 어떠셨어요?"

또한 코치는 자신이 고객의 이야기와 삶, 고민거리, 기타 대화에서 드러난 이슈들에 대해 관심을 갖고 있다는 것을 보여주어야 한다. 예를 들어 이번 세션에서 고객이 말씀하는 중에 "다음 주는 우리 큰애가 군에서 휴가를 나와요. 그래서 시간이 될지는 모르겠어요."라는 말을 했다고 하자. 그럼 다음 세션의 첫 질문은 "휴가 나온 아드님은 잘 지내고 있나요?"라고 관심을 표명하면 고객은 아마도 "코치님, 우리 큰애가 휴가 나온 것 어떻게 아셨어요?"라고 신난할지 모른다. 고객은 자신이 했던 말이지만 잊을 수 있다. 하지만 코치는 고객이 한 말에 항상 관심을 기울이고 있어야 한다. 특히 고객의 가족과 관련된 이야기는 귀담아 듣고 있다가 꼭 다음 세션에서 첫 번째로 물어봐 준다. 이렇게 했을 때 고객은 코치에게서 신뢰와 안전감을 느끼며 두 사람 사이에 돈독한 코칭관계가 만들어져 가기 시작한다.

5) 고객이 자신의 감정, 인식, 관심, 신념 및 제안하는 바를 그대로 표현하도록 인정하고 지원한다

고객들은 근본적으로 자신을 표현하고자 한다. 어떻게 생각하면 우리의 삶 자체가 우리 존재를 표현해가는 여정인지도 모른다(Welwood, 2008). 그만큼 사람들은 자신을 표현하는 갈망을 갖고 있다. 하지만 그런 갈망이 있음에도 그것을 자유롭게 표현하지 못하는 사람들이 많다. 오늘날 기업에서도 성과를 내는 팀의 리더들은 구성원들이 자유롭게 자기표현을 할 수 있도록 허락하는 분위기, 즉 심리적 안전감(psychological safety)을 만들어 준다(Duhigg, 2016). 코칭세션에서도 고객이 이러한 자기표현을 할 때 그것을 있는 그대로 인정하고 더불어 자유롭게 표현 할 수 있도록 코치는 다양한 방법으로 지원해야 한다.

먼저 고객이 자신의 느낌이나 기분을 표현할 때 인정해 준다. 또는 고객이 스스로 표현해 보도록 질문을 통해 지원해 줄 수가 있다.

> "와~ 그런 기분이 드셨군요. 저까지 기분이 좋아지네요."
> "그때 어떤 마음이셨어요?"
> "그때 어떤 기분이 들던가요?"

인식하거나 염려하는 것에 대해서는 다음과 같이 인정과 지원을 해줄 수 있다.

> "그런 생각을 하게 된 것을 인정합니다."
> "그래서 그런 생각을 갖게 되신 거군요. 이해가 됩니다. 그리고 존중합니다."
> "정말 걱정이 되시겠네요."
> "그 염려가 이해가 됩니다."
> "저도 관심 갖고 살펴보겠습니다."

신념과 의견에 대해서는 다음과 같이 인정하거나 지원해줄 수 있다. 이때 지원하는 방법으로는 대체로 질문을 사용하지만 코치자신의 생각이나 느낌, 의견을 나눔으로써 지원할 수도 있고 비언어적인 것을 통해서도 지원을 할 수 있다.

> "고객님의 이야기를 듣고 보니 우리 고객님은 '가족이라면 함께 식사를 해야 한다.'라는 신념을 갖고 계신 것 같은데 어떻게 생각하세요?"

비언어를 통한 지지는 다양하게 할 수 있겠지만 예를 들면 다음과 같다.

> 고객: "다음 주에 제 생각을 아버지께 말해 보려고요."
> 코치: 두 손의 엄지를 세워서 치켜들며 표정으로는 '훌륭한 결심이네요!'라는 메시지를 전달함으로써 고객의 의견을 인정하고 지원할 수 있다.

6) 고객과의 신뢰를 구축하기 위해 인간으로서의 한계를 인정하고 개방성과 투명성을 보여준다

고든 올포트(Gordon Allport)[2]는 건강한 성격의 사람을 '성숙한 사람'이라고 표현하고 '성숙한 사람'의 특징 중 한가지로 연민력(capacity for compassion)을 꼽았다. 이때 연민력이란 다른 사람의 행동을 판단하거나 비방하지 않고 관용을 베푸는 것을 말한다. 또한 우리 모두 약점을 가지고 있다는 것을 알고 인간의 보편적인 연약함을 받아들이는 것이다(Schultz, 2007). 이것이 위 지침에서 말하는 인간으로서의 한계다. 이것을 인정하라는 것이다. 고객에게뿐 아니라 코치

2) 미국의 심리학자. 성격심리학 분야의 선구자이자 편견 이론의 권위자로서 학계와 사회에 큰 영향을 끼쳤다. 하버드대학에서 철학과 경제학을 공부했고, 1922년 같은 대학에서 심리학 박사 학위를 받았다. 1930년부터 1967년 사망할 때까지 하버드대학 심리학과 교수로 재직하며 개인의 성격과 사회 문제를 연구했다.

자신에게도 적용하라는 것이다.

이런 연약성을 드러내는 것은 오늘날 리더십에서도 요구되는 역량이다(Brown, 2011). 코치는 이와 같이 자신도 약한 존재임을 드러낼 수 있어야 한다. 그것을 드러낼 수 있을 만큼 개방성과 투명성을 보여주라는 것이다.

예를 들어 고객이 자신의 친구가 어떤 시험에 합격했는데, 자신은 그 시험에 떨어졌기에 진심으로 축하해줄 수 없었던 심정에 대해 이야기를 한다면, "고객님, 그 마음 이해합니다. 고객님 이야기를 들으니 저도 비슷한 경험이 생각나네요." "코치님도 그런 적이 있다구요?" "물론입니다. 저도 비슷한 상황에서 그 친구의 성취를 기쁨으로 축하해 줄 수가 없어서 한참이 지난 후에 솔직한 마음과 함께 뒤늦은 축하를 전했던 경험이 있답니다."라고 하면서 코치도 인간으로서의 보편적 연약함이 있음을 투명하게 드러냈을 때, 이런 개방성을 통해 코치와 고객 간의 신뢰와 안전감은 더 깊어질 수 있다.

또 다른 사례로는 자신이 잘 알지 못하는 분야에 대해 고객이 코칭주제를 내놓을 경우 "고객님! 제가 그 분야의 전문가는 아닌데 그래도 코칭을 진행하는 것이 괜찮을지요?"라고 의견을 물어보면서 코치의 취약성을 드러내어도 괜찮다는 뜻이다. 이 경우 고객은 코치가 해당 주제에 관해 좀 몰라도 처음에 양해를 구했기에 이해하고 넘어 갈 것 이다.

3. 역량 실천

1) 주안점

신뢰와 안전감 조성하기 역량에서의 주안점은 안전하고 지지적인 환경을 조성(Creates a safe, supportive environment)하는 것이다. 더불어 고객을 전인적이며 통합적 존재로서 존중(Respects whole person of the client)해 주는 것이다.

마지막으로 프로세스에서 고객의 작은 노력과 성취라도 잊지 않고 인정(Acknowledges the work of the client in the process)해 주는 것이 신뢰와 안전감 형성에서 놓치지 말아야 할 포인트다.

2) 코칭사례

다음은 몇 가지 사례를 통해 신뢰와 안전감 조성하기 역량이 어떻게 발휘되어야 하는지를 살펴보자.

(1) 세상이 무섭다고 하는 20대 여성 고객과의 대화 예

코치가 고객의 세계관을 수용하지 않을 때 어떤 대화가 진행되는지 살펴보자. 신뢰와 안전감이 형성되지 않은 예다.

코치: 요즘 어떻게 보내고 있나요?
고객: 얌전히 지내요.
코치: 어떻게요? 좀 더 말씀해 주시겠어요?
고객: 세상이 무섭잖아요.
코치: 어떻게 무서운가요?
고객: 뉴스에 보니 흉흉한 사건들이 끊이지 않고 일어나고, 동네마다 퇴근길 도우미들이 서있는 것을 보면서 '참 세상이 무섭구나' 생각했어요.
코치: 그래서 집에만 계셨던 거예요?
고객: 네, 8시 넘으면 무조건 나가지 않아요.
코치: 고객님, 다시 한 번 생각해 보시지요. 우리나라가 그렇게 무서운 나라인가요?
고객: 네?
코치: 우리나라처럼 안전한 나라가 없다고 해요. 여행을 많이 다녀본 사람들은 이구동성으로 이야기하는데요.
고객: 아, 네.
코치: 그러니 집에만 계시지 말고, 저녁에 강남이나 홍대에 나가보세요. 이미 그쪽은 8시부터가 시작일걸요?
고객: ….

위의 대화에서 고객과 코치 사이의 신뢰와 안전감 형성에 위기가 찾아온 듯하다. 고객은 점점 말수가 없어지고 묻는 말에만 간단히 대답한다. 왜 그랬을까? 코치가 고객의 인식(perceptions)과 생각을 수용하지 않고 코치자신의 인식을 주장하고 있기 때문이다.

코치는 1번 지침의 고객의 정체성, 환경, 경험, 가치, 신념 등의 맥락 안에서 고객을 이해하려고 하지 않는다. 2번의 고객의 인식(perceptions)을 존중하지도 않는다. 4번의 공감이나 염려도 해주지 않는다. 5번의 고객이 자신의 감정, 인식(perceptions), 관심, 신념 및 제안하는 바를 그대로 표현하도록 인정하고 지지하지도 않는다.

신뢰형성단계에서부터 코치는 고객에게 영향력을 미치려고 하고 있다. 이것은 고객을 전인적이며 통합적 존재로서 존중(Respects whole person of the client)해 주는 태도가 아니다. 고객은 언제나 있는 그대로 최선이다. 존중받아 마땅할 사람이다. 우리가 무엇이관데 고객을 바꾸려고 하는가? 고객은 스스로 변화하고 성장하는 존재다. 코치가 고객에게 초반부터 영향력을 미치려고 하는 순간 신뢰와 안전감은 조성되기 힘들다.

(2) 40대 여성 고객과의 대화

이번에는 코치의 반응으로 인해 고객이 신뢰와 안전감을 느끼게 되어 코칭관계가 잘 형성되고 있는 좋은 예를 살펴보자.

코치: 남편분이 아이들을 기다려 주고 애들 마음을 이해하게 돕기 위해서 우리 고객님은 그동안 어떤 노력들을 해오셨나요?

고객: 남편이 아이들에게 소리 지르고 다그칠 때면 정말 저도 속상해요. 그래서 남편에게 그러지 말라고 그 자리에서 이야기도 하고 따로 부탁해 보기도 했는데, 그러겠다고 대답해도 결국 소용이 없어요. 남편은 욱하는 성질이 있어서 자기 성질을 참지 못하는 것 같아요.

코치: 정말 속상하셨겠네요. 그리고 우리 고객님은 남편의 성격을 잘 이해하고 계시네

요. 그런 남편도 변화할 수 있다고 믿으시는 것 같은데 어떠세요?
고객: 남편도 속마음은 따뜻한 사람이기 때문에, 그런데 모르겠어요. 정말 변할 수 있을지. 만약 남편이 변화하지 않는다면 우리 아이들은 커가면서 아빠에게 상처를 많이 받게 될 거고 아이들이 다 자란 후에는 후회하게 될까 봐 걱정이에요.
코치: 그게 걱정이 되시는 거군요. 그리고 고객님이 그렇게 하신 이면에는 아이들과 아빠가 친밀하게 지내고 결국 가정이 화목했으면 하는 마음으로 하셨던 거군요. 이해가 됩니다.
고객: 코치님이 그렇게 이해해 주시니까 저도 기분이 좋긴 한데, 정말 가정이란 게 그런 거 아닌가요?
코치: 그렇지요. 그래서 결국 고객님이 원하는 것은 처음에 말씀 하신 것처럼 남편이 아이들을 좀 기다려 주고 아이들의 감정을 알아줬으면 하는 거군요.
고객: 맞아요. 남편은 그게 안 되는 것 같아요.

이 사례에서 코치는 고객의 정체성, 환경, 경험, 가치 및 신념 등의 맥락 안에서 이해하려고 노력한다. 특히 3번 지침의 고객이 코칭 과정에서 보여주고 있는 고유한 재능, 통찰, 및 노력(work)을 코치의 반응을 보면 인정하고 존중해 주고 있다는 것을 알 수 있다. 그러면서 4번 지침의 고객에 대한 지지, 공감 및 관심을 코치의 반응으로 보여주고 있다. 이렇게 코치는 5번 지침의 고객이 자신의 감정, 인식, 염려, 신념 및 제안하는 바를 그대로 표현하도록 인정하고 지원하고 있다.

(3) 50대 남성 고객과의 대화

이번 사례는 고객이 해온 노력에 대해 코치가 인정해 주지 못하고 있는 사례이다.

코치: 건강관리를 위해 그동안 어떤 노력들을 해오셨니요?
고객: 노력이요? 아이고, 뭐 되도록 지하철을 이용하려고 하고는 있지만 뭐가 건강관리를 위해 이렇다 할 노력은 특별히 하고 있는 것이 없어요.
코치: 네, 그러니까 되도록 지하철을 이용하려고 하고 있고 특별한 노력은 안하고 있다는 말씀이시네요.
고객: 네, 맞아요.
코치: 그럼 어떤 노력을 해보고 싶으세요?

위 사례에서 코치는 고객이 해온 노력(work)에 대해서 조금도 인정해 주지 못하고 있다. 다만 고객이 한 말을 정리하는 수준에서 머물고 있다는 것을 코치의 반응으로 알 수 있다. 고객들은 일반적으로 자신이 한 일을 과소평가하거나 특별히 두드러지게 한 노력이 아니면 노력이라고 생각하지 않는다. 하지만 코치는 고객이 해온 일들 속에 사소하지만 그래도 해온 일이나 노력(work)에 대해 인정(acknowledge)을 해줘야 한다. 특히 과거 질문이나 현재 질문 후에 고객이 대답하는 것을 듣고 정리하는 데 에너지를 쓰기보다는, 그 대답 속에 묻혀 있는 고객의 고유한 재능이나 통찰, 노력해 온 것을 드러내어 축하를 해줌으로써(코치: "와~ 되도록이면 지하철을 이용하시려는 노력을 이미 해오고 계셨네요. 축하드립니다.") 인정을 해주는 것이다. 이렇게 할 때 고객과 코치사이에 신뢰와 안전감이 조성된다.

3) 코칭 팁

신뢰와 안전감 조성을 위해 고객과 함께, 고객이 자유롭게 나눌 수 있는 안전하고 지지적인 환경을 만드는 방법으로 다음과 같은 것을 제안한다(황현호, 2020). 이 환경은 물리적 환경도 포함되고 관계적 환경도 포함된다.

(1) 외부 환경을 위해서 고객의 오감을 만족시킨다.

① 시각적 요소: 코칭룸의 벽지색깔이나 가구, 소품 등의 색감을 고객에게 편안함과 안정감을 줄 수 있는 톤으로 준비해 본다.

② 청각적 요소: 코칭룸에 음악이 흐르게 한다. 다만 대화에 방해가 되는 가사가 있는 음악보다는 가사가 없는 음악, 가사가 있더라도 우리말이 아니어서 잘 알아듣지 못하는 음악, 즉, 멜로디가 좋은 음악으로 고객의 우뇌는 자극하되 좌뇌는 건드리지 않도록 한다(동아사이언스, 2020). 음악의 볼륨은 '어, 음악이 있었네' 하고 알아차릴 수 있을 정도의 볼륨이면 좋다.

③ 후각적 요소: 코칭룸에 들어왔을 때, 향기가 없는 것 보다는 있는 것이 나은데, 아로마 향이나 그냥 향은 고객들의 선호도가 다르기 때문에 가장 무난한 것은 고급 커피향이 좋다. 과학기자 강석기 씨는 사람들이 어떤 냄새인지에 대한 냄새 정보를 알고 있을 때는 그 실체를 알기 위한 노력을 할 필요가 없어지고 긴장감도 낮아진다고 말한다(동아사이언스, 2016).

④ 촉각적 요소: 의자에 앉았을 때 너무 푹신하거나 딱딱하기보다는 살짝 쿠션이 느껴지는 정도, 책상은 모서리가 각진 것 보다는 매끄러운 곡선이나 원형 테이블이 좋다.

⑤ 미각적 요소: 코칭룸에는 먹을 것을 준비하는 것이 좋다. 간단한 쿠키나 캔디류면 된다. 고객이 이것을 먹느냐 안 먹느냐는 상관없다. 다만, 먹을 것이 있다는 것이 고객을 심리적으로 편안하게 해준다. 그래서 지혜로운 할머니들은 자신과 가장 친해지기 힘든 손자뻘 되는 어린아이들을 위해 늘 사탕을 갖고 다닌다. 고객도 먹을 것이 있을 때 심리적으로 안전감을 느낀다.

(2) 미소와 부드러운 목소리, 열린 제스처로 고객을 맞이한다.

신경과학자인 폴 맥린(Paul D. MacLean)[3]은 인간의 뇌가 삼중뇌로 기능한다고 주장했다(MacLean, 1988). 그것은 파충류의 뇌, 포유류의 뇌, 인간의 뇌다. 파충류의 뇌는 생존을 관장하고 포유류의 뇌는 감정을 관장하고 인간의 뇌, 즉 영장류의 뇌는 이성을 관장한다. 그리고 사람과 사람이 만났을 때 생존의 뇌인 파충류의 뇌는 스스로에게 '안전한가?'라는 질문을 한다(황현호 · 도미향, 2017).

만약 코치가 미소로 고객을 맞이한다면 고객의 파충류의 뇌는 이 질문에 '예'라는 답을 얻고 코치와 더불어 웃고 나누고 대화를 즐긴다. 하지만, 코치가 무표정이거나 표정이 별로 좋아 보이지 않을 때 고객은 이 질문에 '아니요'라는 대답을 얻는데, 그러면 고객의 파충류의 뇌는 생존모드로 들어간다. 그래서 '투쟁-도피 반응'[4]을 한다. 만약 에너지가 좀 있는 고객이라면 '코치님, 기분 안 좋

3) 의사이사 신경과학자. 1952년 변연계(limbic system)라는 용어를 처음 도입.

은 일 있으세요?'라고 도발을 한다(Fight). 그리고 에너지가 상대적으로 낮은 고객들은 자꾸 시계를 쳐다보고 언제 끝나는지 알고 싶어 한다(Flight). 마지막으로 에너지가 절대적으로 낮은 고객들은 얼어붙어 버린다(Freeze). 묻는 말에만 대답하고 스스로는 절대 이야기하지 않는다. 불안하기 때문이다.

그래서 고객과 신뢰와 안전감을 조성하기 위해서는 코치의 표정과 목소리 톤, 제스처 등이 중요하다.

4) 긴박한 위협 앞에서 자동적으로 나타나는 생리적 각성 상태.

▮ 생각해 봅시다

1. 고객과 신뢰와 안전감 조성이 잘 되었던 사례에서는 특별히 어떤 것을 잘했었는지 생각해 봅시다.

2. 고객에게 지지와 지원을 표현하는 방법에는 어떤 것들이 있을지 토의해 봅시다.

3. 코칭 중에 자신의 연약함이 드러났던 순간 어떻게 했었는지 생각해 봅시다.

9장

코칭핵심역량 5: 프레즌스를 유지한다

이번 장에서 다루게 될 5번째 역량 '프레즌스(Presence)를 유지한다(Maintains Presence)'는 8가지 역량에서 관계의 공동구축(Co-Creating the Relationship)그룹에 포함된 3가지 역량 중 마지막 3번째 역량이다. 이 역량에서의 키워드는 고객에게 완전하게 집중하기(Maintains full focus on the client), 호기심 보여주기(Demonstrates curiosity), 감정 관리하기(Manages emotions), 성찰을 위한 여백 만들기(Creates space for reflection)다.

사전적으로 보면 'Presence'는 'present'의 명사형으로 '있음', '존재함'이라는 뜻이다. 한마디로, 코칭하는 동안에 고객과 함께 있어줄 수 있는 '현존'의 역량이다. 고객이 코치의 존재 상태를 완전하게 느끼고 그것으로부터 유익을 얻을 수 있도록 해주는 것이 여기서 원하는 역량이다. 더불어 '현존'의 상태를 코칭세션 내내 유지할 것을 요구한다. 이제 역량의 정의와 더불어 실행 지침을 살펴보고자 한다.

1. 역량 정의

개방적이고 유연하며 중심이 잡힌 자신감 있는 태도로 완전히 깨어서 고객과 함께한다. (Is fully conscious and present with the client, employing a style that is open, flexible, grounded and confident)

고객과 함께 현존할 때 코치는 우선 개방적인 자세를 취해야 한다. 개방적이라는 것은 모든 것에 열려 있다는 의미다. 특히 고객에 대해 열려 있어야 한다. 고객의 경험, 가치, 신념, 인간관, 세계관, 라이프스타일, 선호도 등에 열려 있어야 한다. 열려 있을 때 코치는 호기심을 갖게 된다. 그래서 고객이 가지고 있는 위와 같은 것들에 대해 탐구할 수 있게 지원할 수 있다.

또한 코치는 유연한 자세로 함께해야 한다. 코칭세션에서 일어나는 어떤 일에 대해서도 유연하게 대처하고 특히 고객의 말이나 행동, 태도, 결정 등에 유연하게 임해야 한다. 조금이라도 고객을 바로잡으려 하거나 가르치려고 해서는 안 된다. 코치 자신의 어떤 것으로도 영향력을 미치려고 해서도 안 된다. 다만 고객의 거울이 되어서 고객 자신의 느낌이나 감정, 말이나 행동, 태도, 결정 등을 그대로 비춰주면서 스스로 성찰할 수 있는 여백을 만들어 주는 것이다.

또한 중심이 잡힌 자신감 있는 태도로 함께해야 한다. 이때 '중심이 잡힌(grounded)'다는 의미는 어떤 상황에서도 코치가 고요하게 함께해 줄 수 있는(calm and present) 힘을 말한다. 또한 정의에서 명심해야 할 부분이 완전히 깨어서 함께한다(fully conscious and present)는 것이다. 에크하르트 톨레[5]는 지금 이 순간에 충만하게, 강력하게 집중하고 있을 때만이 진정한 존재 상태를 느낄 수 있다고 했다(Tolle, 2014). 이는 고객에게 온전히 집중할 뿐더러 의식적으로

5) 독일 출신의 에크하르트 톨레는 달라이 라마, 틱낫한과 함께 21세기를 대표하는 영적 지도자로 손꼽힌다. 〈뉴욕 타임스〉에서 '미국에서 가장 신뢰할 만한 명상 서적 분야의 저자'라는 평가를 받았으며, 〈왓킨스 리뷰〉에서도 세계에서 가장 큰 정신적 영향력을 지닌 인물로 선정되었다.

깨어서 함께해 주어야 한다는 의미다.

2. 실행 지침

1. 고객에게 집중하고 관찰하며 공감하고 적절하게 반응하는 것을 유지한다.
   (Remains focused, observant, empathetic and responsive to the client.)
2. 코칭과정 내내 호기심을 보여준다.
   (Demonstrates curiosity during the coaching process.)
3. 고객과 프레즌스(현존)를 유지하기 위해 감정을 관리한다.
   (Manages one's emotions to stay present with the client.)
4. 코칭과정에서 고객의 강한 감정 상태에 대해 자신감 있는 태도로 함께한다.
   (Demonstrates confidence in working with strong client emotions during the coaching process.)
5. 코치가 알지 못함의 영역을 코칭할 때도 편안하게 임한다.
   (Is comfortable working in a space of not knowing.)
6. 침묵, 멈춤, 성찰을 위한 공간을 만들거나 허용한다.
   (Creates or allows space for silence, pause or reflection.)

1) 고객에게 집중하고 관찰하며 공감하고 적절하게 반응하는 것을 유지한다

코치는 완전히 깨어서 고객에게 집중해야 한다. 고객(who)뿐만 아니라 고객이 내놓은 아젠다(what)에 집중해야 한다. 또한 고객이 말하는 내용과 코칭세션 자체에 집중해야 한다. 그래서 코치는 하드웨어적으로는 고객이 내놓은 주제(what)에 집중하여 주어진 시간 내에 고객이 원하는 목적을 달성할 수 있도록 지원하는 프로세스 전문가인 셈이다.

이런 가운데 코치는 관찰을 해야 한다. 특히 미시적으로는 고객이 말할 때 보여주는 비언어를 관찰한다(정재완, 2015). 이야기하면서 시시각각 변하는 고객의 에너지 변화를 관찰해야 한다. 거시적으로는 코치와 고객을 둘러싼 전체 환경을 관찰해야 한다. 코칭하는 장소의 온도가 더운지, 추운지, 소란스러운지 등의 환경에도 민감하게 관찰하고 적절하게 반응해야 한다. 또한 고객이 말하는 이야기의 맥락을 관찰해야 한다. 고객의 이야기에 집중하지 못하고 생각이 달아난 상태에서는 고객의 이야기의 흐름을 따라잡을 수 없고 맥락을 따라 요약하고 질문을 해줄 수도 없게 된다. 이렇게 의식적으로 완전히 깨어서 고객에게 집중하고 관찰할 수 있을 때 코치는 고객의 감정 상태나 처한 상황 등에 대해 깊이 있고 세심하게 공감해줄 수가 있으며 적절하게 반응해 줄 수가 있게 된다.

2) 코칭 과정 내내 호기심을 보여준다

코치의 강력한 무기는 호기심이다. 게리 콜린스(Garry Collins)는 호기심은 코치가 고객을 이해하도록 도와주며, 고객이 자신의 가치, 기대, 생활방식, 목표, 느낌, 관계에 대한 생각을 시작할 수 있게 만든다고 했다(Collins, 2014). 코치가 호기심을 표현할 때, 고객들은 대개 자신의 가장 큰 관심사로 주의를 돌린다.

그래서 호기심은 코치 자신에게 궁금한 정보와 관련된 것이 아닌 고객의 성장과 발전, 학습과 성찰에 지향된 호기심이어야 한다. 즉, 고객에게 유익한 호기심이어야 한다. 이런 호기심 어린 질문은 고객도 한 번 생각해봐야 대답할 수 있는 질문이다. 고객에게 정보가 있어서 질문하면 바로 대답하는 정보질문으로는 고객의 호기심을 자극할 수 없다.

'고객은 어떤 계기로 이런 이야기를 나누고 싶어 하게 된 것일까?', '고객이 진정으로 원하는 모습은 어떤 것일까?', '이 주제에 대해 대화를 마치고 나면 고객은 과연 어떤 상태가 되기를 원하는 것일까?', '무엇을 손에 쥐고 싶은 것일까?', '이 목표가 완전하게 이루어진 모습은 어떤 모습일까?', '이 목표가 과연 고객의 삶을 어떻게 달라지게 할 것인가?', '이 목표가 고객 주변의 환경이나 사람들에게는 어떤 영향이나 파급력을 갖게 되는 것일까?', '이 목표가 이루어지면 고객은 이것을 토대로 어떤 새로운 도전을 해볼 수 있을까?' 등에 대한 호기심을 갖고 함께 해주는 것이다. 고객은 어떤 말을 할 때 눈을 반짝이며 몸을 기울이는가? 무엇이 저런 표정을 짓게 하는 것일까? 코치는 이런 호기심을 갖고 관찰한 것을 토대로 질문해준다. 그럼으로써 고객도 코치의 이런 호기심 어린 질문을 통해 자신에게 호기심을 갖고 코치와 함께 자신의 잠재력과 가능성을 탐구해 나가게 된다.

3) 고객과 프레즌스를 유지하기 위해 감정을 관리한다

코치도 일상을 살다 보면 이런 저런 일로 바쁘기도 하고 여러 가지 복잡한 감정으로 힘들 때가 있다. 하지만 코칭세션에서 만큼은 코치는 자신의 이슈보다는 고객의 이슈에 집중하고 자신보다는 고객에게 집중해야 한다. 이것이 전문가로서의 코치의 직무다. 그래서 고객에게 충만하고 강력하게 함께 있어 주기 위해서는 반드시 코치 자신의 감정관리가 선행되어야 한다. 고객과의 코칭 시간 최소한 10분 전에는 도착하여 코칭에 필요한 준비를 해야 한다. 그중에 중요한 부분이 코치 자신의 감정을 평정한 상태로 유지하는 것이다. 그래서 모든 코치들은 코칭을 시작하기 전 자신만의 의식(ritual)을 개발하는 것이 좋다. 고객과 자신, 코칭세션을 위한 기도를 하는 것도 좋고, 마음 챙김[6]으로 바디 스캔[7]을 하는 것도 좋고(Passmore, 2019), 조용히 눈을 감고 호흡에 집중하면서 오늘 진행할 코칭세션을 그려보는 것도 도움이 된다.

더불어 코칭을 진행하는 중에도 코치는 순간순간 올라오는 자신의 내면에서의 다양한 감정을 알아차림 하고 그런 감정을 관리할 수 있어야 한다. 고객의 이야기가 내 기억과 경험, 아픔과 환희를 건드릴 수 있다. 이럴 때 우리의 뇌는

---

6) 마음챙김은 현대 명상 문화에서 구체적 명상(瞑想·冥想, meditation)의 방법을 일컫는 용어이며 또한 마인드풀니스(Mindfulness)에 대응하는 순우리말 단어로 해석되고 있다. 한국 내 다수의 출판사들이 'Mindfulness'를 '마음챙김'이라고 번역했으며, 해당 주제를 다루는 다수의 한국 논문들도 이와 같이 표기하고 있다.

7) MBSR의 공식 명상 프로그램 중 하나로 자신의 온 몸 각 부분에 주의를 기울이는 마음챙김 명상법이다.

본의 아니게 활성화된다. 바로 대뇌변연계에 있는 편도체[8]의 활성화다. 이 편도체는 우리의 많은 행동을 어떤 방향으로 몰아가는 정서적 반응을 담당하고 있다(Brann, 2017). 이때 호흡에 집중하면서 자신의 신체 알아차림부터 시작하여 내면 알아차림을 실행하면 프레즌스(현존) 상태를 유지할 수가 있다. 이런 현존 상태를 유지하는 것이 여기서 요구하는 세부지침이다.

4) 코칭과정에서 고객의 강한 감정 상태에 대해 자신감 있는 태도로 함께한다

코칭을 진행하다 보면 고객들이 자신의 감정을 깊이 경험할 때가 있다. 물론 이것은 코치가 그런 안전한 환경을 만들어 주었을 때 가능하다. 어떤 감정이라도 표현할 수 있는 안전하고 신뢰의 관계가 만들어졌다고 확신이 들면 고객들은 자신의 감정표현에 자유롭다. 조용히 눈물을 흘리거나 심하게는 통곡을 하며 자신의 감정을 새롭게 만나기도 한다. 고객이 이런 슬픔의 감정만 만나는 것이 아니다. 때론 분노의 감정을 표출하기도 한다. 고객이 자신의 감정에 과도하게 몰입된 상태에서 감정 표출을 할 때 코치는 자칫 흔들릴 수가 있다. 어떻게 해야 할지 몰라 마음의 중심을 잃고, 당황하거나 고객들의 그런 강한 감정 상태에 압도되어 자신도 모르게 안색이 변하고 고객의 감정 경험을 차단하게 되는 경우가 있다. 눈물이 나오려는 순간에 티슈를 들이미는 것도 고객이 감정을 충분히 경험하게 하는 것을 방해할 수 있다. 이때는 코치가 고객의 감정 표출이 어떤 상황인지를 인지하고 편안하고 안전한 환경을 제공하면 된다. 고객이 자신의 감성을 충분히 경험하고 어느 정도 안정이 될 때 대화를 시도하면 된다. 티슈는 고객이 필요하면 사용할 수 있도록 미리 준비해 두든지 아니면 고객이 필요하다는 신호를 보일 때 건네주면 된다. 이런 상황에서 코치에게 필요한 것이 중심이 잡힌(grounded)태도이다. 든든히 뿌리를 내린 나무처럼 어떤 비바람에도 흔들림 없

---

8) 편도체(扁桃體, Amygdala)는 대뇌변연계에 존재하는 아몬드 모양의 뇌부위이다. 감정을 조절하고, 공포 및 불안에 대한 학습 및 기억에 중요한 역할을 한다.

이 자기 자리를 지키면서 바람막이가 되어줄 수 있는 큰 나무의 이미지를 그려보자. 고요하면서도 안정적인 마음의 상태에서 나오는 든든함은 고객으로 하여금 자신의 감정을 충분히 분출하고 경험하게 해줄 수 있는 토대가 된다. 그러면서도 코치와의 관계에는 변함이 없다. 이런 고요함과 안전감은 평소 코치의 마음훈련과도 관계가 있다. 코칭 순간에 필요한 역량을 발휘하기 위해서는 일상에서 깨어있음과 늘 지금 순간에 집중하는 자기 훈련이 필요하다.

> "고객님, 괜찮습니다. 충분히 우셔도 됩니다. 자신의 감정을 충분히 느껴보세요."
> "고객님, 어느 정도 안정이 되셨나요?"
> "그렇게 경험하고 나니까 지금 기분은 어떠세요?"
> "그 감정이 고객님에게 무엇을 말하는 것 같나요?"

5) 코치가 알지 못함의 영역을 코칭할 때도 편안하게 임한다

새로운 고객과의 첫 세션은 설렘과 흥분은 물론 어떤 이야기가 오가며 어떤 일들이 일어날지에 대한 불안감마저 들게 된다. 특히 내가 알지 못하는 분야에 종사하는 고객과 함께 할 때는 더욱 그럴 수 있다. 게다가 코칭세션 중에 내가 모르는 분야에 대한 주제를 내놓는 고객을 대할 때면 순간 피하고 싶은 마음마저 들 수 있다. 코칭을 진행하면서도 앞으로 어떻게 전개될지가 감이 잡히지 않을 때 등 코치는 다양한 경우에 불안하고 당황하게 되는 경우가 있다.

그리고 여기에서 사실(fact)은 정말 내가 모른다는 것이다. 특히 고객의 경험과 그가 추구하는 가치와 신념, 인생관, 세계관이 무엇인지 아직은 모른다. 그가 어떤 비전을 갖고 있고 어떤 야망을 갖고 있는지 우리는 모른다. 이것이 진실이다. 이때 코치에게 필요한 역량이 알지 못함에 편안해 할 수 있는 역량이다. '어떻게 내가 알지 못하는 것에 대해서 편안해할 수가 있을까?'라고 생각할 수 있다. 하지만 현대 사회에서 리더들에게 필요한 덕목 중 하나가 모르는 것을 모른다고 흔쾌히 인정하는 태도다(Duhigg, 2016). 사실 오늘날과 같은 지식정보화 사회에서 리더가 모든 것을 알아야 한다는 것 자체가 있을 수 없는 일이다. 리더는 모르는 것을 시인하고 빠르게 그것을 알 수 있는 문제해결을 하면 되는 것이다.

공자도 제자 자로에게 안다는 것이 무엇인지를 가르쳐주면서 '아는 것을 안다고 하고 모르는 것을 모른다고 하는 것, 이것이 아는 것이다.'라고 말해주었다(성백효, 2010). 마찬가지로 코치도 모든 것을 알 필요는 없다. 모르면 고객에게 질문하면 된다. 코치도 모르는 것이 있다는 것을 알게 된 고객은 오히려 코치에게서 편안함을 느낀다. 그리고 그것을 자연스럽게 드러내는 데서 오는 신뢰가 생겨난다. 고객은 이런 코치의 존재 방식을 바탕으로 고객 자신도 모르는 것을 드러내도 된다는 안전함을 느끼게 된다.

> "고객님, 방금 말씀하신 KPI[9]라는 게 무슨 의미인가요? 제가 몰라서 그러는데 잠간 설명해 주시겠어요?"
> "고객님, 금융지식분야에 대해서는 저도 문외한입니다만, 고객님이 나누고 싶어 하시는 주제이니 저도 배우는 입장으로 함께 해보도록 하겠습니다."
> "고객님, 흥미롭네요. 어떤 식으로 우리의 이야기가 전개될지 모르겠지만 고객님만 따라가 보겠습니다."

사실 모든 조력 전문가 집단에서 활동하는 사람들이 자신의 고객에 대해서 기본적으로 가져야 할 태도가 알지 못함(not knowing)의 자세다. 겸손하게 고객에게 배우려는 자세야말로 현존을 유지하는 최상의 방법이다.

6) 침묵, 멈춤, 성찰을 위한 공간을 만들거나 허용한다

코칭에서 가장 좋지 않은 것이 질문을 해대는 것이다. 프로세스에서 해야 하

9) KPI(Key Performance Indicator)는 목표를 성공적으로 달성하기 위해 핵심적으로 관리해야 하는 요소들에 대한 핵심성과지표를 말한다.

는 질문들을 쉴 새 없이 쏟아낸들 고객에게 도움이 되지 않는다. 심지어 고객은 자신이 한 말이나 대답 속에서도 스스로를 들여다볼 수 있는 성찰의 기회를 가져야 한다. 또한 자신이 내놓은 주제에 대해서 탐구할 시간을 가져야 한다. 그렇게 하기 위해서는 코치는 침묵 속에서 모든 관심을 고객에게 집중한다. 이런 침묵 속에서의 관심의 집중이 고객의 탐구를 촉진하는 핵심이다(Wood. 2019). 그러기에 코치는 필요하다면 침묵과 잠시 멈춤을 잘 활용할 수 있어야 한다.

외부로 향해 있던 고객의 의식의 방향이 고객의 내면으로 들어가 고객 내부의 자원과 만났을 때 고객에게 의미 있는 변화가 일어나게 된다. 코치는 질문을 하고 침묵해야 한다. 자신의 질문을 부연 설명하거나 재질문하지 않고 '딱' 기다려야 한다. 만약 고객이 코치의 질문을 이해하지 못했다면 고객은 질문을 이해하지 못했다면서 다시 설명해 달라고 요청할 것이다. 이런 경우에만 자신의 질문을 부연하여 설명해 주면 된다. 그 외에는 질문한 후에 침묵을 유지하는 것이 고객의 사고를 돕는 것이다.

또한 고객의 말이 끝나기가 무섭게 다음 질문을 하는 것도 지양해야 한다. 코치가 고객의 답변 이후에 잠시 멈춤을 해줌으로써 고객은 자신이 방금 한 답변이나 이야기를 잠시나마 음미해 보면서 뭔가 새롭게 알아차리는 순간을 갖게 되기도 한다. 이와 같이 코치는 침묵이나 잠시 멈춤, 성찰을 위한 공간을 만들어낼 수 있어야 한다.

코치: 아이가 집에서 원하는 것이 있었을까요?
고객: (질문을 마치자마자 단호하게) 그런 것 없어요.
코치: (침묵) (성찰을 위한 여백을 만들어줌)
고객: (한 참이 지난 후) 생각해 보니 우리 아이가 집에서 안전하지 못하다고 느꼈을 것 같다는 생각도 드네요.

3. 역량 실천

1) 주안점

본 역량에서의 주안점은 코치가 고객에게 완전히 프레즌스(Presence, 현존)해 주었을 때, 고객은 자연스럽게 코치의 프레즌스에 따른 유익을 얻게 된다는 것이다. 그것은 바로 코치가 고객에게 완전하게 집중해(Maintains full focus on the client) 주었을 때 가능해진다. 그럼으로써 코치는 전인적인 고객(who)과 고객이 내놓은 이슈(what)에 동시에 집중할 수 있게 된다. 더불어 코치가 호기심을 보여줄(Demonstrates curiosity) 수가 있다. 그래서 고객은 코치로부터 자신을 성찰해볼 수 있는 다양한 좋은 질문들을 받을 수 있게 된다. 또한 코치가 프레즌스를 유지함으로써 코치자신의 감정관리(Manages emotions)를 잘할 수 있게 된다. 그래서 코치는 오로지 고객이 자신의 감정을 충분히 표현하고 경험할 수 있는 기회를 더 많이 제공하게 된다. 더불어 코치가 프레즌스 상태를 유지할 때 고객으로 하여금 성찰을 위한 여백을 만들어(Creates space for reflection) 줄 수 있다.

2) 코칭사례

다음 실천사례들을 통해 이 역량이 적용 사례를 좀 더 살펴보도록 한다.

(1) 20대 남성 고객과의 대화

코칭하는 동안에 고객에게 선택의 주도권을 주지 않고 코치가 주도적으로 진행하는 예를 살펴보자.

> 코치: 오늘은 지난주에 이어 '자신의 성격 알아보기'라는 주제로 이야기 나누면 되겠지요?
> 고객: 네, 코치님.
> 코치: 그래서 생각해 봤는데, 자신의 성격을 알아보기 위해서 가장 좋은 도구는 '에니어그램[10)]'이라는 것이 있어요. 물론 'DISC[11)]'도 있고, 'MBTI[12)]'도 있고 한데, 내가 해보니까 '에니어그램'이 최고 좋더라구요. 괜찮을 거예요.
> 고객: 저는 아무래도 좋습니다.
> 코치: 자, 그러면 저쪽 테이블로 가서 이 검사지를 좀 풀고 있어요. 나는 그 사이 잠깐 처리할 것이 있어서, 이따 다 풀고 나면 알려주세요. (각자 자기 자리로 간다.)
> 고객: (뭔가 질문이 있는 듯 코치 쪽을 바라본다. 하지만 코치가 뭔가에 바쁜 듯 보여 이내 검사지에 집중한다.)

위 사례에서 코치는 고객에게 주제 선정이나 도구 선정 등의 선택의 주도권을 주지 않고 있다. 코치가 훨씬 주도적으로 세션을 운영하고 있으며 고객에게 집중하거나 고객이 하는 일에 집중하면서 관찰하지도 않는다. 그럼으로써 고객이 코치의 현존을 필요로 할 때 적절히 반응해 주지도 못하고 있다.

(2) 50대 여성 고객과의 대화

고객의 강한 감정상태에 대해 코치가 중심을 잃어버리는 사례를 살펴보자.

> 코치: 그래서 주변분들 로부터 공감이 그리웠나요?
> 고객: 공감! 웃기는 소리. 제까짓 것들이 뭔데 나를 공감해? (격앙된 톤으로 소리를 지르며) 같잖은 말로 나를 공감한다고? 니들이 나에 대해 뭘 안다고 공감이야?
> 코치: (매우 당황해 하며 가는 목소리로) 저 들으라고 하는 말이에요? (바로 전에 고객을 공감한다며 위로 했던 순간들이 떠오르며 심장이 두근거림을 느낀다.) 당황스럽네요.

---

10) 사람을 9가지 성격으로 분류하는 성격 유형 지표이자 인간이해의 틀

11) 인간의 행동유형(성격)을 구성하는 핵심 4가지 요소인 Dominance, Influence, Steadiness, Conscientiousness의 약자

12) 캐서린 브릭스(Briggs, K.)와 그의 딸인 이사벨 마이어스(Myers, I. B.) 모녀가 개발한 대표적인 성격 검사

고객: (코치의 말에 대꾸도 없이 자신의 감정을 발산한다.) 내가 어떤 사람인데? 엉! 산전수전 공중전 다 겪어본 사람이야? 인생의 쓴맛이 뭔 줄 아냐고? 온실 속에서 나 자란 너희가 나를 공감해? 웃기라고 그래. (여전히 거친 호흡으로 험악한 말들을 쏟아 낸다.)
코치: (코치는 어쩔 줄을 몰라 하며 얼굴이 화끈거리고 당황스러운 기색이 역력하다.)

위 사례에서 코치는 고객의 강한 감정 발산에 중심을 잃고 말았다. 고객의 이런 감정표현에 대해 코치 자신의 내면에서 일어나는 감정과 생각을 제대로 통제하지 못하고 흔들려 버렸다. 이것은 코치의 현존이 유지되지 못하는 좋은 사례다.

3) 코칭 팁

프레즌스를 유지하기 위해 다음과 같은 내용을 제안한다(황현호 · 도미향, 2017).

(1) 코치의 아젠다를 내려놓는다.

프레즌스를 유지하는 것은 코치자신의 것은 없고 고객의 것만 드러나는 것이다. 코치 자신의 현존이 고객이 드러나는 도구가 되어야 한다. 그러기 위해서 다음과 같이 해보자.

① 평정심으로 고객을 맞이한다.

코치 자신의 이슈가 정리되어야 고객의 이야기를 진심으로 귀 기울여 들을 수 있다. 코칭을 시작하기 전에 자리에 앉아 정수리로부터 시작하여 이마, 눈, 코, 입, 턱, 목, 어깨, 가슴, 배, 허리, 허벅지, 무릎, 종아리, 발목, 발등, 발바닥의 순서로 천천히 신체 위치에 의식을 집중하여 스캔을 하듯이 내려간다. 그리고 발끝에만 의식을 집중해 본다. 어떤 생각이 올라올 때는 이를 알아차림 하고 마음속으로 '발바닥' 하면서 발바닥에만 의식을 집중해 본다. 이렇게 함으로써 마음을 정돈하고 평정심으로 고객을 맞을 준비를 한다.

② 집착하거나 불편해 하지 않는다.

코치가 자신의 아젠다를 내려놓았다는 증거는 어떤 경우에도 집착하거나 불편해하지 않는 것이다. 코칭 주제를 합의할 때나 실행계획을 결정할 때나 어떤 경우에도 고객의 선택을 존중한다. 코치가 고객의 선택이 고객에게 최선임을 믿어주고 제안할 수는 있으나 최종결정은 고객이 하도록 한다. 한 분야의 전문가로서 그 분야를 코칭하는 경우에 특히 이런 유혹에 빠지기가 쉽다.

③ 유도 질문을 하지 않는다.

코치가 자신의 아젠다를 내려놓았다는 증거는 유도 질문을 하지 않는 것으로 나타날 수 있다. 유도 질문은 고객을 코칭의 철학으로 대하지 못하고 있다는 증거다. 고객 안에 해답이 있다는 것을 믿는다면 코치 자신의 해답이나 의도를 질문 속에 은근히 밀어 넣는 유도 질문을 하지 않아야 프레즌스를 유지하고 있다는 증거가 된다.

(2) 고객과 함께 춤을 춘다.

프레즌스를 유지할 때 코치는 고객과 춤을 추게 된다. 그렇다면 어떻게 하는 것이 고객과 춤추고 있다는 증거일까? 다음과 같이 해보자.

① 고객이 주도권을 갖게 한다.

호칭, 나누고 싶은 이야기, 코칭 목표선정, 꿈, 목표, 실행계획, 세션의 종료 등 모든 선택을 고객이 하게하고 고객에게 허락을 구하고 그 선택을 존중한다.

② 열린 생각과 유연함으로 함께한다.

주제설정, 실행 아이디어를 내는 것, 실행계획이나 방법 등을 상황에 맞게 재조정하거나 수정하는 등의 유연성을 발휘한다.

③ 상황에 맞게 대응한다.

코치는 자신의 스타일을 고수하기 보다는 진지한 상황에서는 진지함으로, 유머러스한 상황에서는 유머로, 엄숙한 상황에서는 엄숙함으로, 쾌활한 상황에서는 쾌활함으로 상황에 맞게 대응한다.

(3) 고객과 함께해 준다.

코치는 모든 상황과 장면에서 프레즌스를 유지한다.

① 코칭 장면에 집중하며 함께해 준다.

고객과 대화를 할 때는 물론이고 고객이 무엇인가를 기록하거나 활동하고 있을 때라도 코치는 다른 행동을 하지 않고 고객에게 집중해 준다.

② 솔직하고 진실함으로 함께해 준다.

코치로서 모든 것을 알 필요는 없다. 모르는 것은 모른다고 솔직하게 말함으로써 솔직하고 진실하게 함께해 준다. 또한 고객의 의견이나 태도에 항상 동의할 필요는 없다. 하지만 고객의 견해나 입장을 이해할 수 있나고 말해 줄 수는 있다.

③ 코칭 중에 떠오른 직관을 나눔으로 함께해 준다.

고객의 이야기를 들으면서 코치의 내면에서 올라오는 직관이나 알아차림을 무시하지 않고 나눔으로써 코치가 현존하고 있음을 알게 해준다.

④ 고객에게 확신을 줄 수 있는 자신감 있는 태도로 함께해 준다.

코치로서 확신과 자신감을 갖고 고객과의 대화에 임하고 자신의 에너지를 관리함으로써 자신감 있는 태도로 함께해 준다.

⑤ 중립을 유지하며 함께해 준다.

코치가 고객에게 자신의 가치관이나 신념, 태도, 선호 등을 가르치려 하거나 영향력을 미치려고 하지 않는다. 또한 고객의 감정에 공감은 하되 감정상태에 휘말리지 않고 중심을 잡고 코칭을 진행한다.

⑥ 고객이 성취를 이루었을 때 함께해 준다.

마치 그것이 내가 이룬 성취인 것처럼 함께 기뻐해 주고 축하해 준다. 또한 고객 안에 이미 그럴 수 있는 잠재력이 있었다며 온전히 그것을 고객의 몫으로 돌려준다.

⑦ 고객이 침체되거나 실패했을 때 함께해 준다.

함께 마음 아파 해주며 다시 일어설 수 있도록 격려하고 다독여 준다. 또한 고객이 혼자가 아니라는 것을 알게 해준다.

⑧ 고객의 여정 속에 함께해 준다.

고객이 산등성이를 걷고 있을 때나 산골짜기를 걷고 있다고 느낄 때라도 코치는 고객과 함께 그 여정을 함께 할 것이라는 믿음을 준다. 또한 코칭세션 동안 고객에게 헌신할 것을 약속하고 고객에게도 코칭에 몰입할 것과 실천에 힘써 줄 것을 요청한다.

▌생각해 봅시다

1. 코치가 코칭중에 프레즌스(Presence)를 유지해야 하는 이유는 무엇인지 생각해 봅시다.

2. 코칭 중에 코치가 자신의 감정을 관리할 수 있는 더 다양한 방법에 대해 토의해 봅시다.

3. 코칭 중에 발생하는 침묵의 순간에 대해 어떻게 대처하면 좋을지 생각해 봅시다.

10장

코칭핵심역량 6: 적극적으로 경청한다

ICF의 핵심역량 가운데 효과적으로 의사소통하기는 "적극적으로 경청한다"와 "알아차림을 불러일으킨다."의 두 가지이다. 코치가 고객과 의사소통을 할 때 가장 중요한 것은 질문이 아니라 경청이다. 모든 코칭은 경청으로부터 시작된다. 이것을 이해하지 못하면 전문코치로 성공할 수 없다. 코치가 얼마나 경청하느냐에 따라 코칭의 질이 달라질 수 있다(Val Hastings, 2015). 코칭에서의 경청은 '~에 관해 듣는 것'이 아니라 '~을 위해 듣는 것'이다. 토마스 레너드는 '~을 위하여 듣는 것'은 223가지나 된다고 했다(Leonard, 2000). 경청을 하지 아니하고는 고객의 위대함을 알 수 없다. 경청은 고객에게 줄 수 있는 최고의 선물이다. 경청이란 상대를 중심에 두고 호기심을 갖고 그 사람의 가치를 존중하며 상대방이 중요하다는 것을 전달하는 것이다.

이 장에서는 "적극적으로 경청한다."의 정의 가운데 나오는 핵심 단어들을 살펴봄으로 코칭 경청의 개념을 알아보고, 코칭세션에서 코치가 어떻게 적극적으로 경청을 할 수 있는지 실행 지침에 대하여 이해하고자 한다. 또한 코칭 사례에서 코치가 코칭세션에서 어떻게 "적극적으로 경청한다" 역량을 사용하는지 사례를 통해 살펴보고자 한다.

1. 역량 정의

> 고객의 시스템 맥락에서 전달하는 것을 충분히 이해하고, 고객의 자기표현을 돕기 위하여 고객이 말한 것과 말하지 않은 것에 초점을 맞춘다.
> (Focuses on what the client is and is not saying to fully understand what is being communicated in the context of the client systems and to support client self-expression.)

"적극적으로 경청을 한다." 역량의 정의는 경청의 초점과 경청의 내용, 경청의 목적으로 구성되어 있다. 이에 대하여 자세하게 살펴보려고 한다.

1) 경청의 초점

경청의 초점은 고객에게 온전히 집중하는 것이다. 코칭세션에서 주인공은 코치가 아니라 고객이다. 코치는 주인공을 빛나게 하는 조연인 것이다. 코치가 코칭을 할 때 마치 진공청소기와 같이 고객의 모든 것을 빨아들일 정도로 고객에게 온전히 몰입하는 것이 중요하다. 그러기 위해서는 코치 자신의 마음속의 말들을 잠재워야 한다. 코치는 고객의 말을 들으면서 무슨 질문을 하여야 할지 생각하지 말아야 한다.

2) 경청의 내용

경청의 내용은 고객이 말한 것을 넘어 고객이 말하지 않는 것을 들어야 한다. 고객이 말하지 않은 것이란 고객이 말하지 않은 고객 내면에 있는 고객의 가치, 열정, 강점, 비전, 욕구, 믿음, 위대함 등을 듣는 것을 말한다. 코치는 고객의 불평 속에서 고객의 열정과 가치를 들을 수 있어야 한다. 고객의 문제 속에서 고객의 욕구와 비전을 들을 수 있어야 한다. 고객의 마이너스 속에서 고객의 플러스를 들을 수 있어야 한다. 고객의 위대함이 무엇인지 호기심을 가지고 듣는 것을 말한다.

3) 경청의 목적

경청의 목적은 두 가지이다.

첫째는 코치는 고객을 충분히 이해하기 위해 들어야 한다. 영어로 이해한다는 말은 understand이다. understand의 진정한 의미는 그 사람의 밑(under)에 서야(stand) 진정으로 그 사람을 이해(understand)할 수 있다는 뜻이다. 즉 이해한다는 말은 코치의 입장에서가 아니라 고객의 입장에서 고객이 의사 전달한 내용을 이해한다는 말이다. 이를 위해 적극적으로 경청을 하는 것이 중요하다. 코치는 '고객이 한 말이 나에게 어떤 의미가 있는가?'가 아니라 '고객에게 어떤 의미가 있는가?'를 생각해야 한다. 그리고 여기에서 더 나아가야 한다. 고객이 한 말에서 고객의 열정, 비전, 가치, 강점을 알아차려야 한다. 이것이 적극적 경청이다.

둘째는 코치는 고객의 자기표현을 지원하기 위해 들어야 한다. 여기서 중요한 단어는 support와 self-expression이다. support는 지원한다는 말이다. support라는 단어를 Cambridge Dictionary는 이렇게 정의한다. "to agree with and give encouragement to someone or something because you want him, her or it to succeed." 이것을 코칭에 적용해보면 이렇게 정의할 수 있다. 지원이란 코치가 고객이 성공하는 것을 원하기 때문에 고객에게 동의하고 격려해주는 것이다. 코치는 고객의 성공을 위해 헌신된 사람이다. 코치는 고객의 말에 긍정적으로 동의하는 사람이다. 코치는 격려해 주는, 즉 용기를 북돋아 주는 사람이다. 코치가 고객의 말을 긍정적으로 동의하고 격려 해주어야 하는 것은 고객의 자기표현을 하도록 하기 위함이다. 코치는 경청을 통해 고객이 자기 자신과 대화하도록 지원할 수 있어야 한다. 이러한 코치의 적극적 경청을 통해 고객은 자기 자신에 대하여 긍정적인 시각을 갖게 된다.

4) 경청의 장소

코치가 고객에게 경청하는 장소는 고객의 시스템의 맥락이어야 한다. 여기서 중요한 것은 시스템과 맥락이다. system이라는 단어를 Cambridge Dictionary는 이렇게 정의한다. "a set of connected things or devices that operate together." 시스템이란 함께 작동하는 연결된 사물 또는 장치 세트이다. context라는 단어는 Cambridge Dictionary에서 이렇게 정의한다. "the situation within which something exists or happens, and that can help explain it." 맥락이란 어떤 것이 존재하거나 발생하는 상황을 설명하는 데 도움이 될 수 있는 것을 말한다. 코칭에서의 경청은 고객이 말한 상황을 충분히 이해할 수 있게 하는 맥락을 듣는 것이다.

2. 실행 지침

1. 고객이 전달하는 것에 대한 이해를 높이기 위해 고객의 상황, 정체성, 환경, 경험, 가치 및 신념을 고려한다.
   (Considers the client's context, identity, environment, experiences, values and beliefs to enhance understanding of what the client is communicating.)
2. 고객이 전달한 것에 대해 더 명확히 하고 이해하기 위해 반영하거나 요약한다.
   (Reflects or summarizes what the client communicated to ensure clarity and understanding.)
3. 고객이 소통한 것 이면에 무언가 더 있다고 생각될 때 이것을 인식하고 질문한다
   (Recognizes and inquires when there is more to what the client is communicating.)
4. 고객의 감정, 에너지 변화, 비언어적 신호 또는 기타 행동에 대해 주목하고, 알아차리고 탐색한다.

(Notices, acknowledges and explores the client's emotions, energy shifts, Non-verbal cues or other behaviors.)

5. 고객이 전달하는 내용의 완전한 의미를 알아내기 위해 고객의 언어, 음성 및 신체 언어를 통합한다.
(Integrates the client's words, tone of voice and body language to determine the full meaning of what is being communicated.)
6. 고객의 주제와 패턴을 분명히 알기 위해 세션 전반에 걸쳐 고객의 행동과 감정의 흐름(trends)에 주목한다.
(Notices trends in the client's behaviors and emotions across sessions to Discern themes and patterns.)

적극적으로 경청하는 것은 고객에게 온전히 집중하여 고객이 말한 것을 통해 고객이 말하지 않은 고객의 시스템, 즉 고객과 연결되어 고객을 움직이게 하는 모든 것을 듣는 것이고, 고객이 말한 상황을 충분히 이해할 수 있게 하는 맥락을 듣는 것이다. 이를 효과적으로 하기 위해 6가지 실행 지침을 알아야 한다.

1) 고객이 전달하는 것에 대한 이해를 높이기 위해 고객의 상황, 정체성, 환경, 경험, 가치 및 신념을 고려한다

이 실행 지침에서 중요한 단어는 consider라는 단어이다. 적극적으로 경청한다는 것은 고객이 의사를 전달한 것을 충분히 이해하기 위해 고려하는 것이다. consider라는 단어는 Cambridge Dictionary에서 이렇게 정의한다. "to spend time thinking about possibility or making a decision." 고려한다는 말은 가능성 또는 결정하는 것에 대해 생각하는 데 시간을 보내는 것이다. 이것을 코칭에 적용해 보면 고려한다는 말은 그냥 생각하는 것이 아니라 시간을 보내면서 가능성에 대하여 생각하는 것을 말한다.

코치는 고객이 말하는 것을 들으면서 고객의 가능성을 고려하면서 들어야 한다. 그리고 중요한 것은 고객이 말하는 것을 넘어 고객이 말하지 않은 것을 고려하며 들어야 한다. 맥락, 정체성, 환경, 경험, 가치, 신념은 고객이 말하지 않은 것이다. 코치가 적극적으로 경청을 한다는 것은 고객이 말하지 않은 것까지도 중요하게 생각해야 하는 것을 의미한다. 이에 대해 자세하게 살펴보려고 한다.

코치는 고객의 말을 들으면서 고객을 이해하는 것이 중요하다. 고객은 코치로부터 이해받고 있다고 느끼게 될 때 고객의 마음이 열리게 되고 고객은 안전하고 신뢰할 수 있는 환경이 조성된다. 그런데 〈실행 지침 1〉에서 강조하는 것은 이해가 향상되어야 한다는 것이다. 그러면 어떻게 코치의 이해를 향상시킬 수 있는가? 그것은 6가지이다.

(1) 적극적으로 경청을 한다는 것은 고객의 말의 이해를 향상시키기 위해서 고객의 상황을 고려하는 것이다.

코치는 고객이 말하는 것을 들을 때 고객의 상황에 관심을 가지고 고객의 상황을 이해하기 위해 충분히 들어야 한다. 구약성경 잠언 18:13절에 이러한 구절이 있다. 이것은 코치가 가슴 깊이 들어야 할 명언이다. "사연을 듣기 전에 대답하는 자는 미련하여 욕을 당하느니라." 코치는 고객의 말을 충분히 들어야 한다. 코칭은 코치가 질문하고 고객이 답하는 것 그 이상이다. 코치는 고객의 말을 충분히 들어야 한다. 그러기 위해 코치는 이렇게 고객에게 요청할 수 있다. 더 말해주세요. 이것은 코치가 할 수 있는 백만 불짜리 말이다. 코치가 "더 말해주세요."라고 고객에게 요청하면 고객은 고객의 말을 이해할 수 있는 상황을 말해 준다. 그렇게 되면 코치는 고객의 말을 고객의 상황에서 더 잘 이해할 수 있게 된다.

(2) 적극적으로 경청을 한다는 것은 고객의 말의 이해를 향상시키기 위해서 고객의 정체성을 고려하는 것이다.

고객의 정체성이란 고객이 자기 자신에 대한 인식이다. 고객의 말은 고객의 정체성에서 나오는 것이다. 고객이 '자기 자신을 어떤 존재로 인식을 하고 있는가?'가 중요하다. 코치가 고객이 하는 말을 주의 깊게 경청을 하면 고객이 자기 자신에 대하여 가지고 있는 정체성을 알게 된다. 코치가 경청할 때 주의를 기울여야 하는 것은 고객이 자기를 인식하는 말이다. 코치가 알아차린 고객의 정체성에 대하여 강화하고 코칭이슈와 연결을 하여 질문을 하게 되면 고객은 새로운 자각을 하게 된다. 이러한 코칭역량이 토마스 레너드의 15가지 코칭역량 가운데 하나인 Provocative conversation이다.

(3) 적극적으로 경청을 한다는 것은 고객의 말의 이해를 향상시키기 위해서 고객의 환경을 고려하는 것이다.

고객의 환경은 고객과 관계되어있는 모든 것을 말한다. 토마스 레너드는 '우리는 환경의 부산물이다.'라는 말을 했다(Thomas, 2002). 환경이 없이는 우리는 존재할 수 없다. 그래서 고객의 말을 고객의 환경과 연결하는 것이 중요하다. 코칭이슈는 고객의 환경 가운데 나온 것이다. 그래서 코치가 고객을 더 잘 이해하기 위해서는 고객을 둘러싸고 있는 환경을 고려해야 한다. 그리고 여기서 더 나아가야 한다. 지금의 환경에서 고객이 원하는 완벽한 환경을 생각할 수 있도록 질문을 할 수 있다. 지금 환경이 어떻게 바뀌면 좋을까요? 또는 반대로 만일 다른 환경이 조성되면 지금과 무엇이 달라질까요? 또는 어떤 환경이 되면 좋아서 기뻐서 하게 될까요? 질문은 경청에서 나오는 것이다.

(4) 적극적으로 경청을 한다는 것은 고객의 말의 이해를 향상시키기 위해서 고객의 경험을 고려하는 것이다.

고객의 경험은 독특하다. 코치는 고객이 어떤 경험을 하였는가? 그리고 그 경험을 어떻게 해석하고 있는가를 이해하는 것이 중요하다. 고객의 말에는 고객의 경험에 대한 해석이 들어있다. 고객의 말 가운데 무엇이 사실인지 무엇이 해석인지 이해하는 것은 매우 중요하다. 많은 고객이 해석에 의해 영향을 받는 경우가 많다. 토마스 레너드의 코칭 시스템 가운데 15가지 Listening Clarifier 가운데 이러한 질문이 있다. "이것이 사실인가요? 해석인가요?" 이러한 질문을 통해 고객이 원하는 것이 무엇인지 명료화할 수 있다(Thomas Leonard Coaching School Class #2441 Learning Guide, Coachville).

(5) 적극적으로 경청을 한다는 것은 고객의 말의 이해를 향상시키기 위해서 고객의 가치를 고려하는 것이다.

고객의 가치란 고객이 가장 소중히 여기는 것을 말한다. 코치는 고객의 말을 통해 고객이 어디에 가치를 두고 있는지 들어야 한다. 그리고 고객이 정말 소중히 여기는 핵심 가치를 인식하도록 하여야 한다. 가치는 삶을 변화시키는 원동력이다. 말로 표현된 가치와 실제 가치가 다를 수 있다. 어느 면에서 가치가 불일치하는지 알아차려야 한다. 그리고 도전을 할 수 있어야 한다. "고객님의 이야기를 들으면서 고객님은 사람들과의 관계에 가치를 두고 계시네요. 그런가요?"

(6) 적극적으로 경청을 한다는 것은 고객의 말의 이해를 향상시키기 위해서 고객의 신념을 고려하는 것이다.

고객의 신념이란 고객이 사실이라고 믿고 있는 것이다. 코치는 고객의 말을 통해 고객이 무엇을 믿고 있는지 들어야 한다. 고객이 자신에 대하여, 상황에 대하여 믿고 있는 것이 무엇인지 이해하여야 한다. 모든 말과 행동은 믿음에서 나오는 것이다. 그래서 행동을 변화시키기 전에 믿음을 변화시켜야 한다. 코치가 경청을 통해 고객이 제한된 믿음을 가지고 있다면 도전해야 한다. 코치는 이렇게 말을 할 수 있다. "고객님의 이야기를 들으면서 고객님은 돈이 있어야 사업을 할 수 있다고 100% 믿는 것 같네요. 그런가요?" 그러면 고객은 자기의 믿음을 돌아보게 된다. 그리고 제한된 믿음에 갇혀 있는 자신을 발견하게 된다.

2) 고객이 전달한 것에 대해 더 명확히 하고 이해하기 위해 반영하거나 요약한다

적극적으로 경청하는 것을 위한 두 번째 실행 지침에서 중요한 단어는 reflect와 summarize이다. 적극적으로 경청을 한다는 것은 반영 또는 요약을 하는 것이다. reflect라는 단어는 Cambridge Dictionary에서 이렇게 정의한다. "to send back light, heat, energy, or sound from a surface." 반영한다는 말은 고객이 한 말을 다시 되돌려 보내는 것이다. 일반적으로 고객은 직접적으로 말하기 보다는 암호화하여 메시지를 보낸다. 이때 코치가 들은 것을 되돌려 주면 고객 스스로 암호를 풀어버린다. 그리고 새로운 자각을 하게 된다. 그래서 코칭세션에서 코치가 반영하는 것은 매우 중요하다.

summarize라는 단어는 Cambridge Dictionary에서 이렇게 정의한다. "to express the most important facts or ideas about something or someone in short and clear form." 요약한다는 말은 어떤 것 또는 어떤 사람에 대해 가장 중요한 사실 또는 아이디어를 짧고 분명한 형태로 표현하는 것이다. 코치는 고객이 말하는 것을 듣고 고객이 말한 핵심을 아주 짧고 분명하게 요약해서 되돌려 줄 수 있다. 또는 고객으로 하여금 고객이 정말 원하는 것이 무엇인지 아주 짧게 말해달라고 요청을 할 수 있다. 그러면 고객은 코치의 요청에 대하여 핵심을 스스로 정리하여 말하게 된다. 이러한 과정을 통해 고객이 자기표현을 하게 된다.

(1) 코치가 고객의 말에 대해 반영하고 요약하는 목적은 명확함을 위한 것이다.

코칭세션에서 명확함은 아주 중요하다.

코치는 깨끗하게 의사소통하는 것이 중요하다. 특히 고객이 무엇을 원하는지를 명확하게 하는 것이 중요하다. 코칭은 고객이 원하는 미래를 향해 움직이게 하는 것(Moving forward)이다. 그런데 고객이 정말로 원하는 것이 명확하지 않으면 코칭은 방향을 잃어버리고 표류하게 된다. 코치가 적극적으로 경청하여 반영해주고 요약하여 고객에게 되돌려 줌으로 고객이 정말 원하는 것을 명확하게 할 수 있다. 고객의 모든 말을 반영하고 요약하는 것이 아니라 고객에게 가장 중요한 것을 반영하고 요약하는 것이 중요하다.

(2) 코치가 고객의 말에 대해 반영하고 요약하는 목적은 이해를 위한 것이다.

코칭세션에서 코치가 고객이 말한 것을 이해하는 것은 매우 중요하다. 그러므로 코치는 고객이 한 말을 잘 이해하였는지 반영하여 되돌려 주어야 한다. 만일 코치가 고객의 말을 오해한 상태로 계속 코칭이 진행이 된다면 고객과 의사소통의 오류가 생길 수밖에 없고 코칭은 표류할 수밖에 없다. 코치는 고객의 말의 핵심을 이해하고 있는지 가끔 점검을 하는 것이 필요하다. 코치가 이해한다는 말은 고객의 입장을 이해한다는 말이다. 경청은 고객과 코치를 하나 되게 한다. 고객과 코치가 고객이 정말로 원하는 것으로 하나가 될 때 코칭이라는 배는 순항하게 된다.

3) 고객이 소통한 것 이면에 무언가 더 있다고 생각될 때 이것을 인식하고 질문한다

적극적으로 경청하는 것을 위한 세 번째 실행 지침에서 중요한 단어는 recognize와 inquire이다. 적극적으로 경청을 한다는 것은 알아 차리는 것이고 질문을 하는 것이다. recognize라는 단어는 Cambridge Dictionary에서 이렇게 정의한다. "to know someone or something because you have seen or heard him or her or experienced it before." recognize라는 말은 코치가 전에 고객을 보았고, 들었고 경험했기 때문에 아는 것을 말한다. 경청에 있어서 중요한 것은 알아차리는 것이다. 이것은 고객이 한 말이 다가 아니라는 것을 이해하는 것이 중요하다.

inquire라는 단어는 Cambridge Dictionary에서 이렇게 정의한다. "to ask

for information." 적극적으로 경청을 하게 될 때 직관이 작동되어 뭔가 더 있다는 것을 알아차리게 될 때 자연스럽게 질문을 하게 된다. 코칭세션에서의 강력한 질문은 적극적인 경청을 하는 데서 흘러나오는 것이다. 강력한 질문은 적극적으로 경청을 한 결과이지 목적이 아니다.

(1) 코치가 고객의 말을 들으면서 인식해야 하는 것은 고객에게 뭔가가 더 있다는 것이다.

여기서 사용된 recognize라는 단어는 보고 듣고 경험하였기 때문에 아는 것을 말한다. 코치는 고객의 말을 충분히 들어야 한다. 고객의 몇 마디 말을 듣고 쉽게 판단하여 말하면 안 된다. 코치가 고객에게 더 있다고 인식을 하게 될 때 고객에게 적극적으로 요청을 하게 된다. 고객이 코칭 주제에 대해 충분히 말을 하여야 고객의 코칭이슈의 전후 사정인 맥락을 이해하게 된다. 그리고 고객의 존재가치를 더 잘 알게 된다. 고객에게 "더 말해주세요." 요청을 하고 고객이 더 이상 할 말이 없다고 말할 때까지 듣는 것이 중요하다.

(2) 코치가 고객의 말을 들으면서 고객에게 뭔가가 더 있다고 인식하게 되면 질문을 하게 된다.

코치가 고객에게 정보가 더 있다고 인식하게 되면 코치는 질문을 통해 고객이 가지고 있는 정보를 더 끌어낼 수 있게 된다. 예를 들면 "이것에 대해 더 말하고 싶은 것은 무엇인가요? 또 무엇인가요?" "내가 무엇을 더 알아야 할까요?" "내가 무엇을 알면 고객님을 더 잘 도와드릴 수 있게 될까요?" 이러한 질문을 통해 고객으로부터 충분히 듣게 된다. 고객의 말을 들으면서 고객 안에 있는 다이아몬드를 발견하게 된다.

4) 고객의 감정, 에너지 변화, 비언어적 신호 또는 기타 행동에 대해 주목하고, 알아차리고 탐색한다

적극적으로 경청하는 것을 위한 네 번째 실행 지침에서 중요한 단어는 notice와 acknowledge와 explore이다. 적극적으로 경청한다는 것은 고객이 말하지 않은 것에 주목하고, 알아차리고, 인정하고, 탐색하는 것이다. notice라는 단어는 Cambridge Dictionary에서 이렇게 정의한다. "to see or become conscious of something or someone." 주목한다는 말은 어떤 것 또는 어떤 사람을 보는 것 또는 알아차리는 것을 말한다. 이것은 적극적 경청이 가져다주는 유익이다.

acknowledge라는 단어는 Cambridge Dictionary에서 이렇게 정의한다. "to accept, admit, or recognize something, or the truth or existence of something." 인정하다는 말은 어떤 것 또는 진실 또는 어떤 것의 실재를 받아들이고 인정하고 인식하는 것이다. explore라는 단어는 Cambridge Dictionary에서 이렇게 정의한다. "to search and discover(about something)" 탐색한다는 말은 어떤 것에 관해 살펴보고 발견하는 것이다.

코칭을 함에 있어서 중요한 것은 탐색하는 것이다. 그런데 탐색은 알아차리고 받아들이는 것에서 시작된다. 코치가 적극적으로 경청을 하지 않으면 알아차릴 수 없고 알아차리지 못하면 받아들일 수 없고 받아들이지 않으면 탐색할 수 없다. 코칭이 표면 위에 머물게 되면 고객이 정말 원하는 것을 발견하기 어렵다. 고객이 정말 원하는 것은 표면 아래 숨어서 있다. 이것을 발견하는 일은 오직 적극적으로 경청하는 길 이외에는 없다. 그래서 토마스 레너드는 단지 주위를 환기시키는 것으로는 부족하다. 도발적인 대화가 필요하다고 말한다. 이러한 도발적인 대화를 위해서는 무엇보다도 적극적인 경청이 필요한 것이다.

(1) 코치가 고객의 말을 들으면서 주목하고 알아차리고 탐색해야 하는 것은 고객의 감정이다.

코치는 고객의 말을 들을 때 말의 내용뿐 아니라 감정에 주목해야 한다. 고객이 말을 할 때 어떤 감정 상태를 갖고 있는지 알아차리고 그 감정을 수용하는 것이 중요하다. 감정 이면에는 많은 중요한 정보가 숨겨져 있다. 그래서 탐색을 하면서 고객이 자기 자신을 발견하도록 돕는 것은 매우 중요하다. 이러한 탐색 과정을 통해 고객은 자기표현을 많이 하게 된다. 토마스 레너드는 감정은 많은 것을 알려주는 선생이라고 하였다.

(2) 코치가 고객의 말을 들으면서 주목하고 알아차리고 탐색해야 하는 것은 고객의 에너지 전환이다.

인간은 동물과 다른 영적인 존재이다. 그래서 코치가 에너지를 인식하는 것은 매우 중요하다. 특히 고객이 말을 할 때 코치는 어떤 에너지를 느끼는가? 에너지가 높은가? 아니면 에너지가 낮은가? 어떤 말을 할 때 갑자기 에너지가 올라가는가? 어디에서 에너지의 전환이 일어나는가? 코치는 이것을 알아차리고 받아들여야 한다. 에너지 전환이 일어나는 곳에는 고객 자신에 대한 중요한 정보가 숨겨져 있다. 그래서 탐색을 하면서 고객이 자기와의 대화가 이루어지고 자기표현을 하게 된다. 이러한 탐색 과정을 통해 자기 자신에 대한 새로운 발견이 이루어지게 된다.

(3) 코치가 고객의 말을 들으면서 알아차리고 받아들이고 탐색해야 하는 것은 고객의 비언어적인 신호와 다른 행동이다.

미국의 심리학자인 메라빈(Meravian) 교수는 효과적인 의사소통에서 비언어가 차지하는 비중이 93%를 차지한다고 하였다. 고객이 사용하는 비언어는 고객의 억양과 속도, 목소리 크기, 어조, 그리고 제스처 등이다. 코치는 적극적으로 경청을 하면서 이런 것들이 언제 바뀌는지 주의를 기울이고 알아차리고 받아들이는 것이 중요하다. 이러한 비언어적인 신호 이면에 고객 자신에 대한 중요한 정보가 숨겨져 있다. 그래서 탐색을 하면서 고객이 자기표현을 하게 되고 자신에 대하여 새로운 발견을 하게 된다.

5) 고객이 전달하는 내용의 완전한 의미를 알아내기 위해 고객의 언어, 음성 및 신체 언어를 통합한다

적극적으로 경청하는 것을 위한 다섯 번째 실행 지침에서 중요한 단어는 integrate이다. integrate라는 단어를 Cambridge Dictionary에서 이렇게 정의한다. "to combine two or more things in order to become more effective." integrate라는 단어는 둘 또는 그 이상을 더 효과적이 되기 위해 조합하는 것이다. 적극적으로 경청한다는 것은 고객이 말한 것의 충분한 의미를 밝히기 위해 고객의 말, 목소리의 어조와 몸짓 언어를 통합하는 것이다.

(1) 적극적으로 경청하는 것은 고객의 언어와 비언어를 통합하는 것이다.

일반적으로 코칭은 대면의 환경과 비대면 환경에서 이루어진다. 대면 환경에서 코칭을 하는 것의 강점은 비언어를 포착할 수 있는 것이다. 비언어는 몸의 언어이다. 비대면 환경에서는 고객을 볼 수 없기 때문에 비언어는 포착할 수 없고 고객의 말과 목소리의 어조를 알 수 있다. 대면 환경이든지 비대면 환경이든지 고객이 한 말과 비언어인 목소리의 어조와 몸의 언어를 통합하려면 적극적으로 경청을 하여야 한다. 코칭이 강력한 것은 고객이 자기를 보지 못하기 때문이다. 고객은 자기가 말할 때의 표정, 목소리의 높낮이의 변화, 억양과 강세, 제스처 등등을 보지 못한다. 이러한 것들이 언제 어떤 상황에서 바뀌는지 알지 못한다. 그러나 코치는 그것을 주의 깊게 보고 말해 줄 수 있다. 이것은 듣는 경청이 아니라 보는 경청이다. 경청은 귀로도 하지만 눈으로도 한다. 그리고 입으로 한다.

(2) 고객의 언어와 비언어를 통합하는 적극적 경청을 하는 목적은 고객이 말한 것의 충분한 의미를 알아내기 위함이다.

코치가 적극적인 경청을 하게 되면 고객의 말과 고객의 비언어를 통합하게 된다. 그렇게 되면 고객이 한 말에 내포되어있는 충분한 의미를 알게 된다. 고객은 자기도 모르는 사이에 말을 하면서 몸짓을 하였지만 코치가 고객의 몸짓에 대하여 말해줌으로 자기가 알지 못하는 새로운 의미를 발견할 수 있게 된다. 또한 고객이 한 말과 말의 어조를 통합하게 되면 고객은 자기가 한 말의 의미를 인식하게 됨으로 새로운 자기 인식이 이루어진다.

6) 고객의 주제(theme)와 패턴(pattern)을 분명히 알기 위해 세션 전반에 걸쳐 고객의 행동과 감정의 흐름(trends)에 주목한다

적극적으로 경청하는 것을 위한 여섯 번째 실행 지침에서 중요한 단어는 notice이다. notice라는 단어는 Cambridge Dictionary에서 이렇게 정의한다. "to see or become conscious of something or someone." 주목한다는 말은 어떤 것 또는 어떤 사람을 보는 것 또는 알아차리는 것을 말한다. 코치가 코칭세션 전반에 걸쳐 주목하고 알아차려야 하는 것은 고객의 행동과 감정의 흐름이다.

(1) 고객의 말을 들으면서 코치가 주목하고 알아차려야 하는 것은 고객의 행동이다.

코치가 적극적으로 경청을 하게 되면 고객의 행동에 주목하게 된다. 고객의 행동이란 코칭세션에서 고객이 자기를 표현하는 모든 행동을 말한다. 고객의 행동은 제스처, 목소리, 어조, 얼굴 표정 등이다. 코치는 이러한 고객의 행동이 어떻게 흘러가고 있는가? 고객의 행동이 차분한가? 아니면 고객의 행동이 격해지고 있는가? 흐름이 평평한가? 아니면 굴곡이 있는가? 주목하고 알아차려야 한다.

(2) 고객의 말을 들으면서 코치가 주목하고 알아차려야 하는 것은 고객의 감정이다.

코치가 적극적으로 경청을 하게 되면 고객의 행동 뿐 아니라 고객의 감정에도 주목하게 된다. 고객의 감정이란 코칭세션에서 고객이 자기를 표현할 때 고객이 느끼는 것이다. 고객의 말 속에서 느껴지는 고객의 감정에 주목해야 한다. 코치는 이러한 고객의 감정이 어떻게 흘러가고 있는가? 고객의 감정이 밝은가? 아니면 고객의 감정이 무거운가? 고객의 감정이 기쁜가? 아니면 고객의 감정이 슬픈가? 고객의 감정이 평화로운가? 아니면 고객의 감정이 화가 나 있는가? 감정의 흐름이 평평한가? 아니면 굴곡이 있는가? 주목하고 알아차려야 한다.

(3) 코치가 고객의 말을 들으면서 고객의 행동과 감정의 흐름에 주목해야 하는 목적은 고객의 주제를 파악하기 위해서이다.

코치가 적극적으로 경청을 하게 되면 고객의 행동과 감정의 흐름을 알아차리게 되고 고객의 주제를 파악하게 된다. 여기서 주제란 영어로 theme을 말한다. theme이라는 단어는 Cambridge Dictionary에서 이렇게 정의한다. "the main subject of a talk, book, film etc." theme이란 말은 중심이 되는 주제를 말한다. theme이란 코치가 고객을 코칭 할 때 고객이 정말 원하는 것(Real want)을 말한다. 이것은 고객의 행동과 감정의 흐름을 알아차리게 될 때 파악할 수 있게 되는 것이다. 그러므로 적극적인 경청을 하지 않는다면 고객의 중심 주제를 파악할 수 없는 것이다. 코치가 고객이 정말 원하는 theme을 파악하지 못하면 코칭대화는 방향을 잃어버리게 된다. 코칭은 코치가 질문하고 고객이 답하는 방식의 대화가 아니다. 고객이 원하는 최고의 미래를 향하여 앞으로 움직이게 하는 대화이다. 그래서 코칭은 역동적이고 흥분에 넘치는 대화이다. 이것을 가능하게 하는 것이 적극적 경청이다.

(4) 코치가 고객의 말을 들으면서 고객의 행동과 감정에 주목해야 하는 목적은 고객의 패턴을 파악하기 위해서이다.

코치가 적극적으로 경청을 하게 되면 고객의 행동과 감정의 흐름을 알아차리게 되고 고객의 주제를 파악하게 될 뿐 아니라 고객의 패턴을 알게 된다.

여기서 pattern이라는 단어는 Cambridge Dictionary에서 이렇게 정의한다. "a particular way in which something is done, is organized, or happen." pattern의 뜻은 어떤 것이 이루어지고, 조직이 되거나 또는 발생하는 것 안에 있는 특별한 방식을 말한다. 고객마다 고객만의 특별한 방식이 있다. 이것은 고객의 행동과 감정의 흐름에 주목하고 알아차리게 될 때 파악할 수 있는 것이다. 또 다른 pattern에 대한 정의는 "any regularly repeated arrangement", 즉 패턴이 만들어지려면 반복성과 주기성이 있어야 한다. 어떤 상황에서 반복되는 것을 말한다. 코치가 고객의 이야기를 주의 깊게 경청을 하면 어떤 상황에서 반복되는 패턴을 발견하게 된다.

고객의 패턴은 고객이 정말 원하는 것을 이루는 방식을 말하는 것이다. 그런데 고객은 이것을 인지하지 못한 채 코치에게 온다. 코치가 고객을 코칭을 하면서 고객의 패턴을 발견하게 되면 코치는 고객에게 허락을 받고 나누게 된다. 이렇게 되면 고객에게 새로운 자각이 일어나고 고객은 엄청난 통찰력을 갖게 된다. 코치는 고객과 함께 브레인스토밍을 하면서 고객에게 맞는 솔루션이 만들어지게 된다.

적극적 경청을 통해 고객의 패턴을 찾은 사례를 소개하면 다음과 같다.

코치가 고객에게 오늘 무엇에 대하여 코칭을 하면 좋을까요? 라고 질문을 하였을 때 고객은 성취감을 느낄 수 있는 일을 해야겠다는 마음이 생겼으면 좋겠다고 대답을 하였다. 코치는 더 말해달라고 요청을 하였고 고객은 자기의 경험을 이야기 하게 되었다. 고객의 이야기를 들으면서 고객의 행동과 감정의 흐름을 알아차리게 되었고 그로 인해 고객의 패턴을 파악하게 되었다([그림 10-1] 참조). 고객이 주기적으로 반복되는 패턴은 고객은 결과물이 있어야 성취감을 느

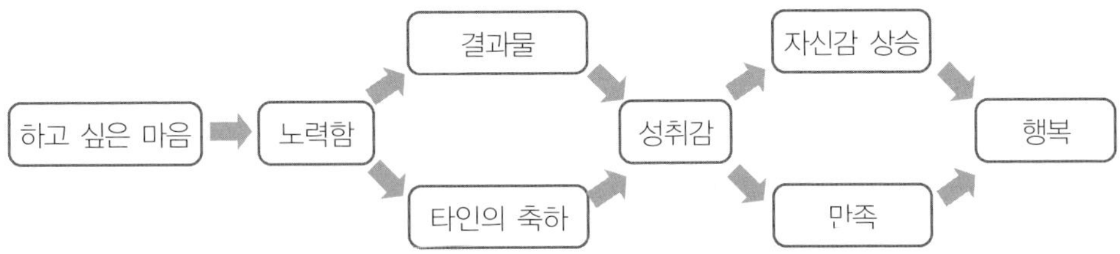

[그림 10-1] 고객의 패턴 경청

낄 수 있다. 그런데 그 결과물은 노력해서 얻은 것이어야 하고 다른 사람들의 축하가 있어야 한다. 그렇게 되면 자신감이 올라가고 만족감을 느끼고 행복해지는 것이었다. 이것을 정리해보면 다음과 같다.

고객은 지금 삶이 행복하지 않다. 왜냐하면 성취감이 없기 때문이다. 그런데 고객이 성취감을 느끼려면 눈에 보이는 결과물이 있어야 하고 결과물에 대하여 타인의 축하가 있어야 한다. 결과물이 있고 타인의 축하가 있을 수 있는 일이 있어야 열심히 노력을 할 수 있게 된다. 코치가 적극적 경청을 통해 고객의 행동과 감정의 흐름을 파악하여 고객이 정말 원하는 것을 이룰 수 있는 패턴을 파악하고 고객에게 성취감의 패턴을 나누었을 때 고객은 놀라게 되었고 새로운 통찰력을 얻을 수 있었다. 고객은 코치와 함께 브레인스토밍을 통해 여러 가지 아이디어를 창출할 수 있었고, 고객의 패턴에 맞는 만족감을 줄 수 있는 일을 발견할 수 있었다. 그리고 고객은 지금 좋아서 기뻐서 그 일을 열심히 하고 있다.

3. 역량 실천

1) 코칭사례

코치: 인정을 받고 싶다는 말씀을 하셨는데 인정은 어떤 점에 대한 인정일까요?

고객: 제가 인정을 받는다는 것은 제 업무를 충실히 이행하고, 어쨌든 제가 input이 있으면 output이 있어야 된다고 생각을 하는데…. 어쨌든 내가 들인 노력, 노력만큼 이제 뭐 누군가가 인정을 해주고, 그에 대해서 대가를 주는 것이라고 생각합니다.

코치: 인정받고 싶다는 말씀을 하셨기 때문에 그 부분에 대해서 좀 더 풀어서 말씀해 주시면 좋을 것 같아요.

고객: 일단 제가 가지고 있는 능력치에 대해서는 제가 일단 제로베이스라고 생각을 하고 시작하고 싶어요. 그러니까 뭐 경력도 있고, 제가 지금까지 생활해 온 시간들도 있고…. 이들을 정말 많이 가르쳐왔다고 생각을 하지만, 일단은 제로베이스라고 생각을 하고 신입답게 시작을 하고 싶습니다.
그래서 교육도 성실히 임하고…. 그런 과정들을 좀 빠르게, 네 조금 더 진취적으로 그렇게 함으로써…. 제가 조금 더 남들보다 그런 걸 좋아해요. 남들보다 조금 더 빠른 그런 걸 되게 좋아 하기 때문에, 그런 부분에서 일단 노력을 하려고 생각을 하고 있습니다. 그리고 그걸 제가 굳이 말하지 않아도, 제 행동으로 보이는 거를 이제 누군가가 관찰을 하면서 아 저 사람은 저만큼 하고 있구나고 판단할 수 있는, 네, 그게 인정이라고 생각을 합니다.

코칭역량을 숙달하기 위해서 가장 중요한 것은 '적절한 때에 어떤 역량을 사용하는가?'이다. 본 코칭 사례는 필자가 멘토 코칭을 해준 사례의 일부임을 밝혀둔다. 적극적으로 경청한다는 코칭역량의 관점에서 해설을 하고자 한다. 코칭사례에 대한 해설을 통하여 '적극적으로 경청한다' 코칭역량이 코칭세션에서 어떻게 사용되는지 배우게 되기를 바란다.

코칭사례를 보면 코치가 질문하고, 코치의 질문에 대하여 고객이 대답을 하면 코치는 고객이 대답을 한 내용을 가지고 또 질문을 하는 핑퐁식 대화가 계속되고 있다. 이것은 코칭대화라 하기 어렵다. 왜냐하면 코칭대화는 고객이 원하는 미래를 향해 앞으로 움직이게 하는(Moving Forward) 대화이기 때문이다. 즉 고객이 정말 원하는 것을 중심으로 하는 대화이다. 그래서 코치가 코칭을 하는데 있어서 가장 중요한 것은 고객이 정말로 원하는 것(Real want)이 무엇인지를 이해하는 것이다.

고객이 정말 원하는 것을 이해하려면 적극적으로 경청해야 한다. '코치가 고객에게 무엇에 대하여 코칭하면 좋을까요?'라는 코치의 질문에 고객은 자격증을 빨리 따고 신입교육도 빨리 끝내고 싶다고 했다. 이에 대하여 코치는 고객의 말을 요약을 하면서 그것이 고객에게 어떤 의미가 있나요? 하며 질문을 했다. 여기서 질문하는 것은 적절하지 못하다. 코치는 고객의 말을 더 들어야 한다. 여기서 코치는 실행 지침 2번과 같이 무엇인가 더 있다고 생각하고 조금 더 말해주세요. 하며 충분히 듣는 것이 중요하다. 또는 무언가 더 있다고 생각이 드는데요. 어떤가요? 하며 고객이 충분히 말하도록 요청하는 것이 중요하다.

고객의 말을 충분히 들으면서 실행 지침 1번과 같이 고객의 상황, 정체성, 환경, 경험, 가치, 신념을 고려하게 되면 고객이 말한 것에 대한 이해가 높아지게 된다. 고객의 이슈가 어떤 상황에서 나왔는가? 이슈를 경험하면서 고객은 어떤 자기 정체성 가지고 있는가? 이슈와 관련된 고객의 경험은 무엇인가? 고객이 어떤 가치를 가지고 있기에 이슈를 꺼냈는가? 고객의 이슈는 고객의 어떤 믿음에서 나왔는가? 이러한 질문들을 고려하면서 충분히 들은 후 코치가 이러한 질문을 할 수 있다. 정말 원하는 것은 무엇인가요? 또는 많은 말씀을 해주셨는데 정말 원하는 것을 한 문장으로 요약한다면 무엇인가요?

코치가 고객의 말을 들으면서 고객이 한 말 이면에 있는 고객의 정체성, 가치, 신념을 알아차리고 고객의 허락을 받고 코치가 발견한 것을 나누고 어떤가요? 하면 고객이 새로운 자각을 하게 되고 좀 더 깊은 대화로 나아갈 수 있게 된다. 또한 실행 지침 3번과 같이 고객의 말을 들으면서 고객은 어떤 감정을 가지고 있는지 주목하고 알아차리게 되면 이러한 질문을 할 수 있다. 고객님이 말씀하시면서 어떤 감정이 느껴졌나요? 질문할 수 있다. 고객이 자기의 감정을 말하면 고객의 감정에 대하여 더 탐색하면서 고객의 이슈에 대한 뿌리가 되는 원인(Root Cause)을 탐색할 수 있게 된다.

이와 같이 적극적으로 경청을 하게 되면 자연스럽게 강력한 질문을 할 수 있게 된다. 또한 적극적인 경청을 통해 고객이 정말로 원하는 것이 무엇인지 명확해질 수 있다. 그리고 적극적인 경청을 통해 고객의 위대함을 발견하고 코칭이슈를 연결시켜 새로운 자각을 일으킬 수 있게 된다.

2) 코칭 팁

다음의 고객의 코칭이슈에 대하여 고객의 말을 듣고 코치가 적극적으로 경청하기 역량을 사용하여 어떻게 반응을 하여야 하는지 연습을 해보자.

> 고객: 오늘은 정말 생산적인 아침이었어요. 내가 해야 할 목록 3가지를 다 했거든요. 요즘 하는 일마다 다 잘 돼요. 이번 주말에는 어디에서 요트를 빌릴 것인지 확실하지는 않지만 요트를 타며 즐거운 시간을 가질 거예요.

다음 사항 가운데 코치가 적극적으로 경청하기 역량을 사용하여 올바르게 반응한 것은 "예." 올바르게 반응하지 못한 것은 "아니요."로 답을 하세요.

① 이러한 결정에 대하여 어떻게 느끼세요?

정답은 '아니요'입니다. 왜냐하면 고객은 행동에 대하여 이야기하고 있는데 코치는 고객의 내적인 감정에 대하여 질문을 하고 있다. 이것은 고객의 아젠다가 아니라 코치의 아젠다이다.

② (고객이 생산적인 아침이라는 말을 들은 후 코치는 말하기 전에 속으로 무슨 질문을 하여야 하지 생각하면서 자신에게 몰입을 한다. 그리고 음, 하면서 질문을 한다.) 이러한 생산성을 위하여 책임을 지는데 당신이 사용해 온 조직 시스템이 궁금해지는데요?

정답은 '아니요'이다. 왜냐하면 고객은 조직 시스템에 대하여 이야기 하는 것을 요청하지 않았다. 코치가 아젠다를 선택한 것이다.

③ 당신이 오늘은 정말 생산적인 아침이었고, 해야 할 일 가운데 3가지를 다 했고, 그래서 이번 주말에 요트를 타며 즐거운 시간을 가지기로 결정했다고 내가 들었는데 이것에 대하여 좀 더 논의하고 싶은 것이 있나요?

정답은 '예'이다. 왜냐하면 코치는 적극적으로 고객의 말을 듣고 요약하여 되돌려 주고 있고 고객의 말을 사용하여 고객이 정말 논의하기 원하는 아젠다 인지 명확하게 하기 위하여 질문을 하고 있다.

④ 당신은 지난 세션에서 논의했던 결정을 하셨군요. 어디에서 요트를 빌리는 것이 가장 당신에게 유용한지에 대하여 브레인스토밍을 할까요?

정답은 '예'이다. 왜냐하면 코치는 고객의 말을 사용하여 고객에게 반응을 하고 있다. 그리고 고객이 브레인스토밍을 원하는지 원하지 않는지 질문을 하고 있다.

▮ 생각해 봅시다

1. “모든 코칭은 경청으로 시작한다.”는 말에 대하여 생각해 보고 이것이 왜 중요한지 논의해 봅시다.

2. 적극적으로 경청하는 것은 ‘고객이 말한 것과 말하지 않은 것을 고객의 시스템의 맥락에서 충분히 이해하는 것이다’라는 역량정의에 대하여 토의해 봅시다.

3. 적극적으로 경청하는 것은 고객의 자기표현을 지원해 준다는 의미가 무엇인지 생각해 봅시다.

11장

코칭핵심역량 7: 알아차림을 불러일으킨다

이 장에서 다루게 될 7번째 역량 '알아차림을 불러일으킨다(Evokes Awareness)'는 8가지 역량에서 효과적으로 의사소통하기(Communicating Effectively) 그룹에 포함된 2가지 역량 중 2번째 역량이다. 이 역량에서의 키워드는 새로운 통찰(new insights), 새로운 학습(new learning), 성찰과 재구조화(reflection and re-framing)이다.

알아차림 불러일으키기란, 코칭대화를 통해 고객이 새롭게 통찰한 것이 무엇인지 질문하고 고객의 새로운 학습을 지원하기 위해 코치가 관찰한 것을 공유한다. 또한 고객이 스스로 성찰하고 재구조화 할 수 있도록 지원하는 역량이다. 고객의 알아차림은 대화 중에 매 순간 일어나고 있다. 이렇게 일어난 알아차림을 고객이 스스로 표현해 보도록 필요하다면 매순간 질문해 준다. 그리고 고객의 학습과 성장을 위해 필요한 알아차림이 생길 수 있도록 코치가 다양한 방법으로 지원하는 것이다. 이제 역량의 정의와 더불어 실행 지침을 살펴보고자 한다.

1. 역량 정의

> 강력한 질문, 침묵, 은유(metaphor) 또는 비유(analogy)와 같은 도구와 기술을 사용하여 고객의 통찰과 학습을 촉진한다.
> (Facilitates client insight and learning by using tools and techniques such as powerful questioning, silence, metaphor or analogy.)

이 역량에서 말하는 알아차림의 원어는 Awareness다. Awareness는 지금 코칭분야에서 알아차림이라는 용어 외에도 자각, 인식, 일깨우기, 의식 등 다양한 용어로 사용되고 있다. 위키피디아에서는 awareness를 '무엇인가를 의식하는 상태'로 설명한다. 이로써 awareness를 consciousness(의식)와 동의어로 보고 있다. 옥스퍼드 영영사전에서는 awareness를 '무엇인가를 아는 것, 무엇인가가 존재하고 중요하다는 것을 아는 것'으로 설명한다. 기존 11가지 역량일 때 이 역량은 'Creating Awareness'였다. 이때 이것을 한국코치협회에서는 '의식확장하기'라고 하여 사실상 의식(consciousness)과 동의어로 보고 있다. 이는 위키피디아의 설명과 일치한다. 또한 도미향과 황현호(2017)는 Creating Awareness를 자각인식하기(의식 확대하기)로 봄으로써 사실상 awareness를 자각, 인식, 의식 등의 용어로 보고 있다. 또한 김정규(2015)는 awareness를 감각적 · 감정적 · 인지적 · 지각적 그리고 행동적 차원들을 모두 포함하는 다차원적인 지각을 뜻한다는 의미로 이러한 복합적인 의미를 가장 잘 살리는 용어로 '알아차림'이 가장 적당하다고 했다. 그리고 ICF Korea챕터에서도 업그레이드된 8가지 역량을 번역하는 과정에서 awareness를 '알아차림'으로 하기로 결정했다.

결국 고객이 코칭대화를 통해 얻는 유익은 통찰과 학습이다. 이런 통찰과 학습을 바탕으로 고객은 더 나은 단계로 나아갈 수 있다. 그래서 코치는 고객의 통찰과 학습을 촉진하기 위해 가장 흔하게는 질문을 사용한다. 그리고 필요하다면 침묵을 통해서도 가능하다. 또한 은유나 비유등과 같은 도구나 기술을 활용한다는 것이다.

고객은 코칭대화 중에 이미 자신의 내면에서 어떤 새로운 생각, 감정, 욕구, 의도, 이미지 등이 일어난다. 코치는 질문을 통해 이것을 표현해 보도록 촉진할 수 있다. 그 외에도 고객은 자신을 둘러싸고 있는 상황이나 환경, 관계, 더 나아가 자신의 잠재력이나 성장 가능성 등에 대해서도 깊은 통찰이 이미 일어났을 수 있다. 코치는 질문이나 침묵, 은유, 비유 등을 통해 이것을 표현하도록 한다는 것이 불러일으킨다(Evoke)의 첫 번째 의미다. 두 번째 의미로서의 불러일으킨다(Evoke)는 것은 고객 내면에서 아직 생성되지 않은 통찰이나 학습, 성찰이나 재구조화해야 할 것 등을 촉진시킨다는 것이다.

2. 실행 지침

1. 가장 유용한 것이 무엇인지 결정할 때 고객의 경험을 고려한다.
   (Considers client experience when deciding what might be most useful.)
2. 알아차림이나 통찰을 불러일으키기 위한 방법으로 고객에게 도전한다.
   (Challenges the client as a way to evoke awareness or insight.)
3. 고객의 사고방식, 가치, 욕구 및 원함 그리고 신념 등 고객에 대하여 질문한다.
   (Asks questions about the client, such as their way of thinking, values, needs, wants and beliefs.)
4. 고객이 현재의 생각을 뛰어 넘어 탐색하도록 도움이 되는 질문을 한다.
   (Asks questions that help the client explore beyond current thinking.)
5. 고객이 이 순간에 경험하고 있는 것을 더 많이 공유하도록 초대한다.
   (Invites the client to share more about their experience in the moment.)
6. 고객의 발전(client's progress)을 위해 무엇이 잘되고 있는지에 주목한다.
   (Notices what is working to enhance client progress.)
7. 고객의 욕구에 맞추어 코칭 접근법을 조정한다.
   (Adjusts the coaching approach in response to the client's needs.)
8. 고객이 현재와 미래의 행동, 사고 또는 감정 패턴에 영향을 미치는 요인을 식별하도

록 도와준다.
(Helps the client identify factors that influence current and future patterns of behavior, thinking or emotion.)

9. 고객이 어떻게 앞으로 나아갈 수 있는지, 무엇을 하려고 하고 할 수 있는지 생각해내도록 초대한다.
(Invites the client to generate ideas about how they can move forward and what they are willing or able to do.)
10. 관점을 재구성(reframing) 할 수 있도록 고객을 지원한다.
(Supports the client in reframing perspectives.)
11. 고객이 새로운 학습을 할 수 있는 잠재력을 갖도록 관찰, 통찰 및 느낌을 있는 그대로 공유한다.
(Shares observations, insights and feelings, without attachment, that have the potential to create new learning for the client.)

1) 가장 유용한 것이 무엇인지 결정할 때 고객의 경험을 고려한다

코칭에서 중요한 장면 중의 하나가 고객이 의사결정으로 고민할 때다. 이때 코치는 어떻게 고객을 지월할 수 있을까? 고객이 의사결정을 잘 할 수 있도록 지원하면 된다. 의사결정을 잘 했다는 것은 무엇을 보면 알 수 있을까? 몇 년이 지난 후에도 후회 없는 결정이 좋은 의사결정이라고 할 수 있다. 그렇다면 어떻게 고객이 시간이 지난 후에도 후회 없는 결정이라고 말 할 수 있도록 코치가 함께 해줄 수가 있을까? 그것은 고객 자신의 경험을 활용하도록 하는 것이다. 과거 유사한 경험 속에서 얻은 교훈이나 가치가 무엇인지를 질문함으로써 알아차림을 불러일으키고 그렇게 얻은 교훈이나 가치를 적용함으로써 고객에게 가장 유용한 결정을 하도록 지원할 수 있다.

다음은 어디를 가야 할지 결정해야 하는 고객의 예이다.

고객: 코치님, 고민이 한 가지 생겼어요.
코치: 어떤 고민인가요?
고객: 이번 연휴에 두 군데서 초대를 받았는데 어디를 가야할지 모르겠어요.
코치: 그 두 곳이 어떤 곳인지 제가 알아도 될까요?
고객: 한 곳은 친구 아들 결혼식이고, 한 곳은 거래가 성사될 수 있는 만남이에요.
코치: 고민을 하신다는 것은 두 곳이 모두 고객님께 중요한 것이라는 의미로 들리는데 그런가요?
고객: 맞아요. 이 친구는 나랑 둘도 없는 단짝에다가 그 아들 녀석도 내 강좌를 들어서 나와도 이미 알고 있는 사이지요. 그리고 한 곳은 저에게 늘 좋은 강의를 연결해 주는 키맨인데, 이번에 큰 교육 건을 성사시켜 줄 수 도 있는 분과 식사를 하게 되었다고 오면 소개시켜 주겠다고 합니다.
코치: 고민이 되시겠네요. 그래서 어떻게 할 생각이세요?
고객: 그래서 코치님께 말씀 드리는 겁니다.
코치: 그렇다면 예전에 이와 유사한 상황에서 지금도 생각하면 잘 했다고 생각되는 의시결징의 경험이 있다면 어떤 거예요?
고객: 음, 지금도 생각하면 후회되는 의사결정이 있긴 하네요. 어, 그러고 보니 이번 하고도 유사한 것 같아요.
코치: 그래요? 좀 더 들어보고 싶은데요?
고객: 제가 결혼 전에 친하게 지내던 친구가 있었어요. 그 친구가 결혼식 날을 잡았지요. 당연히 저는 그 친구 결혼식에 가기로 약속했고요.
코치: 그런데요?
고객: 그런데 마침 결혼식 당일날 거래처에서 연락이 온 거에요. 그때 저는 화재보험을 하고 있었거든요. 자동차 보험을 들어준다고 당장 오라는 거예요. 지금 안 오면 다른 곳에 들 수밖에 없다고요.
코치: 그래서 어떻게 하셨는데요?
고객: 두 말 없이 계약하러 갔었죠.
코치: 그런데 그 결정을 후회한다는 말씀이신가요?
고객: 네, 그래요. 지금도 제 인생에서 가장 후회되는 결정이라고 생각해요.
코치: 그렇게까지 생각하셨다면, 그 경험을 통해 얻은 교훈이나 가치가 있을것 같은데 뭐라고 생각되세요?
고객: 그때는 제가 '돈'이나 '재정적 안정'을 중요하게 여겼던 것 같아요.
코치: 지금도 그렇게 생각하나요?
고객: 아니에요. 지금은 저는 '관계'를 더 중요하게 여기는 것 같아요.
코치: 축하드립니다. 그 경험을 통해 고객님이 중요하게 여기는 가치가 무엇인지 명확해지셨군요. 그렇다면 이번 의사결정에도 그 경험에서 얻은 교훈을 적용해 본다

면 어떻게 하고 싶으세요?
고객: 코치님과 대화하면서 어떻게 해야 할지 분명해 졌어요. 친구 아들 결혼식에 갈 겁니다. 키맨에게는 고마움을 표현하고 다음 기회에 다시 한 번 자리를 마련해 달라고 해야겠어요. 명쾌한 의사결정을 하도록 도와주셔서 감사합니다.

이와 같이 어떤 것이 고객에게 가장 유용한 것일까를 결정할 때 코치는 자신의 경험보다는 고객의 경험을, 그리고 그 경험을 다각도로 고려하여 선택하거나 결정하도록 지원해야 한다.

2) 알아차림이나 통찰을 불러일으키기 위한 방법으로 고객에게 도전한다

코칭에서 고객을 도전한다고 하면 놀랄 일이다. 여기서 고객에게 도전한다는 것은 고객이 가지고 있는 제한적이거나 비합리적인 신념, 부정적 정체성, 고객의 목표에 도움이 되지 않는 결정이나 관점 등에 도전한다는 의미다. 로버트 하그로브(Robert Hargrove, 2015)는 '불가능한 미래를 만드는 능력의 한계는 상사나 예산 때문이 아니라 코칭대상자의 생각 속에 들어 있는 무엇 때문이다'고 했다. 고객은 자신의 목표나 원하는 삶에 전혀 도움이 되지 않는 신념이나 관점을 가지고 살아가는 경우가 많다. 왜냐하면 이러한 신념이나 전제 등은 평소 의식하지 못한 상태에서 우리의 생각이나 언어, 행동에 영향을 미치고 있기 때문이다. 코칭대화를 통해 코치가 고객의 이러한 점들에 대해 발견했다면 코치는 고객에게 도전해야 한다. 물론 이때 유의해야할 점은 고객을 기분 나쁘게 하거나 당황하게 할 목적이 아니라 고객에게 새로운 알아차림이나 통찰을 불러일으키기 위한 목적이어야 한다.

고객이 자신에 대해 갖고 있는 정체성에 도전하는 예는 다음과 같다.

> 고객: 저 같은 사람이 어떻게 의사나 변호사나 이런 분들을 고객으로 삼을 수 있겠어요?
> 코치: (살짝 정색을 하며) 누가 그래요?
> 고객: (당황한 표정으로) 네?
> 코치: 아니 누가 우리 고객님더러 고객님은 의사나 변호사나 이런 분들을 고객으로 삼을 수 없다고 하더냐구요?
> 고객: (침묵) 그러게요. 제가 스스로 그렇게 생각하고 있었네요.

이와 같이 고객은 자신이 스스로의 진보를 가로막는 생각을 가지고 살아가고 있음을 인지하지 못한다. 이때 코치의 강력한 질문이 고객의 잠자고 있던 내면으로부터 뭔가 통찰을 불러오게 된다. 즉, '아무도 나에게 이런 말을 한 사람이 없는데, 내가 스스로 그렇게 나 자신에 대해 생각하고 있었구나'라는 통찰이 생기는 것이다.

3) 고객의 사고방식, 가치, 욕구 및 원함 그리고 신념 등 고객에 대하여 질문한다

코칭대화를 진행하다보면 고객이 가지고 있는 사고방식이나 추구하는 가치, 내면 깊숙한 곳으로부터의 욕구나 원함이 있다. 그리고 고객이 가지고 있는 신념 등도 드러나게 된다. 코치는 고객의 이러한 것들이 고객의 목표나 추구하는 삶에 도움이 되지 않는다고 판단될 때는 질문을 해줘야 한다. 이러한 것들 또한 고객이 가지고 있는 비합리적인 신념이나 제한적인 가정들처럼 수면 아래에서 고객의 생각이나 감정, 행동, 결정 등에 영향을 미치기 때문이다.

> "누군가 고객님이 그렇게 말씀하시는 것을 듣는다면 고객님은 어떤 사고방식을 가지고 있는 분이라고 할까요?"
> "고객님은 평소 어떤 가치를 중요하게 생각하시기에 그런 목표를 갖게 된 것일까요?"

"이렇게 말씀 하시고 나니까 고객님이 진정 원하는 것은 뭐라고 생각되세요?"
"고객님이 진심으로 원하는 것은 무엇인가요?"
"고객님이 그렇게 결정하시는 것을 누군가 본다면 그 분은 고객님에게 어떤 신념을 가지고 계신 분이라고 할까요?"

이런 질문들을 해줌으로써 고객은 비로소 자신이 무엇을 원하고 있는지, 어떤 상황에서 어떻게 생각하고 있는지, 자신이 중요하게 여기며 살아가고 있는 가치는 무엇인지, 자신의 삶에 중요한 영향을 미치고 있는 신념이 무엇인지를 알아차림 하게 된다.

4) 고객이 현재의 생각을 뛰어넘어 탐색하도록 도움이 되는 질문을 한다

고객은 자신의 감정이나 생각, 상황, 환경, 조건 등에 갇혀서 힘들어 할 때가 있다. 오직 그것이 내 삶의 전부인 것처럼 짓눌려 다른 시각으로 전환하지도 그 상태에서 벗어나지도 못하는 경우가 있다. 그럴 때 코치는 고객이 자기 자신이나 상황, 그리고 그가 원하는 결과에 대해 갖고 있는 현재의 생각을 알아차리게 해줘야 한다. 그리고 그것을 뛰어넘어 자신이 원하는 방향으로 나아갈 수 있는 방법에 관해 탐구해 보도록 질문으로 도와야 한다.

고객: 우리 형님하고는 가까이 지내기가 쉽지 않아요. 아니 싫어요.
코치: 어떻게 해서 그런 생각을 하게 되었나요?
고객: 어릴 때부터 저는 형님이 무서웠고 사실은 형님에 대한 좋지 않은 기억들이 있어요. 그래서 형님을 생각하면 '형님은 못된 사람이야'라는 생각이 기본으로 깔려 있는 것 같아요.
코치: 그런 생각을 갖고 계시다니 고객님도 형님을 대할 때마다 감정이 편안하지 않아 불편하겠다는 생각이 드네요. 그런데 궁금하네요. 형님에 대한 그 생각이 고객님이 지금 원하시는 목표에 도움이 되는 생각인가요?
고객: 제 목표요? 아, '가족분야의 코치나 강사'가 되겠다는 거요? (침묵) 도움이 안 되

지요.

코치: 그럼, 도움이 되는 생각으로 좀 바꿔야 할 필요가 있어 보이는데 어떻게 생각하세요?

고객: 그러네요. 방법이 있을까요?

코치: 우리 좀 더 큰 그림을 생각해 보면 어떨까요?

고객: 어떻게요?

코치: 잠시 눈을 감고요, 형님에 대한 그런 생각을 갖게 했던 그 장면을 높은 곳에서 내려다본다고 상상해 보세요.

고객: 네. 보여요. 시골집 마당에서 형님과 내가 어떤 작업을 하고 있어요. 그리고 형님이 내 뺨을 때렸어요. 나는 울고 있고요.

코치: 좀 더 시야를 넓혀서 누가 있는지 볼래요?

고객: (침묵) 아, 부모님도 계시네요? 옆에서 무슨 일인지 모르지만 다투고 계세요.

코치: 형님은 어떤 일로 동생인 고객님의 뺨을 때렸나요?

고객: (침묵) 지금까지는 서 장면에 형님과 저밖에 없었어요. 그런데 오늘 옆에 부모님도 계셨다는 것이 놀랍네요. 그리고 그분들이 다투고 계셔요.

코치: 그게 무슨 의미가 있나요?

고객: 네, 우리 형님은 아마 부모님의 다투는 장면에 화가 났었나 봐요. 제가 어릴 때 그런 표현을 하는 것을 자주 들었거든요.

코치: 좀 더 이야기해 보시겠어요?

고객: 형님이 저처럼 어렸을 때 부모님이 많이 싸우셔서 형님이 말을 더듬는 수준까지 위축이 되었다고 해요. 저도 형님의 그런 모습이 기억이나고요. 그런데 지금은 형님이 군복을 입고 있으니 휴가 나왔나 봐요. 저는 중학생이고요.

코치: 그래서 형님은 어떻게 해서 동생인 고객님의 뺨을 때렸나요?

고객: 아마, 부모님이 또 다투시는 것을 보고 화가 났었나 봐요. 부모님께 뭐라고 할 수는 없으니까 자기 일을 거들고 있는 동생이 실수를 하자 뺨을 때린 것 같아요. 그래요. 제가 미워서가 아닌 것 같아요. 아마, 부모님에 대한 원망과 불편함을 저에게 풀어낸 것 같아요,

코치: 그런 알아차림이 생기셨군요. 심호흡을 깊이 한 번 하시고 조용히 눈을 떠보시겠어요?

고객: 신기하네요.

코치: 어떤 점이 신기한가요?

고객: 정말 전에는 이 일을 생각하면 저와 형님밖에 생각하지 못했었어요, 그런데 오늘은 부모님이 옆에 계셨다는 것과 그 동안 생각하지 못했던 생각을 하게 된 것 같아요.

코치: 축하드립니다. 이제 형님은 고객님에게 어떤 분인가요?

고객: 아, 우리 형님은 못된 사람이 아니고 저처럼 상처받은 사람이었네요.
코치: 그 생각이 고객님의 목표에 어떻게 연결이 되나요?
고객: 맞아요. 저는 앞으로 가족들을 세우고 돕는 코치와 강사가 되고 싶어요. 그래서 저나 형님 같은 가족 안에서 상처받은 사람들을 도와주고 싶네요.
코치: 와, 그런 알아차림과 결심을 축하드립니다.

5) 고객이 이 순간에 경험하고 있는 것을 더 많이 공유하도록 초대한다

코칭세션에서 코치가 할 일은 고객이 자기표현을 충분히 하도록 하는 것이다. 결국 고객은 자신의 이야기를 풀어놓음으로써 스스로 알아차리고 정리가 된다. 그래서 코치는 고객이 어떤 이야기를 할 때 매 순간 좀 더 이야기해 보라고 초대하여 고객이 이야기를 할 때 깊은 관심으로 경청하여야 한다.

"방금 말씀하신 것을 좀 더 이야기해 보시겠어요?"
"좀 더 들어보고 싶은데요?"
"그래서 어떻게 되었나요?"
"지금 이 순간 무엇을 경험하고 계시는지 말씀해 주시겠어요?"

6) 고객의 발전을 위해 무엇이 잘되고 있는지에 주목한다

코치는 고객이 자신의 발전(client's progress)과 진보를 위해 해오고 있는 것이 무엇이며 그 중에서 어떤 것이 잘 작동하고 있는지, 도움 되는 행위가 무엇인지 등을 주목하여 알아차리고 그것을 고객에게 알려줘야 한다. 그렇게 함으로써 고객도 자신이 부지불식간에 해왔지만 크게 신경 쓰지 않았던 어떤 행위가 자신의 목표 달성이나 진보에 도움이 되었다는 것을 알아차림 할 수 있다. 그리고 그 행위를 지속할 수 있는 모멘텀을 갖게 된다.

> "그것을 위해 어떤 노력들을 해오셨나요?"
> "그것이 어떤 식으로 도움이 되었다고 생각하세요?"
> "우리 고객님은 건강기능식품을 꾸준히 섭취해 오셨네요. 그것이 고객님의 건강을 위해 어떤 작용을 했다고 생각하세요?"
> "고객님의 발전을 위해 어떤 것이 잘되고 있다고 생각하세요?"
> "목표 달성을 위해 해오고 있는 것들 중 무엇이 도움이 되고 있다고 생각하세요?"

7) 고객의 욕구에 맞추어 코칭 접근법을 조정한다

코칭을 운영하는 방법은 다양하다. 인지적 대화를 기본으로 하여 다양한 코칭 접근법을 활용하여 코칭은 진행된다. 코치는 고객의 목표 달성을 위해 다양하고 창의적인 방법들을 고객에게 제안하기도 하고 고객의 원하는 바를 듣고 그것에 맞는 코칭접근법을 활용하기도 한다. 이러는 과정에서 코치는 고객이 원하는 바에 따라 민감하게 자신의 접근법을 조정할 필요가 있다. 여기서 코칭접근법(the coaching approach)은 이미 다른 전문영역 등에서 인간이해를 바탕으로 잘 조직화되어 활용되고 있는 기술이나 철학이나 도구들을 의미한다. 그리고 그런 것들 중에는 이미 코칭 속에 깊이 녹아들어 '무슨무슨 코칭'이라고 불리기도 한다. 예를 들면 'NLP코칭'이나, '에니어그램 코칭' 등과 같은 것이다.

코치가 선호하는 코칭접근법이라고 해서 고객도 좋아하리라는 법은 없다. 그럴 때는 코치가 그 접근법을 내려놓고 고객이 원하는 방법이 있는지 질문하고 함께 합의하여 고객이 원하는 방법으로 진행해야 한다. 그리고 고객이 코칭을 진행하는 중에 요청하는 것들이 있다면 코치는 이에 맞는 코칭접근법을 찾아서 활용해야 한다.

(1) '만다라트[1]) 방법을 활용한 예

고객: 코치님, 제가 교회 실버대학에서 할아버지 할머니들을 대상으로 2시간 특강 의뢰를 받았는데요, 어떤 내용으로 강의해야 할지 모르겠어요. 강의 주제를 선정할 수 있는 특별한 방법이 있나요?
코치: 와, 축하드립니다. 특강 의뢰를 받으셨군요. 강의의 대주제와 소주제를 선정할 때 활용할 수 있는 방법 같은 것이 있냐는 말씀인가요?
고객: 네, 맞아요. 그런 특별한 방법이 있을 것 같아서요.
코치: 음, '만다라트'라는 방법이 있는데, 거기에 적합할 수도 있겠네요.
고객: 어, 어떻게 하는 건데요?
코치: 네, A4지에 가로 방향으로 간격이 같은 3개의 칸이 나오도록 줄을 2번을 긋고, 세로 방향으로도 간격이 같은 3개의 칸이 나오도록 줄을 2번을 그으면, 총 9개의 칸이 만들어지잖아요. 그러면 중앙 칸에 '실버대학 특강 주제 찾기' 라고 넣고 주변의 8개 칸에 원하는 주제를 채워넣는 방식입니다. 그리고 이 8개의 대주제 중에서 꼭 나누고 싶은 주제 3개를 선택하여 다시 각각의 주제를 가지고 같은 방식으로 8개의 소주제를 찾은 다음 그 중에서 꼭 나누고 싶은 3가지 소주제를 선택하면 대주제 3개와 각각에 해당하는 소주제 3개씩을 찾게 되지요.
고객: 와, 그런 방법이 있었군요. 코치님, 우리 바로 해봐요.
코치: 네, 그럼 이 방법을 활용해서 함께 해볼까요?
고객: 네, 좋아요.

위 사례는 고객이 원하는 니즈에 맞는 코칭툴을 코치가 소개하고 고객이 수용하여 적용하는 예일 수 있다.

(2) 'ERRC[2])'를 활용하는 예

고객: 코치님, 제가 이번에는 정말 제 생활습관을 바꾸고 싶거든요. 이번 취업준비를 앞두고는 정말이지 제 라이프스타일이 변해야 해요. 혹시 이럴때 도움 받을 수

1) 활짝 핀 연꽃 모양으로 아이디어를 다양하게 발상해 나가는 데 도움을 주는 사고 기법이다. 일본의 마츠무라 야스오가 개발했으며, '연꽃만개법' 또는 'MY 기법'이라고도 한다. 연꽃 기법에 사용되는 차트는 불교의 만다라 형태와 유사하다고 하여 '만다라트(Mandal-Art)'라고 불린다.

2) 2004년 프랑스 인시아드(INSEAD) 경영대학원의 김위찬과 러네이 모본 교수가 주장한 '블루오션 전략(Blue Ocean Strategy)'에서 사용하는 4가지 액션 프레임워크.

있는 뭔가가 있나요?

코치: 말씀 속에서 확고한 변화 동기가 느껴지네요. 축하드립니다. 'ERRC'라는 방법이 있는데 혹시 들어보시겠어요?

고객: 네, 그게 뭔가요?

코치: 네, 경영학분야에서 활용하는 특히, 블루오션이라고 하는 경영전략 쪽에서 사용하는 전략 중 하나인데, 고객님의 그런 이슈에 적합할 것 같습니다.

고객: 그래요? 그게 어떤 건지 좀 더 설명해주세요.

코치: 네, 먼저 E는 Eliminate로 삶속에서 제거해야 할 것, 즉 그만해야 할 것이 무엇인지를 찾는 것입니다. 그리고 R은 Reduce로 감소시킬 것, 즉 지금 하고 있는 것들 중에서 조금 줄이거나 감소시킬 것을 말하는 겁니다.

고객: 그리고요?

코치: 네, 세 번째 R은 Raise로 증가시킨 것입니다. 하고 있지만 좀 더 해야 할 것이죠. 그리고 마지막 C는 Create로 새롭게 창조할 것이지요. 즉 고객님의 삶의 변화를 위해 새롭게 시도해볼 것을 말하는 겁니다.

고객: 와, 그런 게 있있군요. 그럼 당장 해보고 싶어요.

위 사례도 고객이 코칭을 진행하는 중에 요청하는 것들을 코치가 이에 맞는 코칭접근법을 찾아서 활용하는 예라고 할 수 있다.

8) 고객이 현재와 미래의 행동, 사고 또는 감정 패턴에 영향을 미치는 요인을 식별하도록 도와준다

고객이 알아차림 하도록 도울 때, 특히 고객의 현재나 미래의 행동, 사고, 감정 등의 패턴에 무엇이 영향을 미치는지를 알아차림 하도록 도와야 한다. 왜냐하면 고객은 자신도 인식하지 못하고 있는 이러한 요소들에 의해 일상에서 자신의 행동과 사고, 감정을 반복해서 경험하게 되고 이것이 일종의 패턴이 되고 있다는 것을 모를 수 있기 때문이다. 물론 고객에게 이런 알아차림을 불러일으키기 위해서는 이 역량의 정의에서 살펴본 바와 같이 강력한 질문이나 은유, 또는 비유와 같은 도구나 기술을 활용할 수도 있다. 다음의 사례를 통해 좀더 이 내용을 구체적으로 살펴보고자 한다.

사고, 행동, 감정 패턴에 영향을 주는 요소 파악하기의 예를 살펴보면 다음과 같다.

> 고객: 최근 며칠 동안 뭔지 모를 불안함 때문에 생활이 엉망이었어요.
> 코치: 저런, 많이 힘들었겠네요. 무엇이 우리 고객님의 생활을 그렇게 엉망으로 만들었을까요?
> 고객: 뭔지 모를 불안감과 불쾌함이 제 감정을 힘들게 하는 것 같아요.
> 코치: 그렇다면 가장 원하는 고객님의 감정상태를 어떤 이미지로 표현해 본다면 무엇에 비유해 볼 수 있을까요?
> 고객: '잔잔한 호수'가 떠올라요.
> 코치: 그렇군요. 그 '잔잔한 호수'에 가장 영향을 미치는 요소는 무엇이라고 생각되세요?
> 고객: 음…. '관계에서의 편안함'같아요. 저는 관계가 불편해지면 마음에 동요가 일고 때론 걷잡을 수 없는 불쾌한 생각과 감정 때문에 일상의 행동에도 지장을 많이 받는 것 같아요.
> 코치: '관계에서의 편안함'이 우리 고객님에게는 아주 중요한 영향요소군요. 그렇다면 최근에 경험한 그런 감정에 대해 방금 말씀하신 내용이 연결되는 건가요?
> 고객: 맞아요. 이제 이해가 되네요. 최근에 아들 녀석과 말다툼이 조금 있었는데 그것이 어쩌면 영향이 있었겠네요.

이 고객의 경우는 '관계에서의 편안함'이 자신의 사고, 행동, 감정 패턴에 가장 영향을 미치는 요소다. 그리고 어떤 고객은 '생활의 안정', 어떤 고객은 '자녀의 성적과 진로', 어떤 고객은 '남편의 귀가 시간', 어떤 고객은 '자신의 자기개발 정도' 등 고객마다 영향요소들이 다르다. 코치는 고객들의 행동, 사고, 감정 패턴에 영향을 미치는 이런 요소들을 알아차림 하도록 다양하게 지원하여야 한다. 그래서 고객이 자신의 이런 패턴에 사로잡혀 생활하지 않고 자신의 의지와 주도성에 의해 삶을 살아가도록 도와야 한다.

9) 고객이 어떻게 앞으로 나아갈 수 있는지, 무엇을 하려고 하고 할 수 있는지 생각해 내도록 초대한다

코치는 어떻게 하면 고객이 앞으로 나아갈 수 있을까에 대해, 그리고 그것을 위해 고객이 기꺼이 하거나 할 수 있는 일들이 무엇인지에 대해 아이디어를 만들어 내도록 초대해야 한다. 결국 고객이 자신의 존재가치대로 살아가고 목표한 삶을 살 수 있으려면 뒤돌아보거나 변명을 하기 보다는 앞으로 나아가게 하고 그것을 위해 기꺼이 하고자 하는 일과 할 수 있는 일이 무엇인지를 생각해 보도록 질문해 주는 것이 코치의 역할이다.

> "고객님의 존재가치대로 살아가는 삶을 사진으로 한 장 찍어보세요. 어떤 모습인가요?"
> "그 사진이 고객님에게 그런 삶을 위해 해야 할 일을 일러줍니다. 무엇을 하라고 하나요?"
> "그런 삶을 살기 위해 고객님이 해야 하거나 하고 싶은 것은 무엇인가요?"
> "고객님의 목표를 위해 기꺼이 하고 싶은 것이 있다면 무엇인가요?"
> "그 목표를 위해 무엇을 할 수 있고 무엇을 해보고 싶은가요?"

10) 관점을 재구성할 수 있도록 고객을 지원한다

심리학에서 '프레임(frame)'은 '세상을 바라보는 마음의 창'을 의미한다(최인철, 2016). 재구성(reframing)은 재구조화라고도 한다. 재구성은 고객이 가지고 있는 '세상을 바라보는 마음의 창'을 다시 짠다는 의미다. 한마디로 고객이 세상을 바라보는 새로운 마음의 창을 갖는 데 도움이 되는 질문으로 고객을 지원하라는 의미다. 사실 이러한 재구조화(reframing)는 밀턴 에릭슨(Milton Erickson), 버지니아 사티어(Virginia Satir), 칼 휘태커(Carl Whitaker), 제이 할레이(Jay Haley)라는 주요 심리치료사들이 사용했던 방법이다(Capps, 2013). 과거 자신이 경험했거나 현재 경험하고 있는 어떤 사건이나 상황, 사람에 대해 갖고 있는 자신의 관점이 고객이 원하는 목표나 삶에 도움이 되고 있지 않다면, 이를 다시 조정하게 도와야 한다. 그럼으로써 고객은 자신의 기존 관점이나 프레임에서 벗어나 새로운 관점을 갖게 된다. 고객이 어떤 사건이나 경험, 상황이나 사람에 대해 갖고 있는 이야기, 생각, 감정, 언어, 행동이 완전히 새롭게 변화되는 경험을 하도록 질문을 통해 도와야 한다는 의미다. 이에 관한 사례는 다음과 같다.

다음은 관점 재구성의 예이다.

고객: 제 아내가 집 안 청소를 안 해서 속상해 죽겠어요.
코치: 그런가요? 좀 더 구체적으로 이야기해 주시겠어요?
고객: 저희가 신혼이잖아요. 게다가 아내는 지금 휴직 중이어서 직장에도 나가지 않고 있단 말이에요. 그럼 집에서 청소도 좀 하고 있으면 얼마나 좋겠어요. 제가 집에 들어오면 이건 마치…. 아휴 말하기도 싫어요.
코치: 말씀하시면서 목소리 톤도 올라가고 안색도 붉어지시는 것이 정말 그런 상황 때문에 속상해하시는 고객님의 마음이 헤아려지네요. 그럼 아내가 그것 대신에 어떻게 하기를 원하세요?
고객: 그야, 평소에는 그냥 있더라도 제가 퇴근할 시간쯤 되면 대충이라도 집 청소를 하고 있어야 하는 것 아닌가요?
코치: 네, 그런 기대를 갖고 계시네요. 그럼 제가 이렇게 질문드려 보겠습니다. '세상의 모든 아내들은 남편이 퇴근할 시간이 되면 집안을 깨끗이 청소하고 기다린다.' 이것에 대해 어떻게 생각하세요?
고객: (잠시 침묵) 모든 사람들이 그러지는 않겠지요.
코치: 그럼 고객님이 아내에게 기대하는 것이 일반적이지는 않다는 말씀이네요. 다른 사람은 그러지 않아도 내 아내만큼은 그랬으면 하는 기대를 갖고 계시는 거군요?
고객: 네, 그러네요.
코치: 그럼 아내에게 갖는 그런 기대 이면에는 어떤 생각이 있는 걸까요?
고객: 음…. '집안은 늘 깔끔하게 청소되어 있어야 한다.' 뭐 이런 생각일까요?
코치: 그런 것 같네요. 그렇다면 그 생각을 가지고 계시는 동안은 아내분이 청소를 하지 않고 있을 때마다 고객님의 마음은 어떨 것 같으세요?
고객: 지금처럼 화가 나고 불편하겠지요.
코치: 그럼 그렇게 남은 삶을 아내 때문에 화가 나고 불편하게 사시겠어요? 아니면 그 생각을 살짝만 유연하게 바꿔보시겠어요?
고객: 바꿀 수 있다면 좋겠지요.

코치: 그럼 어떻게 바꿀 수 있을까요?
고객: 글쎄요. 음… '집 청소를 하지 못할 수도 있다?' 그런가요?
코치: 네, 어떠세요? 그 생각이 아까 '집 청소를 해야만 한다.'보다 더 유연하다고 생각되나요?
고객: 네, 그런 것 같네요.
코치: 그럼 이렇게 유연해진 생각으로 청소를 하지 않고 있는 아내를 보게 되면 이제는 마음이 어떨 것 같으세요?
고객: 괜찮을 것 같네요. 불편하지 않을 수도 있겠어요.
코치: 그렇군요. 그런데 제가 고객님과 이야기 나누면서 고객님에 대해 한 가지 발견한 것이 있는데 나눠도 될까요?
고객: 네? 뭔데요?
코치: 청소를 잘하는 탁월함은 우리 고객님이 아내 분보다 훨씬 높으신 것 같은데 어떻게 생각하세요?
고객: 그건 맞아요.
코치: 그렇군요. 혹시 집안에서뿐 아니라 다른 모임이나 조직에서도 정리정돈을 잘 하시나요?
고객: 회사 환경정리도 다 내 몫이긴 하죠.
코치: 그렇군요. 정리정돈이나 청소는 우리 고객님의 탁월함이었네요.
고객: 맞아요. 저는 어지러운 것을 보면 그냥 있지 못해요. 어디서든 제가 나서서 정리정돈을 하죠. 그러면 모두 좋아하고 저도 기분 좋고 그래요. 사람들이 그런 점을 알아주는 것이 싫지도 않고요.
코치: 축하합니다. 그러네요. 청소하는 것은 우리 고객님의 탁월함이었네요.
고객: 맞네요. 저의 탁월함이네요. (웃음)
코치: 그러면 아내 입장에서는 이렇게 말할 수도 있겠네요?
고객: 어떻게요?
코치: "아니 여보, 난 당신만큼이나 청소를 잘하지 못하는데, 왜 당신은 나에게 당신만큼이나 깔끔하게 청소를 하라고 하는 거야? 난 당신이 그런 말을 하거나 눈빛으로 나를 볼 때면 정말 스트레스를 받는단 말이야." 이렇게요.
고객: (잠시 침묵 후) 그렇겠네요. 그러고 보니 아내가 이미 그런 말을 많이 했었네요.
코치: 그랬군요. 그럼 이제는 이것이 고객님의 탁월함이라는 것을 알았으니까, 똑같은 상황에서 이제는 아내에게 어떻게 하고 싶으세요?
고객: 이제는 청소가 되어 있지 않아도 이해할 수 있을 것 같아요. 그리고 저녁 식사하고 나서 제가 청소를 하면 될 것 같아요. 어차피 지금 까지도 제가 청소는 했어요.
코치: 그러셨군요. 그럼 이제는 청소할 때, 전과 비교하여 어떤 것이 달라질 것 같으세요?
고객: 전에는 청소하면서 제가 많이 구시렁거리고 불평을 하면서 했는데, 이제는 그러

지 않고 흔쾌히 할 것 같아요. 어차피 아내는 이런 탁월함이 부족하니까요.
코치: 축하드립니다. 이제는 청소가 안 되어 있다는 것 때문에 속상해 죽겠다고 하셨던 것에 대해 어떤 생각이 정리가 되셨나요?
고객: 그동안 괜히 나 때문에 아내가 힘들었겠구나 하는 생각을 처음으로 하게 되었고요, 청소하는 것이 내 탁월함이라는 새로운 발견을 한 것 같아 기분도 좋네요.

고객은 코치와의 대화를 통해 자신이 아내에게 가졌던 기존의 관점을 바꾸게 되었다. 즉, 새로운 마음의 창으로 아내를 보고 자신을 보게 된 것이다. 그러고 나니 새로운 통찰이 올라왔고 관점 전환과 변화행동을 할 수 있는 힘을 얻게 된 것이다.

11) 고객이 새로운 학습을 할 수 있는 잠재력을 갖도록 관찰, 통찰 및 느낌을 있는 그대로 공유한다

코칭대화 중에 코치는 주로 고객이 말하도록 배려한다. 하지만 코치도 고객의 이야기를 듣다 보면 코치 내면에서 올라오는 직관이나 통찰, 느낌이나 생각, 관점, 그리고 관찰된 것이 있다. 그러면 코치는 이것을 고객에게 나눠야 한다. 이것을 나누지 않는 것은 코치의 직무유기다. 왜냐하면 고객은 평소 자신의 삶 속에서 자기 내면에서 올라오는 직관이나 통찰, 느낌, 생각 등을 신뢰할 수 없거나 그런 것이 부족하다고 생각이 되어 코칭을 받기로 결심한다. 그렇기에 코치는 고객과의 대화중에 자신의 내면에서 올라오는 직관이나 통찰, 느낌이나 생각 등을 나눠야 한다. 이를 통해 고객이 새로운 학습을 하게 되고 자신 내면에 잠자고 있던 잠재력을 발휘하게 하거나 이미 발휘하고 있는 잠재력을 더 잘 사용하도록 돕는 것이다.

하지만 이때 주의해야 할 것은 마치 자신의 직관이나 통찰, 느낌이나 생각은 틀림없다는 듯이 주장하는 자세로 나눠서는 안 된다. 이것은 코치의 에고를 가지고 집착하는 모습이다. 그렇기에 그냥 있는 그대로 나눠야 한다. 그러기 위해서는 개방적 나눔의 형태로 나눌 필요가 있다. 다음과 같은 말로 대화를 시작해 볼 수 있다.

> "잠시만요, 고객님, 말씀을 듣다가 갑자기 생각나서 그러는데요."
> "고객님, 이건 그냥 제 생각인데요."
> "고객님, 제가 틀릴 수도 있는데요."
> "고객님, 갑자기 궁금해서 그러는데요."
> "제 느낌을 조금 나눠도 될까요?"
> "이건 그냥 제 생각입니다만."

이런 말들로 대화의 문을 연 다음 고칭 중에 떠오른 직관이나 통찰, 느낌이나 생각, 관찰한 것을 나눈다. 그리고 그것에 대해 고객이 스스로 성찰해볼 수 있도록 초대한다. "어떻게 생각하세요?" 정도로 질문해 주면 된다. 이렇게 나누게 되면 설사 이것이 코치의 판단이라 할지라도 고객은 상처를 받거나 마음을 닫거나 하지는 않는다. 이때 고객이 "아닙니다. 저는 그저 잘하고 있다고 생각합니다." 라고 코치의 나눔에 대해 동의하지 않는 반응을 보인다면 "아, 그렇게 생각하시는군요. 그럼 괜찮습니다. 아까 하시던 이야기를 계속해 볼까요?" 하면서 아무 일 없다는 듯이 넘어가야 한다. 이것이 집착 없이 나누고 있는 코치의 태도인 것이다. 즉, 코치는 고객의 반응에 대해 수용하고 받아들여야 한다.

위 10번의 세부지침에서 인용했던 코칭대화의 일부를 잠시 살펴보면 다음과 같다.

> 코치: 그렇군요. 그런데 제가 고객님과 이야기 나누면서 고객님에 대해 한 가지 발견한 것이 있는데 나눠도 될까요?
> 고객: 네? 뭔데요?
> 코치: 청소를 잘하는 탁월함은 우리 고객님이 아내보다 훨씬 높으신 것 같은데 어떻게 생각하세요?

코치가 대화 중에 고객에게서 관찰한 바를 개방적 나눔의 형태로 나누고 있다. 이런 코치의 나눔의 목적은 어디까지나 고객이 자신에게서나 상황에서 새로운 배움을 일으킬 수 있는 잠재력을 위해서다.

(1) 고객이 자신에 대해 새로운 알아차림이나 배움이 생기는 순간의 예

> 고객: 그건 맞아요.
> 코치: 그렇지요? 그것 보세요. 우리 고객님은 모르긴 몰라도 집안에서뿐 아니라 다른 모임이나 조직에서도 정리정돈을 잘하실 것 같은데 어떠세요?
> 고객: 회사 환경정리도 다 내 몫이긴 하죠.
> 코치: 그것 보세요. 정리정돈이나 청소는 우리 고객님의 탁월함이었네요.
> 고객: 맞아요. 저는 어지러운 것을 보면 그냥 있지 못해요. 어디서든 제가 나서서 정리정돈을 하죠. 그러면 모두 좋아하고 저도 기분 좋고 그래요. 사람들이 그런 점을 알아주는 것이 싫지도 않고요.
> 코치: 축하합니다. 그러네요. 청소하는 것은 우리 고객님의 탁월함이었네요.
> 고객: 맞네요. 저의 탁월함이네요. (웃음)

코치가 고객과의 대화를 통해 고객에게서 관찰한 것을 나눔으로 인해 고객이 자신에 대해 새로운 알아차림이나 배움이 생기는 순간이다. 코치는 이런 고객의 새로운 배움을 활용하여 새로운 변화를 위한 잠재력을 불러 일으켜야 한다.

(2) 코치의 나눔을 통해 고객에게 관점의 전환이 일어나는 예

> 코치: 그러면 아내 입장에서는 이렇게 말할 수도 있겠네요?
> 고객: 어떻게요?
> 코치: "아니 여보, 난 당신만큼이나 청소를 잘하지 못하는데, 왜 당신은 나에게 당신만큼이나 깔끔하게 청소를 하라고 하는 거야? 난 당신이 그런 말을 하거나 눈빛으로 나를 볼 때면 정말 스트레스를 받는단 말이야." 이렇게요.
> 고객: (잠시 침묵 후) 그렇겠네요. 그러고 보니 아내가 이미 그런 말을 많이 했네요.

고객은 코치와의 대화를 통해 비로소 역지사지하게 되었다. 그동안 자신의 관점으로만 생각했던 것을 아내의 관점에서 이해하게 된 것이다. 코치의 나눔을 통해 관점의 전환을 이룬 것이다. 하지만 고객의 잠재력은 더 있다. 바로 행동의 변화를 일으킬 수 있는 힘이다.

(3) 코치의 나눔을 통해 고객에게 행동의 변화가 일어나는 예

> 코치: 그랬군요. 그럼 이제는 이것이 고객님의 탁월함이라는 것을 알았으니까, 똑같은 상황에서 이제는 아내에게 어떻게 하고 싶으세요?
> 고객: 이제는 청소가 되어 있지 않아도 이해할 수 있을 것 같아요. 그리고 저녁 식사하고 나서 제가 청소를 하면 될 것 같아요. 어차피 지금까지도 제가 청소는 했어요.
> 코치: 그러셨군요. 그럼 이제는 청소할 때, 전과 비교하여 어떤 것이 달라질 것 같으세요?
> 고객: 전에는 청소하면서 제가 많이 구시렁거리고 불평을 하면서 했는데, 이제는 그러지 않고 흔쾌히 할 것 같아요. 어차피 아내는 이런 탁월함이 부족하니까요.

3. 역량 실천

1) 주안점

본 역량에서의 주안점은 새로운 통찰(new insights), 새로운 학습(new learning), 성찰과 재구조화(reflection and reframing)다. 그런데 이와 같은 효과를 위해 코치는 강력한 질문이나 침묵, 은유나 비유 같은 기술이나 툴 등을 사용할 수 있다.

2) 코칭사례

다음 사례들을 통해 이 역량의 적용 사례를 좀 더 살펴보고자 한다.

(1) 30대 여성 고객과의 대화

고객: 코치님, 저 큰일 났어요. 저 이제 어떻게 해요?
코치: 어떤 일로 그러시는데요?
고객: 이제 전 어떻게 해요. 남자 친구가 제가 싫어진 게 틀림없어요.
코치: 어떻게 해서 그런 생각을 하신 거예요?
고객: 전에도 얼마 동안 교재 중이던 남자친구가 오늘처럼 종일 연락이 없고 나서 그것 때문에 말다툼하고 결국 헤어졌단 말이에요. 오늘도 남자친구가 하루 종일 전화가 없단 말이에요. 제가 문자해도 대답도 없고 카톡도 확인 안하고, 이제 저는 이 나이에 어떻게 남자친구를 구해요. 전 이제 끝장났어요.
코치: 고객님, 전에도 그런 일이 있었다니 그렇게 말씀 하시는 것이 이해가 갑니다. 그래요, 그럼 잠시 호흡 좀 가다듬어 볼까요? (고객과 함께 심호흡을 몇 번 한다.) 고객님, 이제 좀 안정이 되셨나요? 그럼 제가 이런 질문을 드려보고 싶네요. 다른 사람들도 그런 상황에서 그렇게 생각할까요?
고객: 네? 모르겠어요. 다른 사람들도 그렇게 생각하지 않을까요? 아유, 모르겠어요.
코치: 고객님, 그 남자 친구와의 관계에서 결국 원하는 것이 무엇이죠?
고객: 결혼하는 거요. 저는 남친을 정말 좋아하는 것 코치님도 아시잖아요.

코치: 그럼요, 알지요, 그러니까 고객님의 그 생각이 남친과 결혼하겠다고 하는 그 목표에 도움이 되고 있나요?
고객: 도움이요? 안되죠.
코치: 그럼 하루 동안 연락이 오지 않고 있는 그 상황을 다르게 생각해 보시겠어요?
고객: 남친이 무슨 일이 있을까요? 전에도 제가 괜히 오해해 가지고 전 남친과 말다툼을 한 것이긴 하지만….
코치: 그러게요. 남자친구에게 무슨 일이 있어서 하루 종일 연락이 안 되는 것일까요?
고객: 핸드폰을 집에 두고 회사에 갔을까요?
코치: 그럴 수도 있겠네요. 또 다른 해석은 어떻게 해볼 수 있을까요?
고객: 핸드폰이 고장 나서 수리점에 맡겼을까요?
코치: 그럴 수도 있겠네요. 그리고 또 어떤 일이 있을 수 있을까요?
고객: 문자도 못할 만큼 바빴을까요? 가끔 그럴 때가 있긴 했거든요. 그러고 보니 나도 그럴 때가 있고요.
코치: 그랬을 수도 있겠네요. 그리고요?
고객: 그러게요. 그렇게 생각해보니까 많은 경우의 수가 있겠네요.
코치: 그런 생각이 드셨군요. 남자친구와 결혼하려고 하는 고객님의 목표를 위해 이제 어떻게 할 생각이세요?
고객: 내일까지 좀 기다려 봐야 할 것 같아요.

위 사례에서 고객은 한 가지 생각에 사로잡혀있다. 그것도 자신에게 전혀 도움이 되지 않는 불리한 생각을 자신에게 적용하고 있다. 이때 코치는 고객의 경험을 고려하면서 고객이 진정 원하는 것이 무엇인지에 대해 질문하고 있다. 그리고 상황에 대해 고객이 갖고 있는 생각을 반박하는 형식으로 고객에게 도전하고 있다. 또한 고객이 현재의 감정 상태나 상황에 매몰되지 않고 그 상황을 뛰어넘어 현재의 상황을 탐색해 보도록 하고 목표를 위해 지금 할 수 있는 일이 무엇인지 생각하도록 질문하고 있다.

(2) 40대 남성 고객과의 대화

고객: 저는 어머님만 생각하면 뭔지 모를 거리감을 느껴요?
코치: 무엇이 그런 생각을 하게 하는 걸까요?
고객: 어쩌면 제가 어릴 때 어머님께 받은 상처 때문에 그런 것 같아요.
코치: 저런, 상처받은 일이 있었던 거군요. 좀 더 이야기해줄 수 있나요?
고객: (어릴 적 부모님을 위해 작은 선행을 했는데 오히려 엄마로부터 핀잔과 말할 수 없는 모욕을 당했고 그것으로 인해 심한 수치감과 두려움과 노여움의 감정을 경험했던 스토리를 들려 준다.)
코치: 뭐라고 위로를 드려야 할지 모르겠습니다. 그런 아픈 경험을 하셨다니 어머님께 대한 뭔지 모를 거리감이 느껴진다고 했던 그 말씀이 이해가 갑니다. 마음을 좀 안정시켜 보시지요. 심호흡을 함께 해보실까요? (고객과 함께 심호흡을 몇 번 같이 한다.)
고객: 훨씬 나아졌네요.
코치: 다행입니다. 그럼 앞으로는 무엇을 위해 살고 싶으세요?
고객: 저는 제 삶의 목적이 확실합니다. 저처럼 상처 입은 사람들의 마음을 어루만져주고 부모들이 자녀들의 존재가치를 손상하지 않으면서 자녀들이 가지고 있는 잠재력을 꽃피우며 살아가도록 돕는 일을 하고 싶어요.
코치: 그 말씀하실 때 얼굴 표정도 밝아지시고 목소리에 힘도 실리면서 에너지가 올라가시는 것을 보니 정말 확실한 인생 목표를 갖고 계시네요.
고객: 그랬나요? (웃음) 감사합니다.
코치: 혹시 이런 질문을 드려도 괜찮을까요?
고객: 무슨 질문인데요?
코치: 고객님이 그런 인생의 목표를 갖게 된 것과 어릴적 엄마에게서 받았던 상처의 사건이 뭔가 연결이 되어 있는 것 같은데 어떻게 생각하세요?
고객: 음… 한 번도 그것을 연결해서 생각해 보지는 않았는데… 그러고 보니 내가 왜 이런 인생목표를 갖게 되었을까? 왜 내가 이렇게 살려고 하지? 하는 자문이 생기면서 어쩌면 어릴 적 엄마에게 그런 상처의 경험을 했기 때문에 내가 이렇게 살려고 하는 것 아닐까 생각이 드네요?
코치: 오, 그런 알아차림이 생기셨군요. 축하드립니다. 그러면 고객님의 상처의 사건과 고객님의 인생목적과 바꾸시겠어요?
고객: 무슨 말씀이세요? 절대 바꾸지 않지요. 제가 그런 삶을 살 수 없다면 이제는 제 삶이 의미도 없고 살 가치도 없다고 생각해요.
코치: 와, 그 정도로 엄마에게서 경험한 것이 고객님에게는 중요한 의미를 지닌다고 생각되는데 어떻게 생각하세요?

> 고객: 정말이네요. 한 번도 그렇게 연결해서 생각해 보지 않았는데, 정말 엄마에게 고맙다고 이야기해야겠네요.
> 코치: 와, 아까 엄마와 뭔가 모를 거리감이 느껴진다고 말씀 하셨을 때와는 에너지가 다른데요?
> 고객: 정말 그 사건이 있었기에 지금의 제가 있는 거네요.
> 코치: 이제는 그 사건에 대한 감정이나 느낌이 어떠세요?
> 고객: 뭔지 모를 편안함이 느껴져요. 엄마에 대한 고마움 같은 것이요.

이 사례에서 고객은 과거에 경험한 어떤 사건에 대해 가졌던 관점과 그로 인한 스토리, 감정, 언어, 행동이 전혀 새로운 관점과 스토리, 감정, 언어, 행동으로 바뀌는 경험을 하고 있다. 그것은 코치가 세부지침 10번의 관점을 재구성할 수 있도록 고객을 지원했기 때문이다.

3) 코칭 팁

(1) 알아차림을 불러일으킨다를 다른 말로 정리해 본다면?

지금 이 순간, 고객의 내면에서 일어나는 심리역동과 신체감각 및 외부에서 일어나는 환경이나 상황, 관계, 그리고 자신의 잠재력과 성장 가능성, 미래 비전 등에 대해 알아차리도록 돕고 자신의 의식을 무한히 확장하여 목표달성에 활용하도록 돕는 능력을 말한다. 알아차림을 불러일으키는 질문은 왜 하는가? 바로 고객의 통찰과 학습을 촉진하기 위해서 한다.

그럼 알아차림을 불러일으키는 질문은 언제 하는가?

① 필요하다면 매순간 한다.

② 코칭을 마무리 하면서 반드시 한 번은 한다.

(2) 알아차림을 불러일으키는 질문은 무엇에 대해 하는가?

① 감정에 대해 질문한다.

> "그 말씀을 하고나니 지금 기분이 어떠세요?"
> "그 말씀을 하는 동안에 느껴지는 감정은 무엇인가요?"

② 생각에 대해 질문한다.

> "지금 그 말씀을 하시고 나니 어떤 것이 정리가 되세요?"
> "그 말씀을 하고 나서 정리된 생각은 무엇인가요?"

③ 욕구에 대해 질문한다.

> "그렇게 말씀하고 나니까 지금 고객님이 원하는 것이 무엇인 것 같으세요?"
> "그때 고객님은 정확히 어떤 것을 원했나요?"

④ 의도에 대해 질문한다.

> "그 말씀을 하고 나니 어떤 긍정적 의도가 있었던 것 같습니까?"
> "이제 어떻게 해볼 생각인가요?"

⑤ 이미지에 대해 질문한다.

> "그 말씀 하시면서 혹시 떠오르는 이미지가 있다면 어떤 건가요?"
> "그 이미지가 고객님께 뭐라고 하나요?"

⑥ 신념에 대해 질문한다.

> "그 말씀을 하고 나니 고객님께는 어떤 신념이 있는 것 같습니까?"
> "그 기대 이면에 숨어 있는 신념은 무엇일까요?"
> "그렇게 말씀하신 고객님을 알고 있는 주변의 분들은 고객님이 어떤 신념을 갖고 있는 분이라고 할까요?"

⑦ 관점에 대해 질문한다.

> "그렇게 생각하신 데에는 고객님의 어떤 관점이 있다고 생각되나요?"
> "그 관점은 누구의 것인가요?"

⑧ 가치에 대해 질문한다.

> "고객님이 평소 중요하게 여기는 것은 무엇이라고 생각하세요?"
> "그렇게 결정하신 것으로 미루어 고객님은 어떤 가치를 추구한다고 생각하세요?"

⑨ 기대에 대해 질문한다.

> "그때 고객님이 그분에 대해 가졌던 기대는 무엇이었다고 생각되세요?"
> "그때 그분이 고객님에 대해 가졌던 기대는 무엇이었다고 생각되세요?"
> "그때 고객님이 고객님 자신에 대해 가졌던 기대는 무엇이었다고 생각되세요?"

⑩ 불일치에 대해 질문한다.

> "방금, 조금은 불편한 이야기를 하셨던 것 같은데 표정은 밝아 보였습니다. 거기에 대해 좀 더 나누고 싶은 이야기가 있을 것 같은데요?"
> "고객님이 추구하는 가치와 실제 라이프스타일은 다소 차이가 있어 보이는데 어떻게 생각하시는지요?"

⑪ 고객의 잠재력과 성장 가능성, 미래 비전에 대해 질문한다.

"지금까지의 대화를 통해 자신의 잠재력은 무엇이라고 생각하시는지요?"
"그로 미루어 고객님의 미래 가능성은 무엇인 것 같습니까?"
"그 프로젝트와 관련하여 고객님의 미래 비전에 대해 알아차린 것을 말씀해 보시겠어요?"
"제 생각에 고객님은 이번 일을 통해 앞으로 어떤 종류의 도전이라도 충분히 해결해 갈 수 있는 역량을 쌓았다고 보입니다. 어떻게 생각하세요?"

⑫ 불명확하거나 불확실한 것에 대해 질문한다.

"말씀하신 내용을 한 문장으로 정리해본다면 뭐라고 할 수 있을까요?"
"말씀하신 내용을 한 단어로 표현한다면 어떤 단어가 떠오르세요?"
"지금까지 말씀을 하고 나서 명확해진 것은 무엇인가요?"

⑬ 오늘 진행한 코칭세션에 대해 질문한다.

"오늘 대화하면서 고객님 자신이나 오늘 주제에 대해 알아차리거나 새롭게 인식된 것이 있다면 나눠주시겠어요?"
"오늘 대화를 통해 새로운 통찰이나 학습한 것이 있다면 나눠주시겠어요?"

(3) 지양해야 하는 언어에는 어떤 것이 있을까?

"코칭을 마치면서 깨달은 것이나 배운 것이 있다면 나눠주시겠어요?"

위 질문에서 '깨달은 것'이나 '배운 것'이라는 단어는 고객이 코치로부터 뭔가를 깨달아야 하거나 배워야 하는듯한 인상을 줄 수가 있다. 이것은 코칭에서 가장 중요한 파트너관계를 오해하게 하는 소지가 있다. 그래서 이런 단어보다는 '알아차린 것', 새롭게 인식된 것, 또는 '학습한 것'이라는 단어를 사용하는 것이 좋다.

▮ 생각해 봅시다

1. 코치는 왜 자신의 직관을 고객에게 나누지 못하는지 생각해 봅시다.

2. 코치의 직관과 판단은 어떻게 구분할 수 있는지 생각해 봅시다.

3. 어떻게 하면 코치의 직관을 개발할 수 있을지 토의해 봅시다.

12장

코칭핵심역량 8: 고객의 성장을 촉진한다

'고객의 성장을 촉진한다'는 핵심역량 중에서 마지막 8번째이자 실제 코칭세션에서 실행계획과 마무리에 관련되는 역량이다. 코칭의 마지막 단계에서 할 일은 고객의 자각된 인식을 바탕으로 행동계획을 수립하는 것이다. 코칭세션을 통해 많은 깨달음과 자각이 있었더라도 일이나 삶에서 행동으로 옮겨지지 않는다면 코칭이 추구하는 본래의 목적에 미치지 못할 것이다.

코치에게는 다양한 역할이 존재하지만 그 중 중요한 두 가지를 꼽는다면 고객으로 하여금 자신감(self confidence)과 책임감(accountability)을 불러일으키는 것이다. 자신감은 의사결정을 내리고 성공적인 행동을 취하는 데 주저함이 없는 것이며, 책임감은 약속한 생각과 행동을 스스로 실천에 옮기는 것이다. 자신감과 책임감은 성과와도 직결된다. 자신감은 자신에 대한 책임을 인식할 때 생긴다.

고객의 성장을 촉진하기 위해서는 고객이 자신감과 책임감을 가지고 다음 단계로 나아갈 수 있도록 지원하여야 한다. 이때 코치가 명심하여야 할 것은 지속적인 지지와 후원을 약속하되 고객의 자율성을 해치지 않는 것이다.

이제 핵심역량 8인 '고객의 성장을 촉진한다'와 그 실행 지침에 대해서 살펴보고자 한다.

1. 역량 정의

> 고객이 학습과 통찰을 행동으로 전환할 수 있도록 협력한다. 코칭과정에서 고객의 자율성을 촉진한다.
> (Partners with the client to transform learning and insight into action. Promotes client autonomy in the coaching process.)

고객의 성장을 촉진한다는 것은 고객이 코칭을 통해 얻은 학습과 통찰을 실제 생활에서 행동으로 전환시킨다는 의미이다. 또한 그 행동이 일시적이거나 소거되지 않고 지속적으로 나타날 수 있도록 실행체계를 만들어간다는 의미이다. 이를 위하여 고객에게 자율과 책임을 강조하여야 한다.

- 코칭과정을 통해서 획득한 새로운 관점, 자각, 통찰 등을 사고나 행동으로 전환하도록 돕는다.
- 새로운 학습을 통합하고 확대하기 위한 목표와 행동, 책임방안 등에 대해 설계하도록 지원한다.
- 고객이 자율성을 가지고 목표와 행동계획을 수립할 수 있도록 허용한다.
- 고객이 행동계획을 통해 예측하는 잠재적인 성과와 그로부터 얻는 학습에 대해 지지한다.
- 고객이 활용할 수 있는 도움과 지지, 예상되는 장애물 등에 대해 생각하도록 안내한다.
- 고객이 코칭세션을 통해 학습하고 통찰한 것을 정리하고 요약할 수 있도록 지원한다.
- 고객이 코칭을 통해 한걸음 내디딘 신척사항과 성공을 인정하고 축하한다.
- 고객이 동의를 구하여 세션을 종료한다.

2. 실행 지침

1. 새로운 알아차림, 통찰, 학습을 세계관 및 행동에 통합하기 위해 고객과 협력한다.
   (Works with the client to integrate new awareness, insight or learning into their world view and behaviors.)
2. 새로운 학습을 통합하고 확장하기 위해 고객과 함께 고객의 목표와 행동, 그리고 책임 측정 방안(accountability measures)을 설계한다.
   (Partners with the client to design goals, actions and accountability measures that integrate and expand new learning.)
3. 목표, 행동 및 책임 방법을 설계하는데 있어서 고객의 자율성을 인정하고 지지한다.
   (Acknowledges and supports client autonomy in the design of goals, actions and methods of accountability.)
4. 고객이 잠재적 결과를 확인해 보거나 이미 수립한 실행단계로부터 배운 것을 지지한다.
   (Supports the client in identifying potential results or learning from identified action steps.)
5. 고객이 지닌 자원(resource), 지원(support) 및 잠재적 장애물(potential barriers)을 포함하여 어떻게 자신이 앞으로 나아갈지에 대해 고려하도록 한다.
   (Invites the client to consider how to move forward, including resources, support and potential barriers.)
6. 고객과 함께 세션에서 또는 세션과 세션 사이에서 학습하고 통찰한 것을 요약한다.
   (Partners with the client to summarize learning and insight within or between sessions.)
7. 고객의 진전과 성공을 축하한다.
   (Celebrates the client's progress and successes.)
8. 고객과 함께 세션을 종료한다.
   (Partners with the client to close the session.)

실행 지침이란 코칭 관계에서 코치와 고객 쌍방이 지켜야 하는 행동 지침이며 고객과의 관계에서 코치가 하거나 하지 않아야 하는 사항에 대해 책임감을 가지고 준수해야 하는 내용이다. 즉, 코칭관계가 지속되는 동안 코치로서 어떻게 행동할 것인가, 고객과 어떻게 함께할 것인가 등에 대해서 구체적으로 기술해 놓은 것이다.

아래 내용은 핵심역량 8 '고객의 성장을 촉진한다'에 관한 실행 지침에 대해 간단하게 설명한 것이다.

1) 새로운 알아차림, 통찰, 학습을 세계관 및 행동에 통합하기 위해 고객과 협력한다

고객이 코칭세션을 통해 알아낸 것을 행동으로 연결되게 하여야 한다. 코칭은 티칭과 달라서 새로운 지식이나 스킬을 아는 것(knowing)에서 그치면 안 된다. 아는 것을 행할 수 있어야 하고(doing) 아울러 새로운 존재(being)로 변화될 수 있어야 한다. 그러기 위해서는 고객이 누구인지 이해하는 노력이 필요하다. 고객의 존재, 상황적 맥락 및 고객의 개별성을 이해하고 코칭을 통해 변화하기를 기대하는 요구(needs)나 욕구(wants)를 잘 이해할 때 비로소 새로운 관점 및 행동으로 통합할 수 있다.

2) 새로운 학습을 통합하고 확장하기 위해 고객과 함께 고객의 목표와 행동, 그리고 책임 측정 방안을 설계한다

코칭의 세션을 통해서 새롭게 학습한 내용이나 통찰한 부분이 있다면, 이것을 현실에서 어떻게 구현할 것인가를 구체적으로 설계하여야 한다. 코칭 세션을 통해 일어난 고객의 자각과 통찰이 현실에서 변화된 모습으로 나타나지 않으면 우리는 코칭이 성공적으로 진행되었다고 보지 않는다. 왜냐하면 코칭의 궁극적인 목적은 '변화'이기 때문이다.

이때 중요한 것이 고객의 자율(autonomy)과 책임(accountability)인데, 인본주의심리학에 의하면 인간은 스스로 정한 말과 행위에 대해 책임을 지려는 성향이 강한 존재이기 때문이다.

따라서 코치가 성급하게 개입하여 실행방안을 제시하거나 강요하면 곤란하다. 그것은 고객의 자율성과 책임의식을 현저하게 훼손하는 행위이기 때문이다. 아울러 책임측정 방안은 가능한 구체적이고 눈에 보이며 계량 가능한 것이어야 한다.

3) 목표, 행동 및 책임 방법을 설계하는 데 있어서 고객의 자율성을 인정하고 지지한다

코칭의 창시자중 1명이자 『이너게임(The Inner Game)』의 저자인 골웨이(Timothy Gallwey, 1938)는 코칭의 본질을 이렇게 표현했다. "코칭은 성과를 극대화하기 위해 묶여 있는 개인의 잠재능력을 풀어주는 것이다. 사람들이 코치의 가르침에만 의존하지 않고 스스로 배우도록 도와주는 것이다." 이 말은 고객의 잠재력과 아울러 자율성을 강조한 말이다.

우리는 코칭 중 간혹 나의 지식이나 경험을 고객에게 전수하는 경우가 있다. 하지만 간혹 이런 선의가 코칭의 본질인 '개인의 잠재력과 자율성'을 훼손하는 우를 범하는 경우가 있다. 이는 마치 내게 잘 맞는 안경을 상대방에게도 잘 맞을 거라며 강권하는 경우와 같은 것이다.

한편 고객이 해당 이슈에 대한 해결방법을 모르는데 코치는 구체적인 지식이나 경험이 있어서 해결방안을 알고 있다면 어떻게 하는가? 코치는 어느 단계에서 정보를 제공해야 하는가? 고객이 벽에 가로막혀 있거나 더 이상의 아이디어가 없는 시점에서 코치의 개입이 가능하다. 그러나 어떻게 하면 고객의 자율성을 침해하지 않고 코치의 의견을 제시할 수 있는가? 이렇게 말해보자. '다른 방법들이 있는데 사용해 보시겠습니까?' '괜찮으시다면 제가 도움을 드려도 될까요?' 이 제안을 거절할 사람은 없을 것이다. 중요한 것은 고객의 자율성을 침해하지 않는 범위 내에서 개입하는 것이다.

4) 고객이 잠재적 결과를 확인해보거나 이미 수립한 실행단계로부터 배운 것을 지지한다

성공적인 코칭을 위해서는 사람들의 잠재능력에 대해 보통사람들이 생각하는 것보다 훨씬 더 낙관적인 견해를 가져야 한다. 낙관적인 시늉만 해서는 코칭에 성공할 수 없다. 우리의 믿음은 모르는 사이에 우리의 행동 속에 스며들기 때문이다(Whitmore, 2007).

고객은 잠재능력 발휘를 통해 아이디어를 실행에 옮기려 한다. 막연하던 아이디어가 구체화되고 실현불가능하게 보였던 일에서 가능성을 발견한다. 하지만 여전히 고객은 확신이 없다. 코치에게 강한 신뢰와 확신을 받지 못한다면 코칭 세션 이후에 다시 일상생활로 돌아갈 것이다. 비록 작은 발걸음이지만 고객의 변화노력에 전적인 신뢰와 지지를 보내야 한다.

5) 고객이 지닌 자원, 지원 및 잠재적 장애물을 포함하여 어떻게 자신이 앞으로 나아갈지에 대해 고려하도록 한다

인간은 거대한 떡갈나무의 가능성을 지닌 도토리와 같다고 한다. 나무는 성장하기 위해 수분, 영양분, 빛과 같은 외부요인이 필요하겠지만 떡갈나무의 가능성은 이미 내부에 잠재되어 있다. 나무가 가진 성장가능성이 훼손되지 않도록 넓은 토양이 필요하다. 그리고 한동안은 지속적인 관심과 보살핌이 필요하다.

고객이 가진 자원을 어떻게 극대화할 것인가? 행동과 관점의 변화가 자리 잡을 때까지 어떻게 지원할 것인가? 또한 예상되는 장애물을 어떻게 극복할 것인가를 고려해야 한다. 일반적으로 이야기되는 외부 장애요소는 다음과 같다

- 조직의 지시적 문화와 구조
- 격려와 관심의 부족

- 상사의 구태의연한 관리스타일

반면에 내부의 장애요소도 있다.

- 실패의 두려움
- 자신감 부족
- 안전지향적인 마음
- 변화에 대한 두려움 등이다.

이때 내부의 장애물을 먼저 제거하면 외부 장애물도 다루기 쉬워진다.

6) 고객과 함께 세션에서 또는 세션과 세션 사이에서 학습하고 통찰한 것을 요약한다

고객은 코칭세션 또는 세션과 세션사이에서 다양한 자극과 통찰을 얻을 수 있다. 실제로 변화가 크게 일어날 수 있는 지점은 세션 중(in session)보다 세션과 세션사이(between sessions)이다. 세션간의 간격을 2주 내외로 잡는 것은 세션에서 정한 실천계획을 현실(work place)에서 적용하고 수정해보라는 의미가 있기 때문이다. 아울러 코칭에서 얻은 학습내용을 고객의 언어로 정리하게 하는 것은 변화의 지속성을 위해 필요하다. 스스로 요약하고 정리하면서 실행의지를 다짐할 수 있기 때문이다.

이때 사용할 수 있는 질문은 아래와 같다.

- 코칭세션이나 세션 간에서 새롭게 배우거나 통찰한 것이 있다면 무엇입니까?
- 배우거나 통찰한 내용 중에서 반드시 실행해보고 싶은 것이 있다면 무엇입니까?

7) 고객의 진전과 성공을 축하한다

고객에게 성공한 미래를 그려보게 한다. 가능하면 구체적으로 그리도록 한다. 눈에 보이듯이 손에 잡힐 듯이, 때로는 냄새도 맡게 하고 촉감도 느껴보게 한다. 원하는 모습이 구체화되면 될수록 성공가능성은 높아진다. 자신감이 능력발휘와 성과극대화의 열쇠이므로 작은 진전과 성공을 쌓는 것이 중요하다. 작은 진전과 성공이 보일 때 마다 기꺼이 축하하자. 한걸음에 거대한 성공을 꿈꿀 수는 없다.

티베트의 통치자이자 정신적 영수인 달라이 라마(Dalai Lama, 1935~)는 1959년 티베트에서 폭동이 일어나고 중국공산당이 대학살을 시도하자 그해 3월 17일 37명의 대신들과 함께 수도인 랏싸를 떠나 히말라야산맥을 넘고 북인도로 14일간의 도주를 시작한다. 인도정부는 달라이 라마 외 37명의 입경에 동의하고 곧 소식은 미국언론에 알려지고 세계를 놀라게 한다. 이때 무사히 히말라야산맥을 넘은 달라이 라마에게 서방기자들이 질문했다. “어떻게 그 험준한 산맥을 넘었습니까?” 이 질문에 달라이 라마의 대답은 짧고 명쾌했다. “스탭 바이 스탭(Step by Step).”

고객이 코칭을 통해 얻은 자각이나 성찰을 행동으로 옮기는 것은 매우 중요하다. 그 첫걸음은 매우 작을 수도 있고 어설플 수도 있다. 코치는 이 작은 스탭에 대해 무한한 신뢰와 인정을 보여주어야 한다. 코칭 받는 사람이 장애요소들을 제거하고 자신감을 가지고 행동에 뛰어들 수 있도록 도와줘야 한다. 왜냐하면 스텝 바이 스탭, 한걸음 한걸음이 중요하기 때문이다.

8) 고객과 함께 세션을 종료한다

잘된 영화는 처음 5분과 마지막 5분이 남다르다. 처음 5분은 영화에 대한 호기심을 불러일으키고 마지막 5분은 잔상효과에 의해 오랫동안 감동과 생각할 거리를 준다. 마찬가지로 코칭에서도 도입 단계 못지않게 마무리 단계가 중요하다. 고객과 함께 세션을 잘 마무리하려면 우선 고객에게 종료해도 좋은지 의사를 확인해야 한다. 고객이 미처 다하지 못한 얘기가 남아있는데 코치의 혼자생각으로 끝내버리면 곤란하다.

또 하나는 코칭세션 이후에도 든든한 지원자로서 고객이 언제든 도움을 청할 수 있도록 한다. 코칭세션 중에는 가능한 것처럼 보이는 일들도 막상 일이나 삶의 현장으로 돌아가면 과거의 관성으로 인해 실행이 어려워질 수 있다. 그때 서슴없이 코치에게 연락하여 함께 의논할 수 있도록 해야 한다.

마지막으로 마무리는 항상 인정이나 격려로 끝나야 한다. 고객이 얼마나 잠재력이 큰 사람인지, 코칭세션을 통해서 얼마나 큰 전환을 이루어냈는지를 구체적인 사실과 함께 격려하여야 한다.

3. 역량 실천

1) 주안점

코칭은 관점의 변화나 행동의 변화를 추구한다는 점에서 지식이나 스킬을 가르치는 티칭과는 차이점이 있다. 또한 코칭은 고객의 자율성을 중시한다는 점에서 전문가의 주도성이 강한 컨설팅, 멘토링과 다르다. 코칭의 키워드는 변화와 자율성이다.

변화를 이끌어내기 위해서는 머릿속의 아이디어를 실행으로 옮겨야 한다. 예를 들어 건강한 몸을 유지하는 방법은 의외로 간단하다. 몸에 해로운 음식 삼가고 매일 30분 이상 걷고 스트레스를 잘 관리해야 한다. 이것을 모르는 사람이 어디 있을까? 그런데 이 간단한 것을 매일 실행에 옮기는 사람은 의외로 많지 않다. 한두 달 차이는 느끼지 못하겠지만 1,2년 지난다면 실행의 차이는 커질 것이다.

자율성은 변화를 이끌어내기 위한 원동력이다. 코칭 직후에는 실천의지가 강하지만 현실의 삶과 일에 매몰되면서 점차 실행의지도 약해진다. 이때를 위해서 지원시스템이나 구조가 필요하다. 정기적인 팔로업코칭이나 피드백 시스템이 필요한 이유이다.

2) 코칭사례

아래의 코칭사례는 ICF 인증심사를 위해 동료코치를 대상으로 실시한 실습사례이다. 여기에서 고객으로 등장하는 전문코치는 외국계회사 임원출신으로 비즈니스코칭뿐만 아니라 지인이 운영하고 있는 NGO 인권단체에서 센터장을 겸임하고 있다. 고객은 현장에서 사람들의 얘기를 들어주고 그들의 문제를 함께 해결해가는 현장형 전문가, 즉 프랙티셔너(practitioner)로 살아가길 원하고 있다. 그런데 현재 많은 시간을 NGO단체에서 연구 및 리포트 작성으로 소진하게 되면서 힘들어하고 있다.

고객의 코칭주제는 '삶의 우선순위를 정리'하는 것이다. 고객의 사전 허락을 득하여 사례의 전문을 게재하고 특히 핵심역량 8. 고객의 성장을 촉진한다와 관련되는 부분은 별도로 구분하여 기재한다.

〈코칭주제: 삶의 우선순위를 정리하기〉

코치: 안녕하세요, 제게 코칭을 의뢰해 주셔서 감사합니다.
고객: 네, 잘 부탁드리겠습니다.
코치: 오늘 코칭내용은 ICF윤리규정에 의거해서 고객님의 허락 없이 외부에 알리지 않을 것을 약속드리고요, 한 가지 부탁말씀 드릴 것은 제가 ICF인증심사를 위해서 오늘 코칭내용을 녹음을 하려고 하는데 허락해 주시겠습니까?
고객: 네 물론입니다.

코치: 감사합니다. 오늘 하루 어떻게 지내셨는지요?
고객: 오늘 하루요, 최종보고서 쓸게 남아 있어서 열심히 사람들하고 문자 보내고 전화하면서 보냈습니다.
코치: 최종보고서 쓰시느라 많이 바쁘셨군요!
고객: 네, 사실 요즘 에너지를 짜내고 있습니다.
코치: 에너지를 짜내고 있다는 말씀은 무슨 의미인가요?
고객: 사실 그동안 마음이 좀 불편했었거든요. 추석 때도 일을 했기 때문에~ 이렇게까지 해야 되나. 그러다가 기왕 하기로 한거 막판까지 최선을 다 하자라고 마음을 다잡고 있고요, 아까 날씨 좋을 때는 나가서 산책도 하고 분위기 좋은 커피점에서 커피를 한잔 마시고 왔더니 기분이 훨씬 좋아진 거 같아요
코치: 아, 그러시구나, 많이 힘드셨나 봅니다. 어떤 일을 하시길래 추석명절까지 일을 하셨나요?
고객: 요즘 본업인 코칭 외 인권과 관련된 NGO 일을 도와주고 있는데요, 제가 공동으로 센터장을 맡으면서 사업이 점점 늘어나서 저의 시간이 너무 투입되는 거 같아요.
코치: 아, NGO인권단체의 일을 보고 계시는군요. 오늘 주제와 관련이 있습니까?
고객: 네 관련이 있습니다.
코치: 그러면 오늘 구체적으로 어떤 주제로 얘기를 나누어 볼까요?
고객: 요즘 제가 삶의 우선순위가 좀 흔들리는 거 같아요. 그래서 그걸 좀 다시 들여다보고 정말 어떻게 우선순위를 정하면 내가 좀 더 삶을 만족스럽고 행복하게 살까, 이런 얘기를 해 봤으면 좋겠어요.
코치: 그러시군요. 삶의 우선순위에 관한 얘기네요~ 조금 더 구체적으로 들어볼 수 있을까요?
고객: 제가 사실은 작년까지 OO대학교에서 진로센터장으로 일을 하다가 마무리하고 나서 코칭 일을 적극적으로 해보겠다고 생각하고 있었거든요. 그 사이 1년 몇 개월 동안에 자꾸 다른 일들이 들어와서 우선순위가 뒤죽박죽이 돼서 코칭이 자꾸 밀리는 거 같아요.
코치: 네, 대학교 센터장의 일이 마무리되고 코칭에 매진하려고 했는데 다른 일들 때문에 우선순위가 밀렸군요. 그 다른 일들이란 어떤 건가요?
고객: 좀 전에 말씀드렸던 NGO 인권단체 일인데요, 처음에는 지인이 좀 도와달라고 해서 가볍게 들어갔다가 지금은 공동 센터장을 맡으면서 사업이 커지는 거예요.
코치: 와, 역시 코치님이 능력이 있으시네요. 마이다스의 손처럼 일을 맡으면 그 일이 커지고 잘되니까요.
고객: 아, 그런가요? 감사합니다. 인권단체 일과 관련해서 알아야 하는 사회 전반에 대한 이슈에 있어서 공부를 많이 해야 하거든요. 그리고 또 한 가지는 코칭에 도움

이 될까 해서 심리상담 사이버대학 수업을 듣고 있는데요, 이것도 만만하지가 않네요. 이제 거의 끝나가지만요.

코치: 듣기만 해도 얼마나 바쁘실지 짐작이 갑니다. 그러고 보니 코치님이 공부욕심이 참 많으시네요!

고객: 네, 그런가봅니다. 아예 안하면 모를까 일단 하게 되면 완벽하게 하고 싶은 욕심이 있거든요. 어쨌거나 대학교 방학하기 전인 12월 중순까지 이렇게 계속 바쁠 것 같아요.

코치: 네, 12월 중순까지는 지금 상태로 바쁘실 것 같네요. 그러면 이렇게 바쁘게 시간을 보내는 것은 고객님의 삶에 어떤 의미를 가져다 주나요?

고객: 사실 재단 이사장이 저의 언니거든요, 그래서 첨에는 내가 도와줄게라고 시작한 거예요. 무료 봉사로 시작했는데 점점 손이 많이 들어가는 거예요. 그래도 누군가를 도와준다, 언니는 물론이고 재단에 같이 있는 사람들에게 기여한다 하는 의미는 있구요, 그리고 인권을 체계적으로 공부를 하게 돼서 제가 사회를 보는 눈이 좀 넓어진 거 같아요.

코치: 흠, 좋네요. 그 외에 또 다른 의미가 있다면 어떤 것일까요?

고객: 다른 의미요, 음~ 글쎄요 제가 지금 마음이 좀 우왕좌왕 하는 거 같은데 저는 그동안 저의 세컨 커리어를 코칭이라고 생각을 했거든요.

코치: 네, 네~.

고객: 이번 활동을 하면서 NGO도 세컨 커리어가 될 수 있겠다는 생각을 하긴 해요. 세컨 커리어라는 게 뭐 반드시 경제적으로 도움이 되어야 한다기보다 제가 열정을 다해서 할 수 있는 그런 부분이 되면 좋겠다는 생각은 하고 있습니다.

코치: 네, 그러시군요….

고객: 사실은 지금 하고 있는 컨설팅이나 연구사업이 제가 그렇게 좋아하는 건 아닌 거 같아요. 잠깐 동안은 괜찮을지 몰라도….

코치: 컨설팅이나 연구사업을 썩 좋아하지는 않는 이유는 무엇인가요?

고객: 저는 책상에서 페이퍼를 쓰거나 숫자를 계산하는 것보다는 현장에서 부대끼면서 사람들과 얘기하고 그들의 고충을 덜어주는 그런 일을 더 좋아해요.

코치: 아, 그러시군요. 그러면 오늘 코칭이 끝나고 나면 무엇을 얻어 가시면 만족하시겠습니까?

고객: 제가 여러 가지 일을 벌여 놓은 거 같아서 마치 고구마처럼 가지를 쳐서 옆으로 막 나가는 거 같거든요. 이렇게 해서는 제가 행복하지 않은 거 같아요. 그래서 우선순위를 정하고 저의 시간과 에너지를 좀 더 재미있고 만족스러운 방향으로 정리를 하면 어떨까 해서요. 12월 중순이 지날 때까지는 뭐 이렇게 가야겠지만 내년에는 올해 하반기처럼 이렇게 살고 싶지는 않거든요

코치: 네, 12월 중순 이후에는 좀 정리가 되어서 내년부터는 우선순위를 정해서 새로운

삶을 살고 싶다는 말씀이군요.
고객: 네네, 맞습니다.
코치: 오케이, 그러면 오늘의 코칭주제를 고객님의 언어로 정리해 보실까요?
고객: '내 삶의 우선순위를 어떻게 할 것인가' 이렇게 잡으면 좋겠습니다.
코치: 잘 알겠습니다. 만약 모든 것이 가능하다면 고객님은 어떤 삶을 살고 싶으세요?
고객: 저는 사람들에게 선한 영향력을 미치는 삶을 살고 싶어요. 심리상담 공부는 기초를 다듬는 거라 어느 시점에 가면 끝날 거 같구요. 활동 중에 코칭과 NGO인권, 이 두 가지가 있는데 저는 사람들한테 선한 영향력을 미치는 활동 중에서 직접 보고 대화하고 그런 것을 좋아하는 것 같아요. 이 두 가지가 사실은 다 그와 관련이 있기는 하거든요.
코치: 그러네요. 서로 관련성이 있어 보이네요.
고객: 그런데 구체적으로 어떤 액션을 제가 더 좋아하느냐 하면 저는 코칭이 저한테 훨씬 더 행복한 감정을 불러일으키는 거 같아요.
코치: 코칭의 어떤 점이 훨씬 더 행복한 감정을 불러일으킬까요?
고객: 일단은 제가 이렇게 마주보며 얘기하는 것을 좋아하고요, 그 다음에 사람들의 삶의 스토리를 듣는 거를 좋아해요. 삶의 이야기, 현장에서의 이야기 같은 거 말이죠. 그리고 세 번째는 제가 누군가에게 직접적으로 도움을 줄 수 있다는 사실이 좋은 거 같아요. 그래서 코칭을 하고 나면 에너지가 막 올라 가거든요. 근데 지금 하는 일은 사람을 직접 도와주기보다는 연구 사업이 많거든요. 글 쓰고 리포트 만들고…. 방향이 조금 다른 거 같아요.
코치: 아, 그렇군요. 코칭과 인권활동이 서로 관련성은 있지만 지금 하시는 인권활동은 면대면 활동이 아니고 주로 책상에서 하는 일이라 조금 방향성이 다르다는 말씀이네요.
고객: 네. 근데 리포트 작업으로 끝나지 않고 내가 만약 이걸 가지고 사람들에게 강의를 한다, 그러면 훨씬 행복할 것 같아요.
코치: 오호, 현재는 주로 글을 읽고 페이퍼 쓰는 NGO 인권활동이지만 강의로 하게 되면 행복하실 것 같다는 말씀이네요?
고객: 네, 글을 읽는 것은 강의를 위해서도 늘 필요한 작업이지만, 거기서 끝나고 사람하고 직접 대면할 수 있는 기회가 없으면 에너지를 못 받는 거 같아요.
코치: 아, 역시 코치님은 사람과 직접 마주하는 일에서 에너지를 받는 분이시네요! 코치님이 왜 코칭을 사랑하시고 열정적으로 그 일에 매달리는지 제가 알 것 같습니다.
고객: 아 네, 맞습니다! 알아봐주셔서 감사합니다!
코치: 네, 그러면 코칭을 통해서 궁극적으로 이루고 싶은 것은 무엇입니까?
고객: 처음에는 코치로서 '나'를 사람들이 알아주면 좋겠다, 찾아주면 좋겠다라는 생각

을 많이 했어요. 어떤 큰 코칭펌에 소속되어서가 아니라 개인브랜드로서 '나' 말이죠.

코치: 아, 코치로서 고객님만의 브랜드를 말씀하시는 거군요.

고객: 네, 단박에 많은 사람이 나를 알아주지 않더라도 활동을 통해서 제가 꾸준하게 '현장형'으로 머문다면 많은 사람에게 좋은 영향을 끼칠 수 있어 좋을 거 같아요.

코치: 지금 말씀하신 '현장형으로 머문다'는 그 말이 대단히 큰 울림이 있네요!

고객: 네, 저도 그 말을 좋아하는데, 여성계 쪽의 유명한 리더가 처음 한 말이거든요.

코치: 네, 그렇군요. 현장형으로 머문다, 사람들에게 선한 영향력을 미치고 싶다, 그리고 사람들과 직접 얘기하는 것을 좋아한다, 지금 하신 말씀들이 일맥상통 하고 있네요!

고객: 아, 그러네요!

코치: 그래서 강의나 코칭을 통한 소통 같은 건 좋아하지만, 연구를 위한 연구나 책상에서 보고서만 쓰는 일에서는 매력이 좀 떨어진다 이런 말씀이군요.

고객: 네, 맞습니다!!

코치: 좋습니다. 처음에 우리가 주제로 정한 것이 '삶의 우선순위를 정하고 싶다'였는데, 지금은 '현장형으로 살면서 선한 영향력을 미치고 싶다'로 얘기가 전개되고 있습니다. 주제를 이대로 진행해도 괜찮을까요?

고객: 네, 괜찮을 것 같습니다. 저도 처음에는 인권 NGO운동에 시간을 많이 빼앗겨서 이걸 코칭으로 바꿔야 되겠다고 생각을 했거든요 그런데 얘기를 하다 보니까 제가 현장형으로 살고 싶은 거, 그거를 우선순위에 두고 코칭과 NGO 일을 동시에 하는 방안도 가능할 것 같아요.

코치: 아, 그렇군요! 코치님의 아이디어를 조금 더 정리해 주실래요?

고객: 건강이 허락하는 한 현장형으로 뛰면서 코칭과 인권 NGO를 사람들과 직접 소통할 수 있는 활동위주로 전개를 한다면 둘 다 가능할 것 같아요.

코치: 네, 매우 좋습니다!

고객: 제가 사실은 인권활동에 가급적 안 나서려고 강의나 발표기회가 있을 때도 뒤로 빠지고 안 한다고 했거든요. 그게 아니라 둘 다 하는 것이 가능하다는걸 왜 생각하지 못했을까!!

(실행 지침 1) 새로운 알아차림, 통찰, 학습을 세계관 및 행동에 통합하기 위해 고객과 협력한다.

코치: 아, 그렇군요. 코칭과 NGO활동을 동시에 하는 방법도 있겠네요. 지금 뭔가 큰

사고의 전환이 일어난 것 같은데, 말씀해 주시겠습니까?

고객: 네~. 사실은 이 두 가지의 공통적인 철학은 상대를 존중하는 것이거든요. 상대방이 장애인이든, 외국 사람이든, 나이가 많든 적든 그 사람을 존중한다, 이것은 코칭이나 인권활동이나 함께 공유하는 철학인 것 같아요. 제가 인권활동을 싫어한 게 아니고 글 쓰고 보고서 쓰고 이런 걸 싫어했던 것 같아요.

코치: 아, 네, 함께 얘기 나누면서 뭔가 좀 더 명확해진 것 같군요

고객: 네, 네, 제가 처음에 '삶의 우선순위를 정하고 싶다'라는 주제를 꺼내면서 삶의 요소가 무엇인가 들여다보니까 뭔가 구슬이 꿰어지네요!

코치: 구슬이 꿰어진다고 하니까 듣기가 좋군요. 그 꿰어진 구슬이 어떤 의미인지 알려주시겠어요?

고객: 제가 원하는 삶은 이런 것 같습니다. 건강이 허락하는 한 '현장형'으로 살자. 그것이 저를 만족시키고 행복하게 하는 방법인 거 같구요. 지금 하고 있는 코칭이나 인권활동 둘 다 제가 원하는 주제가 맞는 거 같고요, 두 가지 주제를 만족시키기 위해서 여러 가지 활동들이 있을 수 있는데 제가 보기에는 아까 말씀드린 '현장형'이 되는 방향으로 두 가지의 시너지를 내는 방향으로 가져가도 될 것 같아요.

코치: 네, 아주 좋네요. 코칭이나 NGO활동 중 어느 하나를 선택하는 것이 아니라 현장에서 사람들을 도울 수 있는 일이라면 두 가지를 동시에 할 수 있겠다 그런 말씀이시죠?

고객: 네, 네 맞습니다.

코치: 처음에 NGO활동 의뢰를 받고 활동하신 지가 얼마나 되셨다고 하셨나요?

고객: 작년 1월부터였으니까요, 1년 반 정도? 된 것 같네요.

코치: 처음에 의뢰가 왔을 때 선뜻 수용을 했고 지금까지 1년 반 가까이 활동하셨는데 고객님이 갖고 계시는 어떤 가치와 연결되었기 때문인가요?

고객: 네, '사람들한테 선한 영향력을 미치는 활동'을 하고자 하는 것이 저의 가치인데 그중에서도 직접 보고 대화하고 그런 것을 좋아하는 것 같아요.

코치: 아, 그래서 건강이 허락하는 한 현장형으로 살고 싶다는 희망을 피력하셨군요. 구체적으로는 코칭과 인권활동을 동시에 하면서 시너지를 내고 싶다 그 말씀이네요?

고객: 네, 네~ 맞습니다!

코치: 그렇다면 지금 정리하신 내용을 실행으로 옮기려면 어떤 일들이 필요할까요?

고객: 당장 이번 달 말까지 인권관련 보고서를 완성해야 합니다. 기존에는 내가 코칭할 시간에 인권보고서 쓰고 있다는 사실이 에너지와 시간을 빼앗기는 일이라고 생각했는데 오히려 이 보고서 내용을 가지고 향후 코칭이나 강의의 재료로 삼는다면 충분히 동기부여가 될 것 같습니다.

코치: 아, 그렇군요. 보고서 쓰는 시간이 시간낭비가 아니라 오히려 코칭에서 사용가능

한 든든한 자료를 만드는 의미 있는 시간이라는 뜻이네요.
고객: 네 그럴 것 같아요. 앞으로는 보고서 작성하는 시간이 더 소중하고 의미 있는 시간이 될 것 같아요.

(실행 지침 3) 목표, 행동 및 책임 방법을 설계하는 데 있어서 고객의 자율성을 인정하고 지지한다.

코치: 앞으로 코칭과 인권활동을 통한 현장형으로 살아가기 위해서 어떤 일을 우선적으로 해보고 싶으세요?
고객: 현장형, 즉 '프랙티셔너'가 되기 위해서는 우선적으로 많은 공부가 필요하죠. 인권보고서 쓰면서도 세상을 보는 관점이 많이 달라졌구요, 그것이 코칭과정에도 연결이 될 것 같네요. 인권보고서가 이번 달에 마무리가 잘되면 이제 본격적으로 코칭에 좀 더 집중할 계획입니다
코치: 인권보고서가 이번 달에 마무리되면 훨씬 마음이 가벼우시겠습니다. 그러면 코칭커리어는 어떻게 쌓아 가실 계획인지요?
고객: 코칭은 제가 보기에 프랙티셔너로서 두 번째 단계는 들어선 거 같아요. 700시간 넘게 했으니까요. 사실은 코칭아워를 많이 도와주는 회사가 몇 군데 있습니다. 뺑뺑이를 돌리고 힘들게도 했지만 애정을 많이 가지고 있는 회사들이구요, 그래서 코칭 쪽은 나름 자리를 잡아가는 거 같습니다. 인권과 관련해서는 이거를 기점으로 관련자들에게 '내가 인권관련 강의나 코칭에 관심이 있다'라고 얘기하고 적극적으로 그런 기회를 만들어 가야 할 거 같아요.
코치: 네 좋습니다. 추가로 생각나시는 것이 있을까요?
고객: 네 또 물어봐 주시니까 얘기하다가 생각이 난 게 내가 코칭에서 한 단계 올라섰다고 생각했던 타이밍이 한 3년 좀 지나서였거든요, 인권활동도 이제 1년 반했다고 자만하지 말고 좀 더 공부를 해야 되겠구나 그런 생각이 드네요. 얘기하면서 너무너무 명확해지는 것 같네요.

(실행 지침 5) 고객이 지닌 자원, 지원 및 잠재적 장애물을 포함하여 어떻게 자신이 앞으로 나아갈지에 대해 고려하도록 한다.

코치: 코칭도 3년 지나서 단계를 넘어섰듯이 인권활동도 앞으로 1년 반 이상을 더 하면 지금과는 전혀 다른 관점이 생기겠구나 하시는 말씀이군요.

고객: 네, 한 단계 올라섰구나, 한 단계 도약했구나 하는 생각이 들 거 같아요. 코칭은 내년이면 햇수로 벌써 7년째, 럭키세븐에 들어가니까요.

코치: 아, 럭키세븐! 브라보! 코칭아워도 이미 700시간을 넘었으니까 이제 PCC자격증을 준비하셔야겠네요?

고객: 그러니까요, 진즉에 PCC 인증준비를 했어야 했는데 우선순위가 밀려 가지고 아직 시도를 하지 못했네요. 이번 겨울방학 때는 준비를 해야 할 것 같아요

코치: 이번 겨울방학이 뭔가 전환점이 되겠군요. PCC를 취득하는 데 활용할 자원이나 필요한 지원이 있다면 무엇일까요?

고객: 그러잖아도 멘토코치님께 부탁을 드리려고 했었는데요, 제가 현장에서 고객의 요청에 따라 컨설팅, 멘토링 등과 접목한 코칭을 주로 하다 보니 시험대비가 상당히 부실합니다. 그래서 집중적인 멘토코칭이 필요합니다. 자원이라면 제가 가지고 있는 성실함과 꾸준함 등이 아닐까 싶습니다.

코치: 그러시군요. 부탁하신 멘토코칭은 서로 일정을 살펴본 뒤 시작하면 될 것 같구요, 향후 예상되는 장애요인이 있다면 무엇일까요?

고객: 아무래도 일정관리가 되겠지요. 멘토코칭도 그렇고 시험준비도 그렇고 집중해서 진행을 해야 하는데 지금 몇 군데 회사에서 동시에 진행되는 프로젝트 때문에 우선순위가 밀리지 않을까 걱정이 됩니다.

코치: 네, 고객과의 프로젝트가 중요하지요. 한편으로는 코치로서 한 단계 도약하기 위해서 PCC자격을 취득하는 것도 중요한 일이구요.

고객: 그러니까요. 그래서 멘토코칭 첫 시간에 PCC인증절차부터 논의했으면 합니다.

코치: 네, 좋은 생각이십니다. 그러면 오늘 실습 끝나고 난 뒤 멘토코칭 일정을 잡는 걸로 할까요?

고객: 네, 코치님, 그래주시면 감사하겠습니다. 덕분에 이제 해야 할 일들이 정리가 되네요. 감사합니다.

(실행 지침 7) 고객의 진전과 성공을 축하한다.

코치: 자, 여기까지 정리하시고 나니 지금 기분은 어떠세요?

고객: 고민거리가 있으면 기분이 다운되곤 하는데, 이런 기분을 마스터코치에게 얘기를 할 수 있다는 것만으로 굉장히 좋은 기회다고 생각을 했는데, 그보다 훨씬 더 제가 기대하지 않았던 내용까지 정리가 된 거 같고 너무 심플하게 정리되어서 한마디로 스윗하네요.

코치: 좋네요, 그동안 NGO활동으로 빼앗기는 시간 때문에 코칭에 전념할 수 없다는 생각에 많이 불편하셨던 것 같아요. 오늘 코칭을 통해서 그 두 가지가 배치되는 것

이 아니고 상호보완적이라는 사실을 발견하신 점이 큰 전환점이 된 것 같습니다.
고객: 그러게요. 예전에는 NGO활동을 하면서도 내가 지금 코칭을 더 열심히 해야 하는데 왜 이곳에서 시간을 소비하고 있지, 하는 생각 때문에 늘 불편했었는데 오히려 두 가지 활동이 더 큰 시너지를 낼 수 있다는 관점을 발견하게 되어 지금 너무 행복합니다.
코치: 새로운 관점을 발견하신 것에 대해서 진심으로 축하드립니다! 아울러 코칭에 있어서도 PCC인증을 눈앞에 두고 있고 곧 성취하시리라 믿어 의심치 않습니다.
고객: 코치님의 지지와 응원에 감사드립니다.

(실행 지침 8) 고객과 함께 세션을 종료한다.

코치: 그러면 향후 진척상황에 대해서 저랑 어떻게 공유할 수 있을까요?
고객: 겨울방학 때 PCC인증 신청하고 연락드릴게요. 인권활동은 연말에 국가인권센터에서 보고서가 채택되면 제가 1부 보내드리겠습니다.
코치: 많이 기대가 됩니다. 처음에 코칭주제로 정한 것이 '삶의 우선순위를 정하고 싶다'였는데, 나중에 '현장형 전문가로 선한 영향력을 미치고 싶다'로 전환이 되었습니다. 그리고 현장형으로 살고 싶은 구체적인 방안으로써 코칭과 NGO 일을 동시에 하는 방안을 찾으셨습니다. 고객님은 이미 현장에서 코칭과 NGO활동을 통해서 누군가에게 선한 영향력을 미치고 계십니다. 향후에 현장형 전문코치로 살아가시는 데 제가 지속적으로 도움을 드리고 싶습니다. 상의하시고 싶은 내용이 있으시면 언제라도 편하게 연락주시기 바랍니다.
자, 그럼 이것으로 코칭을 마치려고 하는데 괜찮으실까요?
고객: 네, 감사합니다. 오늘 코치님께 코칭을 받게 되어 너무 좋았습니다.
코치: 네, 수고 많으셨습니다.

3) 코칭 팁

코칭의 목표는 고객의 변화이다. 행동의 변화일 수도 있고 관점의 변화일수도 있다. 그리고 그 변화는 관찰가능하고 측정 가능해야 하며 또한 지속가능해야 한다. 코칭종료 후 6개월이 지난 시점에 주변의 이해관계자들로부터 그 변화를 확인할 수 있어야 한다. 코칭과정 중에 일시적으로 변한 것 같지만 불과 몇 달

사이에 원위치 되었다면 그것은 진정한 변화라고 보기 어렵다.

이러한 지속가능한 변화를 이끌어 내려면 어떻게 접근해야 하나? 우선 코칭 주제와 관련된 행동(혹은 관점)의 근원이 어딘가를 살펴보아야 한다. 평소에 얌전하던 사람이 술에 취하면 왜 말 많은 사람(Too Much Talker)이 되는가? 성인군자 같던 사람이 운전대만 잡으면 왜 그토록 난폭해지는가? 인간행동의 근원에는 무의식적인 목적이 있다. 3대 심리학자이자 개인심리학의 창시자인 아들러(Alfred Adler, 1870~1937)는 '모든 행동에는 목적이 있다. 그러나 사람들 대부분은 그 목적을 모른다. 행동을 보면 그 사람이 추구하는 목적을 알 수 있다.'라고 했다.

인간은 포유류 중에서 성장속도가 매우 느린 존재로 태어난다. 적지 않은 기간 동안 혼자서는 아무것도 할 수 없고 양육자에게 거의 모든 것을 의존한다. 개인심리학의 핵심개념인 '열등감'은 인간본연의 감정이다. 인간의 어린 자아는 '불확실하고 거대한' 세상에 적응하기 위하여 작은 자기를 도와주게 될 삶의 목적(Life Goal)을 만든다. 인간은 다양한 방식으로 우월성을 추구하고 주변과 관계를 맺기 시작한다. 따라서 인간을 이해하기 위해서는 그가 불완전한 존재에서 어떻게 열등감을 극복하고 소속집단으로부터 인정받기 위해서 노력하였는가를 이해하여야 한다.

필자의 고객 중 한 명이었던 P상무는 40대 초반의 외국계 제약회사 여성임원이다. 전략적 마인드가 뛰어나고 마케팅 역량이 탁월한 핵심인재이다. 문제해결 프로세스와 의사결정에 능하며 실패 시 본인의 책임으로 인정하는 쿨함도 가지고 있다. P상무가 가지고 있는 코칭이슈는 부하직원들에게 업무의 기준이 높고 과업지향적(Task Oriented)이며 사람에 대한 배려가 부족하다는 것이다. 이로 인해 P상무와 함께 일하는 부하직원이 퇴사하거나 전출을 자원한 경우도 있었다. 회사에서는 유능하고 일 잘하는 P상무를 다음 보직으로 진급시킬 계획을 가지고 있지만, 그러기 위해서는 관계지향적(People Oriented)인 리더십 스타일과 커뮤니케이션 역량개발이 필요하다고 보고 있다.

P상무는 3자매 중 맏이로서 부모의 기대를 한 몸에 받고 자랐다. 아들 없이 딸만 셋인 가정에서 비슷한 나이 또래인 사촌들과 비교해서 무엇이든 잘하고 싶은 마음이 강했다. '너는 장녀니까', '믿는다', '든든하다', '잘 할거야', '기대한다' 등등은 어렸을 때부터 P상무가 부모님으로부터 익숙하게 들은 말들이다. 맞벌이를 하시는 부모님을 대신해서 두 동생들을 보살펴야 했고, 동생들에게 모범을 보여야 했고 공부도 잘해야 했다. P상무의 인생목적(Life Goal)은 '잘 해야 한다, 완벽해야 한다. 계획한 것은 반드시 실행해야 한다.' 등이다. 여기서 사람에 대한 관심이 들어설 자리는 부족해 보인다.

이제 근원을 알았으면 어떻게 변화시킬 것인가? 통상 우리는 고객의 이슈와 관련된 말이나 행동을 변화시키기 위해 노력한다. 그것이 관찰가능하고 측정가능한 객관적인 변화 대상이기 때문이다. 하지만 행동은 강으로 비유하자면 하류에 해당된다. '윗물이 맑아야 아랫물도 맑다'고 한 속담처럼 신념, 가치, 자기정체성 등의 상류를 정화하지 않고서는 행동, 언어 등의 하류가 맑아질 수 없다. 행동의 변화가 일어났음에도 불구하고 코칭효과의 지속성이 부족한 이유이다. 자신이 누구인가에 대한 새로운 신념을 갖게 되면 우리의 행동은 그 새로운 정체성(Identity)을 뒷받침하기 위해 자동적으로 바뀌게 된다.

P상무의 코칭포인트는 '능력적인 측면에서는 의심의 여지가 없다. 다만, 관계관리(People Management) 측면에 아쉬움이 있다. 상대방의 감정에 이입하고 소통하는 역량을 집중적으로 코칭할 필요가 있다'로 요약할 수 있다. P상무에게 가장 절실한 것은 공통감각(Common Sense)의 확립이다. 공통감각이란 '다른 사람의 눈으로 보고, 다른 사람의 귀로 듣고, 다른 사람의 가슴으로 느끼는 것'이라고 아들러는 정의했다. 공통감각은 공동체감, 사회적 연대, 상식 등으로 다양하게 번역된다. 코칭의 주요스킬 중 하나인 공감(Empathy)도 같은 범주이다.

'다름'을 인지하지 못하고 그 '나름'의 이해가 기본이어야 한다는 것을 매니저가 되고 시행착오를 겪고, 행동의 목적성을 알아차리고 난 후에 비로소 느끼게 되었던 것이다. P상무는 스스로 이를 개선하기 위해 뮤지컬과 연극에 심취했다.

출연자들의 입장에서 상대방의 감정에 이입하는 훈련을 했다. 상대방의 관점에서 자신을 보는 심상훈련을 통해 업무현장에서도 점차 공통감각을 적용해 갔다. 회의진행시에 뜬금없는 말을 해서 답답함을 가중시켰던 구성원에게도 일단 그의 입장에서 들어보려고 했다. 업무능력이 부족해서 일처리가 더딘 구성원도 닥달하지 않고 하나하나 가르쳤다. '인간은 모두 다르다'라는 것을 인식하게 되었고 점차 주변이 변하기 시작하였다. 물이 맑아지니 떠났던 고기들이 돌아왔다. 주변에 사람이 모이고 모두 P상무의 긍정적인 변화에 대해서 얘기했다.

6개월 후 더 높은 자리로 승진기회가 열렸다. 지속적인 행동의 변화가 이어짐은 물론이다. 향후에도 지속적으로 공통감각을 실제의 생활에서 자연스럽게 구사하게 되는 것이 그의 목표이다.

아들러는 "사람의 성격은 절대 변하지 않는다는 말을 하는데, 이는 상황을 이해하는 올바른 열쇠를 발견해 보지 못한 사람들에 의해서만 주장되는 것이다."라고 하였다. 또한 소아정신과 의사이자, 교육심리학자인 드레이커스(Rudolf Dreikurs, 1897~1972)는 "우리는 우선적으로 행동패턴을 변화시키거나 증상의 제거를 시도하지 않는다. 만약 어떤 사람이 그의 기본적인 전제를 변화시키지 않은 채 그의 행동을 개선한다면 우리는 그것을 성공적인 변화로 보지 않는다. 우리는 목적, 개념, 생각을 변화시키기 위해 노력한다."라고 하였다.

고객의 진정한 변화를 원한다면 행동의 근원인 상류(upper stream)에서 시작하여야 한다. 그리고 코칭종료 후 6개월쯤 지난 시점에서 고객의 이해관계자들에게 물어보아야 한다.

"고객님의 변화는 지금도 지속가능하신가요?"

▌생각해 봅시다

1. 핵심역량 8 '고객의 성장을 촉진한다'는 코칭의 효과성에 비추어볼 때 어떤 영향을 미치는지 생각해 봅시다.

2. 고객의 자율성과 책임감을 강조하는 것은 코칭의 목표달성과 고객의 성장 관점에서 보면 어떤 상관관계가 있는지 토의해 봅시다.

3. 마무리 단계에서 고객의 진전과 성공을 축하하는 것은 고객에게 어떤 의미를 부여하는지 논의해 봅시다.

4. 행동의 근원인 신념, 가치, 정체성을 확인하는 것은 코칭의 본질과 관련하여 왜 중요한지 생각해 봅시다.

부록

1. 업데이트된 ICF 핵심역량 모델
2. ICF 윤리강령 2020
3. PCC 마커
4. 팀코칭역량

1. 업데이트된 ICF 핵심역량 모델(2019년 10월 개정)

ICF International Coach Federation | Korea Charter Chapter

업데이트된 ICF 핵심역량 모델
Updated ICF Core Competency Model

2019년 10월 — October 2019

국제코칭연맹(ICF)은 코칭 추세와 현장 실무를 분석하여 업데이트된 ICF 코칭핵심역량 모델을 발표하였다. 이 역량 모델은 ICF 회원과 비회원을 포함하여 다양한 코치 훈련 과정과 코칭 스타일 및 경험을 가진 전 세계 1,300 명 이상의 코치로부터 수집한 자료를 기반으로 한 것이다. 이러한 광범위한 연구를 통해 25년 전에 개발된 기존 ICF 코칭핵심역량 모델은 오늘날의 코칭실행에도 매우 중요하다는 것을 확인하였다.

이에, 업데이트된 핵심역량 모델에서는 기존 코칭 역량에 새로운 요소들을 일부 추가하고 통합하였다. 새롭게 들어간 역량과 지침에서는 윤리적 행동과 비밀 유지를 최우선적으로 강조하였다. 또한, 코칭 마인드셋, 지속적 성찰의 중요성, 다양한 차원의 코칭 합의들 간의 중요한 차이점, 코치와 고객 간 파트너십의 중요성, 문화적, 체계적 및 맥락적 의식의 중요성이 포함되었다. 새로 포함된 역량은 오늘날 코칭 실행의 핵심 요소를 반영하며 미래를 위한 보다 강력하고 포괄적인 코칭 표준으로 사용될 것이다.

A. Foundation
A.기초세우기

1. Demonstrates Ethical Practice
1.윤리적 실천을 보여준다.

Definition: Understands and consistently applies coaching ethics and standards of coaching
정의: 코칭윤리와 코칭표준을 이해하고 지속적으로 적용한다.

1. Demonstrates personal integrity and honesty in interactions with clients, sponsors and relevant stakeholders
   1. 고객, 스폰서 및 이해 관계자와의 상호작용에서 코치의 진실성과 정직성을 보여준다.

2. Is sensitive to clients' identity, environment, experiences, values and beliefs
   2. 고객의 정체성, 환경, 경험, 가치 및 신념에 민감성을 가지고 대한다.

3. Uses language appropriate and respectful to clients, sponsors and relevant stakeholders
   3. 고객, 스폰서 및 이해 관계자에게 적절하고, 존중하는 언어를 사용한다.

4. Abides by the ICF Code of Ethics and upholds the Core Values
   4. ICF 윤리 강령을 준수하고 핵심 가치를 지지한다.

5. Maintains confidentiality with client information per stakeholder agreements and pertinent laws
   5. 이해 관계자 합의 및 관련 법률에 따라 고객 정보에 대해 비밀을 유지한다.

This translation of the ICF updated Core Competencies was prepared by the ICF Korea Charter Chapter and published on 8th September 2020. Official translations of this document are available on the ICF Global website at www.coachfederation.org.
이 업데이트된 ICF 핵심역량의 한글 번역본은 ICF Korea Charter Chapter에서 마련하였으며, 2020년 9월 8일 게재하였습니다. 이 문서의 공식 번역본은 ICF 글로벌 웹사이트 www.coachfederation.org 에서 찾아보실 수 있습니다.

6. Maintains the distinctions between coaching, consulting, psychotherapy and other support professions
6. 코칭, 컨설팅, 심리치료 및 다른 지원 전문직과의 차별성을 유지한다.

7. Refers clients to other support professionals, as appropriate
7. 필요한 경우, 고객을 다른 지원 전문가에게 추천한다.

2. Embodies a Coaching Mindset
2. 코칭 마인드셋을 구현한다.

Definition: Develops and maintains a mindset that is open, curious, flexible and client-centered
정의: 개방적이고 호기심이 많으며, 유연하고 고객 중심적인 사고방식(마인드셋)을 개발하고 유지한다.

1. Acknowledges that clients are responsible for their own choices
1. 코치는 선택에 대한 책임이 고객 자신에게 있음을 인정한다.

2. Engages in ongoing learning and development as a coach
2. 코치로서 지속적인 학습 및 개발에 참여한다.

3. Develops an ongoing reflective practice to enhance one's coaching
3. 코치는 코칭능력을 향상시키기 위해 성찰훈련을 지속한다.

4. Remains aware of and open to the influence of context and culture on self and others
4. 코치는 자기 자신과 다른 사람들이 상황과 문화에 의해 영향 받을 수 있음을 인지하고 개방적 태도를 취한다.

5. Uses awareness of self and one's intuition to benefit clients
5. 고객의 유익을 위해 자신의 인식과 직관을 활용한다.

6. Develops and maintains the ability to regulate one's emotions
6. 감정 조절 능력을 개발하고 유지한다.

7. Mentally and emotionally prepares for sessions
7. 정신적, 정서적으로 매 세션을 준비한다.

8. Seeks help from outside sources when necessary
8. 필요하면 외부자원으로부터 도움을 구한다.

B. Co-Creating the Relationship
B. 관계의 공동구축

3. Establishes and Maintains Agreements
3. 합의를 도출하고 유지한다.

Definition: Partners with the client and relevant stakeholders to create clear agreements about the coaching relationship, process, plans and goals. Establishes agreements for the overall coaching engagement as well as those for each coaching session.

This translation of the ICF updated Core Competencies was prepared by the ICF Korea Charter Chapter and published on 8th September 2020. Official translations of this document are available on the ICF Global website at www.coachfederation.org.
이 업데이트된 ICF 핵심역량의 한글 번역본은 ICF Korea Charter Chapter에서 마련하였으며, 2020년 9월 8일 게재하였습니다. 이 문서의 공식 번역본은 ICF 글로벌 웹사이트 www.coachfederation.org 에서 찾아보실 수 있습니다.

고객 및 이해 관계자와 협력하여 코칭관계, 프로세스, 계획 및 목표에 대한 명확한 합의를 한다. 개별 코칭세션은 물론 전체 ㅏ정에 대한 합의를 도출한다.

1. Explains what coaching is and is not and describes the process to the client and relevant stakeholders
1. 코칭인 것과 코칭이 아닌 것에 대해 설명하고 고객 및 이해 관계자에게 프로세스를 설명한다.

2. Reaches agreement about what is and is not appropriate in the relationship, what is and is not being offered, and the responsibilities of the client and relevant stakeholders
2. 관계에서 무엇이 적절하고 적절하지 않은지, 무엇이 제공되고 제공되지 않는지, 고객 및 이해 관계자의 책임에 관하여 합의한다.

3. Reaches agreement about the guidelines and specific parameters of the coaching relationship such as logistics, fees, scheduling, duration, termination, confidentiality and inclusion of others
3. 코칭진행방법(logistics), 비용, 일정, 기간, 종결, 비밀 보장, 다른 사람의 포함 등과 같은 코칭관계의 지침 및 특이사항에 대해 합의한다.

4. Partners with the client and relevant stakeholders to establish an overall coaching plan and goals
4. 고객 및 이해 관계자와 함께 전체 코칭 계획 및 목표를 설정한다.

5. Partners with the client to determine client-coach compatibility
5. 고객과 코치 간에 서로 맞는지(client-coach compatibility)를 결정하기 위해 파트너십을 갖는다.

6. Partners with the client to identify or reconfirm what they want to accomplish in the session
6. 고객과 함께 코칭세션에서 달성하고자 하는 것을 찾거나 재확인한다.

7. Partners with the client to define what the client believes they need to address or resolve to achieve what they want to accomplish in the session
7. 고객과 함께 세션에서 달성하고자 하는 것을 얻기 위해 고객 스스로가 다뤄야 하거나 해결해야 한다고 생각하는 것을 분명히 한다.

8. Partners with the client to define or reconfirm measures of success for what the client wants to accomplish in the coaching engagement or individual session
8. 고객과 함께 코칭과정 또는 개별 세션에서 고객이 달성하고자 하는 목표에 대한 성공 척도를 정의하거나 재확인한다.

9. Partners with the client to manage the time and focus of the session.
9. 고객과 함께 세션의 시간을 관리하고 초점을 유지한다.

10. Continues coaching in the direction of the client's desired outcome unless the client indicates otherwise
10. 고객이 달리 표현하지 않는 한 고객이 원하는 성과를 달성하기 위한 방향으로 코칭을 계속한다.

11. Partners with the client to end the coaching relationship in a way that honors the experience
11. 고객과 함께 코칭 경험을 존중하며 코칭관계를 종료한다.

anslation of the ICF updated Core Competencies was prepared by the ICF Korea Charter Chapter and published on 8th September 2020. l translations of this document are available on the ICF Global website at www.coachfederation.org.
|이트된 ICF 핵심역량의 한글 번역본은 ICF Korea Charter Chapter에서 마련하였으며, 2020년 9월 8일 게재하였습니다. 이 문서의 공식 번 ICF 글로벌 웹사이트 www.coachfederation.org 에서 찾아보실 수 있습니다.

4. Cultivates Trust and Safety
4. 신뢰와 안전감을 조성한다.

Definition: Partners with the client to create a safe, supportive environment that allows the client to share freely. Maintains a relationship of mutual respect and trust.
정의: 고객과 함께, 고객이 자유롭게 나눌 수 있는 안전하고 지지적인 환경을 만든다. 상호 존중과 신뢰 관계를 유지한다.

1. Seeks to understand the client within their context which may include their identity, environment, experiences, values and beliefs
1. 고객의 정체성, 환경, 경험, 가치 및 신념 등의 맥락 안에서 고객을 이해하려고 노력한다.

2. Demonstrates respect for the client's identity, perceptions, style and language and adapts one's coaching to the client
2. 고객의 정체성, 인식, 스타일 및 언어를 존중하고 고객에 맞추어 코칭한다.

3. Acknowledges and respects the client's unique talents, insights and work in the coaching process
3. 코칭과정에서 고객의 고유한 재능, 통찰 및 노력을 인정하고 존중한다.

4. Shows support, empathy and concern for the client
4. 고객에 대한 지지, 공감 및 관심을 보여준다.

5. Acknowledges and supports the client's expression of feelings, perceptions, concerns, beliefs and suggestions
5. 고객이 자신의 감정, 인식, 관심, 신념, 및 제안하는 바를 그대로 표현하도록 인정하고 지원한다.

6. Demonstrates openness and transparency as a way to display vulnerability and build trust with the client
6. 고객과의 신뢰를 구축하기 위해 인간으로서의 한계를 인정하고 개방성과 투명성을 보여준다.

5. Maintains Presence
5. 프레즌스(Presence)를 유지한다.

Definition: Is fully conscious and present with the client, employing a style that is open, flexible, grounded and confident
정의: 개방적이고 유연하며 중심이 잡힌 자신감 있는 태도로 완전히 깨어서 고객과 함께 한다.

1. Remains focused, observant, empathetic and responsive to the client
1. 고객에게 집중하고 관찰하며 공감하고 적절하게 반응하는 것을 유지한다.

2. Demonstrates curiosity during the coaching process
2. 코칭과정 내내 호기심을 보여준다.

3. Manages one's emotions to stay present with the client
3. 고객과 프레즌스(현존)를 유지하기 위해 감정을 관리한다.

4. Demonstrates confidence in working with strong client emotions during the coaching process
4. 코칭과정에서 고객의 강한 감정 상태에 대해 자신감 있는 태도로 함께 한다.

5. Is comfortable working in a space of not knowing
5. 코치가 알지 못함의 영역을 코칭할 때도 편안하게 임한다.

This translation of the ICF updated Core Competencies was prepared by the ICF Korea Charter Chapter and published on 8th September 2020. Official translations of this document are available on the ICF Global website at www.coachfederation.org.
이 업데이트된 ICF 핵심역량의 한글 번역본은 ICF Korea Charter Chapter에서 마련하였으며, 2020년 9월 8일 게재하였습니다. 이 문서의 공식 번역본은 ICF 글로벌 웹사이트 www.coachfederation.org 에서 찾아보실 수 있습니다.

6. Creates or allows space for silence, pause or reflection
6. 침묵, 멈춤, 성찰을 위한 공간을 만들거나 허용한다.

C. Communicating Effectively
C. 효과적으로 의사소통하기

6. Listens Actively
6. 적극적으로 경청한다.

Definition: Focuses on what the client is and is not saying to fully understand what is being communicated in the context of the client systems and to support client self-expression
정의: 고객의 시스템 맥락에서 전달하는 것을 충분히 이해하고, 고객의 자기표현(self-expression)을 돕기 위하여 고객이 말 한 것과 말하지 않은 것에 초점을 맞춘다.

1. Considers the client's context, identity, environment, experiences, values and beliefs to enhance understanding of what the client is communicating
1. 고객이 전달하는 것에 대한 이해를 높이기 위해 고객의 상황, 정체성, 환경, 경험, 가치 및 신념을 고려한다.

2. Reflects or summarizes what the client communicated to ensure clarity and understanding
2. 고객이 전달한 것에 대해 더 명확히 하고 이해하기 위해 반영하거나 요약한다.

3. Recognizes and inquires when there is more to what the client is communicating
3. 고객이 소통한 것 이면에 무언가 더 있다고 생각될 때 이것을 인식하고 질문한다.

4. Notices, acknowledges and explores the client's emotions, energy shifts, non-verbal cues or other behaviors
4. 고객의 감정, 에너지 변화, 비언어적 신호 또는 기타 행동에 대해 주목하고, 알려주며 탐색한다.

5. Integrates the client's words, tone of voice and body language to determine the full meaning of what is being communicated
5. 고객이 전달하는 내용의 완전한 의미를 알아내기 위해 고객의 언어, 음성 및 신체 언어를 통합한다.

6. Notices trends in the client's behaviors and emotions across sessions to discern themes and patterns
6. 고객의 주제(theme)와 패턴(pattern)을 분명히 알기 위해 세션 전반에 걸쳐 고객의 행동과 감정의 흐름(trends)에 주목한다.

7. Evokes Awareness
7. 알아차림을 불러일으킨다.

Definition: Facilitates client insight and learning by using tools and techniques such as powerful questioning, silence, metaphor or analogy
정의: 강력한 질문, 침묵, 은유(metaphor) 또는 비유(analogy)와 같은 도구와 기술을 사용하여 고객의 통찰과 학습을 촉진한다.

1. Considers client experience when deciding what might be most useful
1. 가장 유용한 것이 무엇인지 결정할 때 고객의 경험을 고려한다.

This translation of the ICF updated Core Competencies was prepared by the ICF Korea Charter Chapter and published on 8th September 2020. Official translations of this document are available on the ICF Global website at www.coachfederation.org.
이 업데이트된 ICF 핵심역량의 한글 번역본은 ICF Korea Charter Chapter에서 마련하였으며, 2020년 9월 8일 게재하였습니다. 이 문서의 공식 번역본은 ICF 글로벌 웹사이트 www.coachfederation.org 에서 찾아보실 수 있습니다.

2. Challenges the client as a way to evoke awareness or insight
2. 알아차림이나 통찰을 불러일으키기 위한 방법으로 고객에게 도전한다.

3. Asks questions about the client, such as their way of thinking, values, needs, wants and beliefs
3. 고객의 사고방식, 가치, 욕구 및 원함 그리고 신념 등 고객에 대하여 질문한다.

4. Asks questions that help the client explore beyond current thinking
4. 고객이 현재의 생각을 뛰어 넘어 탐색하도록 도움이 되는 질문을 한다.

5. Invites the client to share more about their experience in the moment
5. 고객이 이 순간에 경험하고 있는 것을 더 많이 공유하도록 초대한다.

6. Notices what is working to enhance client progress
6. 고객의 발전(client's progress)을 위해 무엇이 잘되고 있는지에 주목한다.

7. Adjusts the coaching approach in response to the client's needs
7. 고객의 욕구에 맞추어 코칭 접근법을 조정한다.

8. Helps the client identify factors that influence current and future patterns of behavior, thinking or emotion
8. 고객이 현재와 미래의 행동, 사고 또는 감정 패턴에 영향을 미치는 요인을 식별하도록 도와준다.

9. Invites the client to generate ideas about how they can move forward and what they are willing or able to do
9. 고객이 어떻게 앞으로 나아갈 수 있는지, 무엇을 하려고 하고 할 수 있는지 생각해 내도록 초대한다.

10. Supports the client in reframing perspectives
10. 관점을 재구성(reframing) 할 수 있도록 고객을 지원한다.

11. Shares observations, insights and feelings, without attachment, that have the potential to create new learning for the client
11. 고객이 새로운 학습을 할 수 있는 잠재력을 갖도록 관찰, 통찰 및 느낌을 있는 그대로 공유한다.

D. Cultivating Learning and Growth
D. 학습과 성장 북돋우기

8. Facilitates Client Growth
8. 고객의 성장을 촉진한다.

Definition: Partners with the client to transform learning and insight into action. Promotes client autonomy in the coaching process.
정의: 고객이 학습과 통찰을 행동으로 전환할 수 있도록 협력한다. 코칭과정에서 고객의 자율성을 촉진한다.

1. Works with the client to integrate new awareness, insight or learning into their world view and behaviors
1. 새로운 알아차림, 통찰, 학습을 세계관 및 행동에 통합하기 위해 고객과 협력한다.

This translation of the ICF updated Core Competencies was prepared by the ICF Korea Charter Chapter and published on 8th September 2020. Official translations of this document are available on the ICF Global website at www.coachfederation.org.
이 업데이트된 ICF 핵심역량의 한글 번역본은 ICF Korea Charter Chapter에서 마련하였으며, 2020년 9월 8일 게재하였습니다. 이 문서의 공식 번역본은 ICF 글로벌 웹사이트 www.coachfederation.org 에서 찾아보실 수 있습니다.

2. Partners with the client to design goals, actions and accountability measures that integrate and expand new learning
2. 새로운 학습을 통합하고 확장하기 위해 고객과 함께 고객의 목표와 행동, 그리고 책임 측정 방안(accountability measures)을 설계한다.

3. Acknowledges and supports client autonomy in the design of goals, actions and methods of accountability
3. 목표, 행동 및 책임 방법을 설계하는데 있어서 고객의 자율성을 인정하고 지지한다.

4. Supports the client in identifying potential results or learning from identified action steps
4. 고객이 잠재적 결과를 확인해보거나 이미 수립한 실행단계로부터 배운 것을 지지한다.

5. Invites the client to consider how to move forward, including resources, support and potential barriers
5. 고객이 지닌 자원(resource), 지원(support) 및 잠재적 장애물(potential barriers)을 포함하여 어떻게 자신이 앞으로 나아갈지에 대해 고려하도록 한다.

6. Partners with the client to summarize learning and insight within or between sessions
6. 고객과 함께 세션에서 또는 세션과 세션 사이에서 학습하고 통찰한 것을 요약한다.

7. Celebrates the client's progress and successes
7. 고객의 진전과 성공을 축하한다.

8. Partners with the client to close the session
8. 고객과 함께 세션을 종료한다.

This translation of the ICF updated Core Competencies was prepared by the ICF Korea Charter Chapter and published on 8th September 2020. Official translations of this document are available on the ICF Global website at www.coachfederation.org.
이 업데이트된 ICF 핵심역량의 한글 번역본은 ICF Korea Charter Chapter에서 마련하였으며, 2020년 9월 8일 게재하였습니다. 이 문서의 공식 번역본은 ICF 글로벌 웹사이트 www.coachfederation.org 에서 찾아보실 수 있습니다.

2. ICF 윤리강령 2020

ICF 윤리강령
ICF Code of Ethics

International Coaching Federation

rev. 09.01.21

This translation of the ICF Code of Ethics was prepared by the ICF Korea Charter Chapter and originally published on August 4, 2021.

ICF 윤리강령의 한글 번역본은 ICF Korea Charter Chapter 에서 마련하였으며 2021 년 8 월 4 일에 게재하였습니다. 이 문서의 공식 번역본은 ICF 웹사이트 www.coachingfederation.org 에서 찾아보실 수 있습니다.

Korea Charter Chapter

ICF 윤리강령은 **5** 가지 주요 부분으로 구성된다.

- 제 **1** 부. 도입
- 제 **2** 부. 핵심 정의
- 제 **3** 부. **ICF** 핵심 가치와 윤리 원칙
- 제 **4** 부. 윤리 기준
- 제 **5** 부. 서약

제 1 부. 도입 (INTRODUCTION)

ICF 윤리강령은 국제코칭연맹(ICF 핵심 가치)의 핵심 가치와 모든 ICF 전문가를 위한 윤리원칙 및 행동 윤리표준을 설명한다(정의 참조). 이러한 ICF 행동 윤리표준을 충족하는 것이 ICF 핵심코칭역량 (ICF 핵심역량) 중 첫 번째 "윤리적 실천을 보여준다: 코칭윤리와 및 코칭표준을 이해하고 지속적으로 적용한다." 이다.

ICF 윤리강령은 다음을 통해 ICF 및 글로벌 코칭 직업의 완전성을 유지한다.

· ICF 핵심가치 및 윤리원칙에 부합하는 행동 기준을 설정한다.

· 윤리적 성찰, 교육 및 의사 결정을 지도한다.

· ICF 윤리행동 검토(ECR, Ethical Conduct Review) 과정을 통해 ICF 코치 표준을 조정하고 보존한다.

· ICF 인증 프로그램에서 ICF 윤리 교육의 기초를 제공한다.

ICF 윤리강령은 ICF 전문가가 모든 종류의 코칭 관련 상호 작용에서 자신을 대변할 때 적용된다. 이는 코칭 관계(정의 참조)가 설정되었는지의 여부와 관계가 없다. 이 강령은 코치, 코치 수퍼바이저, 멘토 코치, 트레이너 또는 교육훈련 중에 있는 코치 등의 여러 역할을 수행하거나 ICF 리더십 역할 및 지원 담당자(정의 참조)로 봉사하는 ICF 전문가의 윤리적 의무를 설명한다.

윤리행동 검토(ECR) 과정은 서약과 마찬가지로 ICF 전문가에게만 적용되지만 ICF 직원 또한 이 ICF 윤리강령을 뒷받침하는 윤리행동과 핵심가치 및 윤리원칙에 헌신한다.

윤리적으로 일한다는 도전은 회원들이 예상치 못한 문제에 대한 대응, 딜레마의 해결 및 문제에 대한 해결책이 필요한 상황에 필연적으로 직면하게 됨을 의미한다. 이 윤리강령은 고려해야 할 다양한 윤리적 요소를 안내하고 윤리적 행동에 접근하는 대안을 식별하는 데 도움을 줌으로써 강령 적용 대상자를 지원하기 위한 것이다.

윤리강령을 받아들이는 ICF 전문가들은 어려운 결정을 내리거나 용감하게 행동하는 경우에도 윤리적 행동을 취하기 위해 노력한다.

제 2 부. 핵심 정의 (KEY DEFINITIONS)

· "고객" - 코칭을 받는 개인 또는 팀/그룹, 멘토링 또는 수퍼비전을 받는 코치, 교육훈련을 받는 코치 또는 훈련 중에 있는 코치

· "코칭" - 개인 및 직업적 잠재력을 극대화하도록 영감을 주는, 생각을 자극하고 창의적인 과정을 고객과 협력하는 것

· "코칭 관계" - 각 당사자의 책임과 기대를 정의하는 협의 또는 계약에 따라 ICF 전문가와 고객/후원자가 설정한 관계

· "강령" - ICF 윤리강령

· "비밀유지" - 공개에 대한 동의가 주어지지 않는 한 코칭 참여와 관련하여 얻은 모든 정보의 보호

· "이해 상충" - ICF 전문가가 여러 이해 관계에 관여하는 상황으로, 하나의 이해를 제공하는 것이 다른 이해에 반하거나 충돌할 수 있다. 이것은 재정적, 개인적 또는 기타의 사유일 수 있다.

· "평등" - 인종, 민족, 국적, 피부색, 성별, 성적 지향, 성 정체성, 연령, 종교, 이민 신분, 정신적 또는 신체적 장애 및 그 외 영역에서의 차이점에 관계없이 모든 사람들이 포용, 자원 및 기회에 대한 접근을 경험하는 상황

· "ICF 전문가" - 코치, 코치 수퍼바이저, 멘토 코치, 코치 트레이너 및 훈련 중에 있는 코치를 포함하되 이에만 한정되지는 않는 역할에서 ICF 회원 또는 ICF 인증자격 보유자로 자신을 대표하는 개인

- "ICF 직원" - ICF 를 대표하여 전문적인 관리 및 행정 서비스를 제공하는 관리 회사와 계약한 ICF 지원 직원
- "내부 코치" - 조직 내에서 고용되어 해당 조직의 직원을 파트 타임 또는 풀 타임으로 코치하는 개인
- "후원자" - 제공할 코칭 서비스에 대한 비용을 지불 또는 주선하거나 정의하는 주체(대표자 포함)
- "지원 담당자" - 그들의 고객을 지원하기 위해 ICF 전문가와 일하는 사람들
- “체계적 평등”— 공동체, 조직, 국가 및 사회의 윤리, 핵심 가치, 정책, 구조 및 문화에 제도화된 성 평등, 인종 평등 및 기타 형태의 평등

제 3 부. ICF 핵심 가치와 윤리 원칙 (ICF CORE VALUES AND ETHICAL PRINCIPLES)

ICF 윤리강령은 ICF 핵심가치(https://coachfederation.org/about)와 그로부터 나오는 행동을 기반으로 한다. 모든 가치는 똑같이 중요하며 서로를 지원한다. 이 가치들은 지향점을 가지고 있으며 표준을 이해하고 해석하는 방법으로 사용해야 한다. 모든 ICF 전문가는 모든 상호 작용에서 이러한 가치를 보여주고 전파해야 한다.

제 4 부. 윤리 기준 (ETHICAL STANDARDS)

ICF 전문가의 직업 활동에는 다음과 같은 윤리 기준이 적용된다.

제 1 장 고객에 대한 책임 (Responsibility to clients)

ICF 전문가로서 나는,

1. 최초 미팅 전이나 그 미팅에서 나의 코칭 고객 및 후원자가 코칭의 성격과 잠재적 가치, 비밀유지의 성격과 한계, 재정적 합의 및 기타 코칭 협의 조건을 이해하고 있음을 설명하고 확인한다.
2. 서비스를 시작하기 전에 내 고객(들) 및 후원자(들)와 관련된 모든 당사자의 역할, 책임 및 권리에 관한 협의/계약을 작성한다.

3. 합의된 대로 모든 당사자와 가장 엄격한 수준의 비밀을 유지한다. 나는 개인정보 및 통신과 관련된 모든 관련 법률을 알고 있으며 준수할 것에 동의한다.

4. 모든 코칭 상호작용 중에 관련된 모든 당사자간에 정보가 교환되는 방식을 명확하게 이해한다.

5. 정보가 비밀로 유지되지 않는 조건(예: 불법 활동-유효한 법원 명령 또는 소환장에 따라 법이 요구하는 경우, 자신 또는 타인에게 위험이 임박했거나 발생할 가능성이 있는 경우)에 대해 고객 및 후원자 또는 이해 관계자와 명확한 이해가 있어야 한다. 위의 상황 중 하나가 적용 가능하다고 합리적으로 믿는 경우 적절한 당국에 알려야 할 수 있다.

6. 내부 코치로 일할 때, 코칭 협의 및 지속적인 대화를 통해 나의 코칭 고객 및 후원자와의 이해 상충 또는 잠재적 이해 상충을 관리한다. 여기에는 조직의 역할, 책임, 관계, 기록, 비밀유지 및 기타 보고 요구 사항을 다루는 것이 포함되어야 한다.

7. 비밀 유지, 보안 및 개인정보 보호를 장려하고 관련 법률 및 협의를 준수하는 방식으로 업무상 상호 작용 중에 생성된 모든 기록(전자 파일 및 통신 포함)을 유지, 저장 및 폐기한다. 또한 코칭 서비스(기술 지원형 코칭 서비스)에 사용되는 신흥 기술 개발을 적절하게 활용하고 다양한 윤리 표준이 적용되는 방식을 인지한다.

8. 코칭 관계로부터 받은 가치에 변화가 있을 수 있다는 조짐에 주의를 기울인다. 그리고 실제 그럴 경우 관계에 변화를 주거나, 고객/후원자가 다른 코치 또는 다른 전문가를 찾거나, 다른 자원을 활용하도록 권장한다.

9. 협의 조항에 따라 코칭 프로세스 중 어떤 이유로든 어떤 시점에서든 코칭 관계를 종료 할 수 있는 모든 당사자의 권리를 존중한다.

10. 이해 상충 상황을 피하기 위해 동일한 고객(들) 및 후원자(들)와 동시에 여러 계약 및 관계를 맺는 것이 초래할 수 있는 결과를 민감하게 받아들인다.

11. 문화적, 관계적, 심리적 또는 맥락적 문제로 인해 발생할 수 있는 고객과 나 사이의 권한 또는 지위의 차이를 인식하고 적극적으로 관리한다.

12. 내 고객을 제 3 자에게 추천함으로써 받을 수 있는 잠재적 보상 수령 및 기타 혜택을 고객에게 공개한다.

13. 어떤 관계에서든 합의된 보상의 양이나 형태에 관계없이 일관된 코칭 품질을 보장한다.

제 **2** 장 실습 및 수행에 대한 책임 **(Responsibility to practice and performance)**

ICF 전문가로서 나는,

14. 모든 상호작용에서 ICF 윤리강령을 준수한다. 본인이 강령 위반 가능성을 스스로 인지하거나 다른 ICF 전문가의 비 윤리적 행동을 인지할 경우 관련자들과 함께 문제를 정중하게 제기한다. 이 방법으로 문제가 해결되지 않으면 공식 기관(예: ICF Global)에 문의하여 해결한다.

15. 모든 지원 담당자는 ICF 윤리강령을 준수해야 한다.

16. 지속적인 개인적, 전문적, 윤리적 개발을 통해 탁월함에 헌신한다.

17. 나의 코칭 성과 또는 전문 코칭관계를 손상시키거나, 충돌하거나, 방해할 수 있는 나의 개인적인 한계 또는 상황을 인식한다. 취해야 할 조치를 결정하기 위해 지원을 요청하고 필요한 경우 즉시 관련 전문 지침을 구한다. 여기에는 나의 코칭 관계의 중단 또는 종료가 포함될 수 있다.

18. 관련 당사자와 함께 문제를 해결하거나, 전문적인 도움을 구하거나, 일시적으로 중단하거나 전문적인 관계를 종료하여 이해 상충 또는 잠재적 이해 상충을 해결한다.

19. ICF 회원의 프라이버시를 유지하고 ICF 회원의 연락처 정보(이메일 주소, 전화번호 등)를 ICF 또는 ICF 회원이 승인한 대로만 사용한다.

제 **3** 장 전문성에 대한 책임 **(Responsibility to professionalism)**

ICF 전문가로서 나는,

20. 나의 코칭 자격, 코칭역량 수준, 전문성, 경험, 교육, 인증 및 ICF 자격 인증을 정확하게 확인한다.

21. 내가 ICF 전문가로서 제공하는 것, ICF 가 제공하는 것, 코칭 직업 및 코칭의 잠재적 가치에 대해 진실하고 정확한 구두 및 서면 진술을 한다.

22. 이 강령에서 정한 윤리적 책임에 대해 알아야 하는 사람들과 소통하고 인식을 제고한다.

23. 물리적 또는 기타 상호 작용을 지배하는 명확하고 적절하며 문화적으로 민감한 경계를 인식하고 설정하는 책임을 진다.

24. 고객 또는 후원자와 성적인 관계를 맺거나 연애를 하지 않는다. 나는 관계에 적합한 친밀함의 수준을 항상 염두에 둔다. 문제를 해결하거나 계약을 취소하기 위해 적절한 조치를 취한다.

제 4 장 사회에 대한 책임 (Responsibility to society)

ICF 전문가로서 나는,

25. 모든 활동과 운영에서 공정성과 평등을 유지하면서 지역의 규칙과 문화 관행을 존중함으로써 차별을 피한다. 여기에는 연령, 인종, 성별 표현, 민족성, 성적 취향, 종교, 출신 국가, 장애 또는 군복무 상태에 따른 차별이 포함되며 이에 국한되지 않는다

26. 다른 사람의 기여와 지적 재산을 인정하고 존중하며 고유한 내 자료에 대한 소유권만 주장한다. 이 표준을 위반하면 제 3 자에 의해 법적 구제를 받을 수 있음을 이해한다.

27. 연구를 수행하고 보고할 때 정직하고 인정된 과학 표준, 적용 가능한 주제 지침 및 내 능력의 경계 내에서 일한다.

28. 나와 내 고객이 사회에 미치는 영향을 인지한다. 나는 "선을 행하는 것"과 "나쁜 것을 피하는 것"의 철학을 고수한다.

제 5 부. 서약 (PLEDGE)

ICF 전문가로서 나는 ICF 윤리강령의 기준에 따라 나의 코칭 고객(들), 후원자(들), 동료 및 일반 대중에 대한 나의 윤리적 및 법적 의무를 이행하는 데 동의한다.

ICF 윤리강령의 일부를 위반하는 경우, ICF 가 단독 재량에 따라 그러한 행위에 대한 책임을 물을 수 있다는 데 동의한다. 또한 위반에 대해 ICF 에 대한 나의 책임에는 의무적인 추가 코치 교육, 기타 교육 또는 ICF 회원자격 및 또는 ICF 자격상실과 같은 제재가 포함될 수 있다는 데 동의한다

2019 년 9 월 ICF 글로벌 이사회에 의해 채택됨.

EMPOWERING THE WORLD THROUGH

COACHING.

International
Coaching
Federation

3. PCC 마커

PCC 마커

2020 년 9 월 개정됨

평가 마커는 시험관이 코칭 녹음에서 ICF 핵심역량이 확실하게 발휘되었는지를 결정하기 위해 경청하도록 교육을 받았음을 나타내는 지표이다. 아래의 마커는 PCC(Professional Certified Coach) 수준의 코칭 대화에서의 핵심 역량을 보여주는 행동이다. 이러한 마커는 공정하고 일관적이며 타당하고 신뢰할 수 있는, 또한 반복 가능하며 방어 가능한 심사평가 과정을 지원한다.

PCC 마커는 또한 PCC 수준으로의 코칭의 성장 및 스킬 개발을 위한 영역을 식별하는 데 있어서 코치, 코치 트레이너 및 멘토 코치들에게 도움이 될 수도 있다. 그러나 이는 항상 핵심역량 개발의 맥락에서 사용해야 한다. PCC 마커는 PCC 심사평가를 통과하기 위한 정형화된 방식의 체크리스트로 사용되어서는 안된다.

역량 1: 윤리적 실천을 보여준다.

ICF 윤리 강령과 그의 적용은 모는 수준의 코칭에서 숙지되어야 하는 부분이다. 성공적인 PCC 후보자는 ICF 윤리 강령과 일치하는 코칭을 보여주며 코치의 역할에서 일관성을 유지할 것이다.

역량 2: 코칭 마인드셋을 구현한다.

개방적이고 호기심이 많으며, 유연하고 고객 중심적인 코칭 마인드셋을 구현하는 것은 지속적인 학습과 개발, 성찰을 거듭하는 실습의 확립, 그리고 세션에 대한 준비가 요구되는 과정이다. 이러한 요소는 코치의 전문적인 여정 그 어느 한 순간에 온전히 포착될 수 없는 것이며 여정에서 지속적으로 이루어지는 것이다. 그러나 이 역량의 특정 요소는 코칭 대화 내에서 입증될 수 있다. 이러한 특정 행동은 4.1, 4.3, 4.4, 5.1, 5.2, 5.3, 6.1, 6.5, 7.1 및 7.5 의 PCC 마커를 통해 명확하게 표현되고 평가된다. 다른 역량 영역과 마찬가지로 PCC 심사평가를 통과하려면 이러한 마커의 최소 구현 횟수를 입증해야 한다. 이 역량의 모든 요소는 ICF 자격인증의 서면시험(CKA 코치지식 평가)에서도 평가된다.

역량 3: 합의를 도출하고 유지한다.

3.1: 코치는 고객과 파트너가 되어 고객이 이 세션에서 달성하고자 하는 것을 확인하거나 재확인한다.

3.2: 코치는 고객과 파트너가 되어 고객이 이 세션에서 달성하고자 하는 성공의 척도를 정의하거나 재확인한다.

3.3: 코치는 이 세션에서 달성하고자 하는 것에 대해 고객에게 중요하거나 의미있는 것이 무엇인지 묻거나 탐구한다.

3.4 : 코치는 고객과 협력하여 고객이 이 세션에서 달성하고자 하는 것을 이루기 위해 다룰 필요가 있는 것을 정의한다.

역량 4: 신뢰와 안전감을 조성한다.

4.1: 코치는 코칭 과정에서 고객의 고유한 재능, 통찰력 및 그들이 하는 일을 인정하고 존중한다.

4.2: 코치는 고객에 대한 지원, 공감 또는 관심을 보여준다.

4.3: 코치는 고객의 감정, 인식, 우려, 신념 또는 제안에 대한 표현을 인정하고 지원한다.

4.4: 코치는 고객이 코치의 기여에 어떤 식으로든 응답하도록 초대하여 고객과 파트너 관계를 맺고 고객의 응답을 받아들인다.

역량 5: 프레즌스(Presence)를 유지한다.

5.1: 코치는 고객을 전인적으로(존재) 보고 응답하여 행동한다.

5.2: 코치는 고객이 이 세션을 통해 달성하고자 하는 것(무엇)에 응답하여 행동한다.

5.3: 코치는 고객이 이 세션에서 일어나는 일을 직접 선택하도록 지원함으로써 고객과 파트너 관계를 맺는다.

5.4: 코치는 고객에 대해 더 많이 배우려는 호기심을 보여준다.

5.5: 코치는 침묵, 일시 중지 또는 반영된 생각을 허용한다.

역량 6: 적극적으로 경청한다.

6.1: 코치의 질문과 관찰은 고객이 누구인지 또는 고객의 상황에 따라 코치가 배운 내용을 활용하여 맞춤화 된다.

6.2: 코치는 고객이 사용하는 단어에 대해 문의하거나 탐색한다.

6.3: 코치는 고객의 감정에 대해 질문하거나 탐구한다.

6.4: 코치는 고객의 에너지 변화, 비언어적 단서 또는 기타 행동을 탐구한다.

6.5: 코치는 고객이 현재 자신이나 자신의 세계를 어떻게 인식하고 있는지 묻거나 탐구한다.

6.6: 코치는 명확한 목적이 있지 않은 한 고객이 말하기를 중단하지 않고 완료할 수 있도록 한다.

6.7: 코치는 고객의 명확성과 이해를 보장하기 위해 고객이 전달한 내용을 간결하게 반영하거나 요약한다.

역량 7: 알아차림을 불러일으킨다.

7.1: 코치는 고객의 현재 사고 방식, 느낌, 가치관, 필요, 욕구, 신념 또는 행동에 대한 질문을 한다.

7.2: 코치는 고객이 자신의 현재 생각이나 느낌을 넘어 자신에 대해 생각하거나 느끼는 새롭거나 확장된 방식(누구)을 탐색할 수 있도록 질문을 한다.

7.3: 코치는 고객이 자신의 현재 생각이나 느낌을 넘어 자신의 상황에 대한 새롭거나 확장된 사고 방식이나 느낌(무엇)을 탐색할 수 있도록 질문을 한다.

7.4: 코치는 고객이 현재의 생각, 느낌 또는 고객이 원하는 결과에 대한 행동 그 이상을 탐구하도록 돕기 위해 질문을 한다.

7.5: 코치는 관찰, 직감, 의견, 생각 또는 감정을 있는 그대로 공유하고 음성 또는 음조의 변화를 통해 고객이 더 깊이 탐구할 수 있도록 한다.

7.6: 코치는 고객이 생각, 느낌 또는 반영을 할 수 있는 속도로 한 번에 하나씩 명확하고 직접적이며 주로 개방형 질문을 한다.

7.7: 코치는 일반적으로 명확하고 간결한 언어를 사용한다.

7.8: 코치는 고객이 대화의 대부분을 말할 수 있도록 한다.

역량 8: 고객의 성장을 촉진한다.

8.1: 코치는 고객이 이 세션에서 달성하고자 하는 것에 대한 진행 상황을 탐구하도록 초대하거나 허용한다.

8.2: 코치는 고객이 자신(누구)에 대해 이 세션에서 배운 내용을 말하거나 탐구하도록 초대한다.

8.3: 코치는 고객이 자신의 상황(무엇)에 대해 이 세션에서 학습한 내용을 설명하거나 탐구하도록 초대한다.

8.4: 코치는 고객에게 이 코칭 세션에서 새롭게 학습한 것을 어떻게 활용할 것인지 고려하도록 초대한다.

8.5: 코치는 고객과 협력하여 세션 후에 생각하기, 반영하기 또는 행동하기를 설계한다.

8.6: 코치는 고객과 협력하여 자원, 지원 또는 잠재적인 장벽을 포함하여 앞으로 나아가는 방법을 고려한다.

8.7: 코치는 고객과 협력하여 고객 자신을 위한 최상의 책무 방법을 설계한다.

8.8: 코치는 고객의 진전과 학습을 축하한다.

8.9: 코치는 고객과 협력하여 이 세션을 어떻게 완료하고 싶은지를 설계한다.

This translation of the PCC Markers was prepared by ICF Korea Charter Chapter and published on 16th September 2021. Official translations of this document are accessible from the ICF website at https://coachingfederation.org/pcc-markers.

PCC 마커의 한글 번역본은 ICF Korea Charter Chapter 에서 마련하였으며 2021 년 9 월 16 일에 게재하였습니다. 이 문서의 공식 번역본은 ICF 웹사이트 https://coachingfederation.org/pcc-markers *에서 찾아보실 수 있습니다.*

ICF Korea Charter Chapter

4. 팀코칭역량

ICF 팀 코칭 역량:

일대일 코칭을 넘어

서론

팀이 지속적으로, 장기간에 걸쳐 성과를 잘 내고자 하는 욕구가 있기 때문에 지속적인 팀 개발이 필요하다. 그 결과 팀 코칭이 빠르게 성장하고 있다. 팀 코칭은 팀이 지속 가능한 결과와 지속적인 개발을 가능하게 해주는 경험이다. 높은 팀 성과를 달성하려면 목표를 향해 정렬하고, 혁신을 유지하며, 내부 및 외부 변화에 빠르게 적응해야 하므로 팀 코칭은 기업 환경에서 점점 더 중요한 개입이 되고 있다. 팀 코칭은 팀 빌딩, 팀 교육, 팀 컨설팅, 팀 멘토링, 팀 퍼실리테이션, 팀 코칭과 같은 방식과 함께 팀 개발이라는 우산 아래 존재한다. 이러한 양식은 표 1 에서 추가로 비교된다.

일련의 팀 코칭 역량을 개발하기 위해 ICF 는 철저한 증거 기반 연구 프로젝트를 설계했다. 이 연구의 목적은 ICF 핵심 역량 외에 팀 코치가 사용하는 지식, 스킬, 능력, 그리고 다른 특성들을-KSAO(Knowledge, Skills, Abilities, and Other Characteristics) 파악하는 것이었다.

다음과 같은 활동이 진행되었다:

- 종합적인 문헌 검토,
- 팀 코칭 주요 사례의 개발,
- 팀 코칭 경험을 이해하기 위한, 그리고 일대일 코칭과의 차이를 알기 위한 과제 및 KSAO 화상 워크숍,
- 팀 코치가 코칭 참여를 경험하는 방식과 팀 코칭이 그들에게 직업으로서 의미하는 바를 이해하기 위한 반구조화된 인터뷰,
- 특정 팀 코칭 과제 및 KAO 의 중요성과 촉진과의 관계를 결정하기 위한 글로벌 설문조사,
- 모든 직무 분석 데이터를 검토하는 역량 모델 워크숍

팀 코칭을 팀 교육, 컨설팅 또는 멘토링과 통합하는 것을 고려할 때 주의해야 한다. 이 세 가지 양식은 직접적으로 제시를 하기 때문에 팀 코칭과 구별된다. 일부 팀 코치는 이 세 가지 방식을 팀 코치가 수행해서는 안 된다고 생각한다. 그렇게 하면 팀에 혼란을 야기하고 코치가 코치로서의 기능을 제대로 수행하는 데 방해가 될 수 있기 때문이다. 그럼에도 불구하고 데이터를 보면, 팀 코치는 팀 구성원 간의 대화를 촉진하기 위해 종종 의도치 않게 퍼실리테이션을 자주 사용한다고 한다. 퍼실리테이션은 커뮤니케이션의 명확성을 강화하는 것이다. 이 경우 표면적인 선에 머물며 팀의 역동성에 대한 분석으로까지는 들어가지 않는다. 반면에 팀 코칭은 퍼실리테이션보다 깊게 들어간다. 팀원 개개인의 성격과 그 사이의 관계의 수면 아래를 들여다보며, 이것이 팀 성과에 어떻게 영향을 주는 지를 탐색한다. 팀 코칭과 퍼실리데이션을 명확하게 구별하기는 어렵다. 하지만, 퍼실리테이션과 코칭은 같은 선상에 있으며 좋은 팀 코치는 이 선상을 자유롭게 오간다.

팀 코칭은 다면적이기 때문에 팀 코치는 개인보다 팀과 함께 일할 때 훨씬 더 광범위한 지식 기반을 가지고 있어야 한다. 그들은 갈등을 식별하고 해결하는 방법, 팀 내의 권력 역학을 인식하는 방법, 높은 성과를 내는 팀에 필요한 것이 무엇인지 이해하고, 팀 결속력을 구축하는 방법을 알고, 규칙과 규범을 개발하고, 모두의 참여와 기여를 장려하는 방법, 팀 자율성과 지속 가능성을 촉진하는 방법을 이해해야 한다. 개인, 일대일 코칭에서 코치는 코칭 이외의 방식으로 전환할 때 주의를 기울이는 경우가 많다. 팀 코칭에서는 다양한 방식 간의 구분이 그렇게 분명하지 않을 수 있다. 다양한 방식에 관해 고객과 공유할 정보의 양을 결정하는 것은 개별 코치에게 달려 있다. 팀 역학과 성과에 영향을 미치는 요인의 복잡성으로 인해 팀 코치는 종종 고객과 일대일로 작업할 때보다 더 지시적이어야 한다. 수퍼비전은 작업의 복잡성과 팀 코치가 내부 팀 역학에 쉽게 빠져들 수 있기 때문에 팀 코치에게도 더 중요하다.

표 1. 팀 개발 방식

	팀 개발 장기적으로 많은 양식, 많은 주제가 포함됨					
	팀 빌딩	**팀 교육**	**팀 컨설팅**	**팀 멘토링**	**팀 퍼실리테이션**	**팀 코칭**
기간	단기, 1-5 일	단기, 1-5 일	매우 다양	오랜 시간에 걸쳐 띄엄띄엄	단기, 1-5 일	장기, 수개월
과정	활동	커리큘럼을 가지고 팀과 함께 작업	컨설턴트의 전문성 공유	멘토의 공유	대화 촉진	팀과 코치의 파트너십
성장 영역	강화된 관계	새로운 지식이나 기술	추가적인 통찰	새로운 지식	명확성	달성한 목표; 팀 지속 가능성
팀 역학; 갈등 해결	최소	최소	최소, 자문	최소	최소	필수
전문가; 주체	강사	트레이너	컨설턴트	멘토	퍼실리테이터, 팀	팀

ICF 팀 코칭 역량:

핵심 역량 프레임워크 확장

이 문서는 전문 코치가 팀 코칭 실습에 효과적으로 참여하는 데 필요한 추가 지식과 스킬을 제공하며, ICF 는 팀 코칭을 공동의 목적과 공유된 목표를 달성하기 위해 능력과 잠재력을 최대화하도록 영감을 주는 방식으로 팀과 팀의 역동성 및 관계와 함께 공동 창조적이고 성찰적인 과정에서 파트너가 되는 것으로 정의한다.

ICF 팀 코칭 역량은 팀과 함께 일하는 데 필요한 고유한 지식, 스킬 및 과제를 이해하는 팀 코치 실무자를 지원한다. 그러나 코칭을 하는 데 있어서의 핵심에는 모든 코칭 실습의 토대를 제공하는 ICF 핵심 역량이 있다.

ICF 팀 코칭 역량 모델의 각 요소는 ICF 핵심역량의 구조에 맞춰 구성된다. 맥락적 뉘앙스, 역동성, 그리고 팀 코칭을 하는데 있어 필요한 추가적인 것들은 ICF 핵심역량 및 실행지침을 참조하면 된다. 8 개의 ICF 핵심역량 외에 팀 코칭을 위해 새로운 역량이 필요하지는 않지만, 효과적인 팀 코치 실무자가 되기 위해서는 몇 가지 새로운 하위 역량이 필요하다. 다음 표는 ICF 핵심역량 모델 외에 필요한 팀 코칭에 대한 추가 사항을 제공한다.

ICF 핵심역량과 ICF 팀 코칭 역량 간의 중요한 차이점은 고객의 특성이다. ICF 핵심역량에서 "고객"이라는 용어는 종종 개인을 나타내는 반면, 팀 코칭 맥락에서 고객은 여러 개인으로 구성된 단일 개체로서의 팀이다. 그러나 팀 코칭 맥락에서 팀 코칭 역량과 함께 적용될 때 핵심역량에서 "고객"이라는 용어는 개인이 아닌 "팀"을 나타낸다.

다음의 내용들은 ICF 핵심 역량과 연관 지어 팀 코칭 역량을 세분화할 것이다. 우선 각역량의 배경을 설명한 후 두 개의 역량 모델이 어떻게 상호 작용하는지 시각적으로 보여준다.

ICF 핵심역량에 대한 ICF 팀 코칭 역량 보완	배경
A. 기초세우기	
1. 윤리적 실천을 보여준다.	
+ 고객인 팀을 단일 개체로 코칭한다.	팀 코치의 고객은 단일 개체로서의 팀이다. 팀은 개별 팀 구성원으로 구성되며 각 구성원의 의견은 존중되어야 하고, 각자 팀 토론에서 중요한 역할을 해야 한다. 또한 팀 코치는 팀 구성원, 스폰서 및 관련 이해관계자와의 모든 상호 작용에서 객관적이어야 한다. 팀 코치는 팀의 하위 그룹이나 개별구성원의 편을 드는 것으로 인식되어서는 안 된다. 세션에서 일어나는 일들에 열린 태도를 가지며, 팀을 다루는 모든 과정에서 전적으로 솔직해야 한다. 개별 팀 구성원과의 토론은 팀 구성원이 팀 코칭 계약에 따라 다른 사람에게 정보 공개를 허용하지 않는 한 팀 코치 및 팀 구성원에게 기밀로 유지되어야 한다.
+ 팀 코칭, 팀 빌딩, 팀 교육, 팀 컨설팅, 팀 멘토링, 팀 촉진 및 기타 팀 개발 방식 간의 구분을 유지한다.	팀 개발에는 팀 코칭, 팀 빌딩, 팀 교육, 팀 컨설팅, 팀 멘토링 및 팀 퍼실리테이션을 포함한 많은 양식이 포함될 수 있다. 팀 코치는 특정 형태의 팀 코칭이 필요하거나 특정 지식과 기술 수준이 필요할 때 다른 전문가와 협력해야 한다. 이러한 양식의 차이는 항상 강조할 필요는 없지만, 코칭 이외의 개입이 수행되는 경우 주의해야 한다. 팀 코치는 고객을 여러 유형의 전문가에게 소개하고 공동 코치, 수퍼바이저 또는 기타 팀 개발 전문가의 도움을 받아야 할 수도 있다.

+ 제공되는 팀 개발 양식의 특정 조합을 실행하는 데 필요한 지식과 기술을 보여준다.	팀 코치는 팀 코치가 팀 코칭 참여의 일부로 제공하는 모든 팀 개발 방식을 능숙하게 실행할 수 있을 만큼 충분히 숙련되어 있다.
+ 팀이 목표를 달성하는 데 도움이 필요할 때만 더 지시적인 팀 개발 방식을 채택한다.	일반적으로 팀 코치가 고객과 일대일로 작업할 때보다 더 지시적일 필요가 많다. 그러나 이러한 경우는 팀의 성장 영역에 대한 인식을 높이고 팀 코칭 프로세스를 이해하는 데 도움이 되는 지시적 접근이 필요한 기회로 제한되어야 한다. 이는 팀 코칭 세션에서 긍정적이고 부정적인 팀 역학을 언급하고 앞으로 나아갈 방법을 소개하는 중요한 순간이 될 수 있다. 이러한 지시적인 순간은 현재 상황에 대한 팀의 관점을 좁히기보다는 넓혀준다
+ 팀 코칭과 관련된 여러 역할을 수행할 때 신뢰, 투명성 및 명확성을 유지한다.	팀 코치가 여러 팀 개발 방식을 제안하는 경우, 코치는 이러한 다양한 역할과 한 역할이 다른 역할에 미치는 영향에 대해 명확해야 한다.
2. 코칭 마인드셋을 구현한다.	
+ 필요할 때 지원, 개발 및 책무를 위한 코칭 수퍼비전에 참여한다.	팀 코치가 팀 역학에 얽매이고 해결해야 할 문제를 인식하지 못하는 것은 쉬울 수 있다. 이 때문에 팀 코치는 코칭 수퍼바이저와 협력해야 한다. 팀 코칭은 한 번에 많은 팀원의 의견을 받기 때문에 일대일 코칭보다 훨씬 더 강도가 높을 수 있다. 수퍼비전은 과거 사건에 대한 성찰, 과거 순간 또는 현재 순간에서 코치의 역할에 대한 인식 및 코치의 행동에 미치는 영향을 활용한다. 수퍼바이저는 중립적 관찰자로서 팀 코치에게 훌륭한 자원이며, 성찰적 실습과 팀 코칭 과정에서 그 역할을 돕는다.
+ 객관성을 유지하고 팀 역학 및 패턴을 인식한다.	팀은 독특한 개성, 지식, 스킬 및 동기를 가진 개인으로 구성된다. 함께 일하는 이들 개인의

	조합은 권력, 통제, 전문성 및 서로 다른 목표의 많은 역동성을 가져올 것이다. 팀 코치는 이러한 역학 관계가 팀 상호 작용, 팀 의제, 내부 갈등, 신념, 동맹에서 어떻게 작용할 수 있는지 알고 주의해야 하며 항상 객관적인 상태를 유지해야 한다.
B. 관계의 공동구축	
3. 합의를 도출하고 유지한다.	
+ 다른 팀 개발 방식과 어떻게 다른 지를 포함하여 팀 코칭이 무엇이고 무엇이 아닌지 설명한다.	팀 코치가 팀 코칭과 다른 팀 개발 방식 간의 차이점을 강조하는 것이 중요하다. 개인의 고유한 성격을 감안할 때, 팀들은 팀과 팀 코치 사이의 적합성을 결정하는 과정에 보다 의식적으로 집중해야 한다.
+ 코칭 관계, 프로세스, 계획, 개발 방식 및 목표에 대한 명확한 합의를 공동으로 생성하기 위해 팀 리더, 팀 구성원, 이해관계자 및 모든 공동 코치를 포함한 모든 관련 당사자와 파트너 관계를 맺는다.	팀 코칭 계약은 개별 팀 구성원과 공동 코치를 포함한 모든 당사자가 동의할 수 있어야 하며, 해당하는 경우 스폰서뿐만 아니라 한 사람과 작업할 때도 적용된다. 팀 코칭 세션에서 일어나는 일에 대한 기밀 유지는 물론 팀 코치와 개별 팀원 간의 사적인 논의도 다루어야 한다. 조직의 문화, 사명, 전반적인 맥락이 팀 코칭 참여에 영향을 미치는 역할과 정도를 고려하는 것도 중요하다.
+ 코치, 팀의 리더 그리고 팀이 어떤 방법으로 코칭 프로세스의 주도권을 공유할 지를 결정하기 위해 팀의 리더와 협력한다.	팀 코칭을 진행하는 목적 중에 하나는 팀의 지속성을 키워 코치 없이도 앞으로 나아가는 추진력을 유지하는 것이다. 처음에는 코치가 주도권을 가지고 코칭 과정을 진행하지만 주도권이 어떻게 점차적으로 리더와 하나의 개체로서의 팀에게 넘어갈지에 관한 합의가 필요하다.
4. 신뢰와 안전감을 조성한다.	

+ 개방적이고 솔직한 팀원 상호작용을 위한 안전한 공간을 만들고 유지한다.	각 팀원이 자유롭고 의미 있게 참여할 수 있도록, 팀 코치는 팀원들이 자유롭게 의견을 달리하거나 민감한 주제를 제기할 수 있는 안전한 공간을 만들어야 한다. 개별 고객과 작업할 때, 코치는 고객의 문화적 맥락을 인식하고 존중한다. 팀 코칭에서 팀은 조직 문화의 변형인 고유한 문화를 가질 수 있으며, 이러한 것들은 팀 코칭 참여에 복잡성을 추가할 수 있다.
+ 팀을 공통된 정체성을 지닌 하나의 개체로 볼 수 있도록 독려한다.	팀 지속 가능성의 요소는 팀이 하나의 고성능 단위라는 각 구성원의 관점이다. 팀 코치는 지속적으로 팀의 정체성 정립 및 스스로 충만감을 느낄 수 있도록 독려해야 한다.
+ 개별 팀 구성원의 및 집단 팀의 감정, 인식, 우려, 신념, 희망 및 제안의 표현을 촉진한다.	팀 코치는 팀원들이 팀 회의에서 개별 감정, 인식, 우려, 신념, 희망 및 제안을 공유하기 위해 자유롭게 말할 수 있도록 격려해야 할 수도 있다. 코치가 팀의 집단적 감정, 인식, 우려, 신념 및 희망을 이해하고 명확히 하는 것도 중요하다.
+ 모든 팀 구성원의 참여와 기여를 장려한다.	각 팀원의 지식과 스킬을 최대한 활용하는 것이 중요하다.
+ 팀과 협력하여 팀 규칙 및 규범을 개발, 유지 및 반영한다.	규칙과 규범은 팀의 생산성을 높이고 더 높은 성과를 내는 데 도움이 될 수 있다. 이러한 규칙과 규범의 명료화와 성문화는 팀이 보다 더 자생하는 데 도움이 될 수 있다.
+ 팀 내 효과적인 의사 소통을 촉진한다.	팀 구성원 간의 원활한 의사 소통은 종종 도전이 될 수 있지만 정보의 원활한 흐름은 팀 성공에 필수적이다. 팀 코치는 팀 개별 구성원의 커뮤니케이션이 팀으로 전달되도록 하고 코치에게 전달될 때는 다시 이를 팀으로 돌려 팀 안에서 소통이 원활하게 이루어질 수 있도록 해야 한다.

+ 내부 갈등을 식별하고 해결하기 위해 팀과 협력한다.	모든 팀 내에서 갈등이 생길 수밖에 없다. 모든 갈등을 표면으로 드러내고 학습과 성장을 촉진하는 건설적인 방식으로 해결하는 것이 중요하다.
5. 프레즌스(Presence)를 유지한다.	
+ 코칭 과정에서 중요한 것에 집중하기 위해 모든 범위의 감각 및 지각 능력을 사용한다.	팀 코치는 넘치는 정보를 소화해야 하는 경우가 자주 있을 것이기 때문에 전체 코칭을 하는 동안 모든 감각을 동원하여 실제로 일어나고 있는 상황에 대한 인식과 인지가 필요하다.
+ 팀과 스폰서가 동의하고 팀 코칭 세션에서 팀 코치가 보다 현존할 수 있다면 다른 코치와 함께 코칭을 진행한다.	팀 코칭 세션 중에 나오는 상당한 양의 정보를 감안할 때 공동 코치와 함께 작업하면 단일 팀 코치의 부담을 덜어줄 수 있다. 공동 코치는 팀 역학, 팀 및 개별 행동 패턴을 관찰하고, 대안적 관점을 제공하고, 팀 행동을 모델링하는 데 도움을 줄 수 있다.
+ 팀원들이 잠시 멈추고 팀 코칭 세션에서 상호 작용하는 방식을 성찰하도록 권장한다.	팀원들이 잠시 멈추고 성찰하도록 격려하는 것은 팀을 위한 반영적 실습 작업의 시작을 가져온다. 그런 다음 팀 코치는 현재 또는 미래의 팀 상호 작용에서 자신의 행동, 후속 행동 및 잠재적 개선에 대한 인식을 높이는 작업을 수행할 수 있다.
+ 팀의 대화에 적절하게 참여하고 빠진다.	팀 코칭의 목적 중 하나는 팀이 자급자족하는 것이므로, 팀 코치는 팀 프로세스와 성과를 향상시키기 위해 필요한 만큼만 대화에 참여해야 한다. 팀 코치는 팀 전체를 위해 그리고 각 팀원 개인을 위해 동시에 프레즌스를 보여줘야 한다. 이것은 강도가 높은 순간과 많은 팀 구성원이 참여하는 경우 도전이 될 수 있다.
C. 효과적으로 의사소통하기	

6. 적극적으로 경청한다.	
+ 각 팀 구성원이 공유한 관점이 다른 팀 구성원의 견해 및 팀 대화와 어떻게 관련되는지 확인한다.	팀 구성원이 공유된 이해와 그에 따른 높은 성과를 위해 잘 듣고 의사 소통하는 것이 중요하다. 말하는 내용의 표면 아래를 탐색하면 종종 더 깊은 의미와 이해가 나타난다. 이것은 갈등을 해결하고 혁신 및 문제 해결 세션을 강화하는 데 도움이 될 수 있다.
+ 각 팀 구성원이 집합적인 팀 에너지, 참여 및 집중에 어떻게 영향을 미치는지 확인한다.	팀 코치는 팀 추진력, 참여, 창의성 및 집중에 도움이 되거나 방해가 되는 개별 팀원 행동을 조명하여 팀 성과를 크게 향상시킬 수 있다.
+ 잠재적 동맹, 갈등 및 성장 기회를 식별하기 위해 팀 구성원 간의 언이 및 비인어직 의사 소통 패턴을 확인한다.	팀 역학을 관찰하고 이해하고 향상시키는 것은 팀 성과를 향상시키는 데 중요한 요소가 될 수 있다. 팀 코치는 구두 및 비언어적 의사 소통에서 분명하게 드러나는 팀 역학의 미묘함을 관찰할 수 있어야 한다.
+ 공동 코치 또는 다른 전문가와 함께 작업할 때 자신감 있고 효과적인 의사 소통 및 협업의 모델이 된다.	팀 구성원 간의 원활한 의사 소통은 높은 성과를 위해 필수적이다. 팀 코치는 공동 코치 및 다른 전문가와 함께 작업할 때 이 행동을 모델링할 수 있다.
+ 팀이 대화를 소유하도록 독려한다.	팀 구성원은 특히 팀 코칭 참여가 시작될 때, 팀 코치와 직접 의사 소통하는 경향이 있다. 지속 가능성을 강화하기 위해 팀 코치는 지속적으로 대화를 내부로, 다시 팀으로 돌려야 한다. 팀으로써 선택을 하는 것은 복잡할 수 있다. 하지만, 많은 팀원들에게서 데이터를 모으면 신뢰와 전문성의 요소를 가져오게 된다. 팀은 데이터 처리 방법과 의사 결정 방법을 결정해야 한다. 팀이 이러한 문제를 해결하도록 놓는 것이 팀 촉진과 더 일치할 수 있지만 팀이 자급자족하도록 하는 프로세스는 팀 코칭의 기능이다.

7. 알아차림을 불러일으킨다.	
+ 팀의 가정, 행동 및 의미 형성 프로세스에 도전하여 집단적 인식 또는 통찰력을 향상시킨다.	많은 개인으로 구성된 팀은 집합적인 노력에 수많은 가정, 경험, 행동 및 의미 형성 과정을 가져온다. 이러한 요소의 다양성을 확인하지 않고 방치하면 팀 기능 장애로 이어질 수 있지만, 적절히 활용하면 팀 성과를 크게 향상시킬 수 있다.
+ 질문 및 기타 기술을 사용하여 팀 개발을 촉진하고 집단 대화에 대한 팀의 주인의식 을 촉진한다.	일대일 코칭과 마찬가지로 질문 및 기타 기술을 사용하여 팀 개발을 강화해야 하지만, 팀 코칭에서는 그것에 더해 팀내부의 대화와 팀 자체적으로 문제를 해결해 나갈 수 있도록 독려해야 한다.
D. 학습과 성장 북돋우기	
8. 고객의 성장을 촉진한다.	
+ 팀이 목표와 목표를 달성하기 위한 단계를 식별하는 데 도움이 되도록 대화와 성찰을 장려한다.	모든 팀원의 지식과 스킬을 최대한 활용하려면 팀 대화와 성찰이 필수적이다. 완전한 참여를 장려하면 적절한 목표를 확인하여 팀 성과를 극대화하는 데 도움이 된다.

This translation of the ICF Team Coaching Competencies was prepared by ICF Korea Charter Chapter and published on 16th September 2021. Official translations of this document are accessible from the ICF website at https://coachingfederation.org/team-coaching-competencies.

ICF 팀 코칭 역량 한글 번역본은 ICF Korea Charter Chapter 에서 마련하였으며 2021 년 9 월 16 일에 게재하였습니다. 이 문서의 공식 번역본은 ICF 웹사이트 https://coachingfederation.org/team-coaching-competencies 에서 찾아보실 수 있습니다.

ICF Korea Charter Chapter

참고문헌

국제코칭연맹 (2019). 윤리규정. https://coachfederation.org/code-of-ethics. 박호환 역.

국제코칭연맹 (2020). 핵심역량. https://coachfederation.org/icf-credential.ICF. Korea 역.

김경미, 정희정 (2019). 코칭역량연구에서의 Q방법론적 접근. **코칭연구**, 12(1), 131-146.

김동환 (2018). **시스템 사고**. 경기도: 선학사.

김수영, 도미향 (2017). 긍정심리학의 코칭 적용에 관한 탐색적 연구. **코칭연구**, 10(4), 53-71.

김아영 (2010). 자기결정성이론과 현장적용 연구. **교육심리연구**, 24(3).

김재우 (2016). Coaching. 2016년 가을호(통권 제21호).

김정겸, 민세홍 (2014). 관리자 코칭역량, 긍정심리자산, 대인관계능력, 조직유효성 간의 구조적 관계 분석. **학습자중심교과교육연구**, 14(12), 281-301.

김정규 (2015). **게슈탈트 심리치료: 창조적 삶과 성장**. 서울: 학지사.

도미향 (2016). 아동학대 예방을 위한 부모인성 코칭 프로그램 개발. **코칭연구**, 9(2), 81-102.

도미향 (2017). 한국코칭학회 전문 코치 자격 과정 매뉴얼.

도미향 (2021). ICF 코칭핵심역량 신·구모델의 비교연구. **코칭연구**, 14(1), 71-89.

도미향, 김수영 (2019). 코칭역량 척도 개발 및 타당화 연구. **코칭연구**, 12(4), 59-81.

도미향, 박용권, 최성남 (2020). 중간관리자의 코칭역량 척도 개발. **코칭연구**, 13(4), 5-28.

도미향, 박은경 (2019). 청소년 부모의 코칭역량 척도 개발 연구. **코칭연구**, 12(2), 5-25.

도미향, 한민아 (2019). 아동의 코칭역량 척도 개발. **코칭연구**, 12(2), 27-45.

도미향, 한민아, 허윤경 (2020). 아동기 부모의 코칭역량 척도 개발. **코칭연구**, 13(5), 53-78.

박창규 외 (2020). MCC코칭역량.

박창규, 권은경, 김종성, 박동진, 원경림 (2019). **코칭핵심역량**. 서울: 학지사.

(사)한국코치협회 윤리규정 http://www.kcoach.or.kr/01about/about06.html

성백효 (2010). **현토완역 논어집주**. 전통문화연구회.

우수명, 장영철 (2013). 경영자의 코칭역량 모델 개발 및 요구분석. **한국산학기술학회 논문지**, 14(11), 5530-5540.

유충열 (2018). 코칭역량 강화를 위한 이론적 접근. **한국코칭학회 추계학술대회 자료집**, 10, 13.

윤형식, 도미향 (2016). 한국의 코칭학 발전방향에 관한 탐색적 연구. **코칭연구**, 9(1), 5-33.

이동운 (2014). **코칭의 정석**. 서울: (주)뷰티풀휴먼.

이미옥, 도미향 (2016). 부모의 코칭역량이 유아 행복감에 미치는 영향. **한국가족복지학**, 21(3), 523-540.

이소희, 길영환, 도미향, 김혜연 (2014). **코칭학개론**. 서울: 신정.

임동택 (2016). 상사의 코칭역량이 부하의 직무만족에 미치는 영향. **예술인문사회융합멀티미디어논문**

지, 6(2), 481-489.

장명옥 (2016). 특성화고등학교 학생의 학교생활적응과 학력향상을 위한 코칭적용 효과의 탐색적 연구, **코칭연구**, 9(4), 5-29.

정숙희, 도미향 (2016). 어머니의 코칭역량 및 양육효능감이 유아의 창의적 인성에 미치는 영향. **코칭연구**, 9(3), 27-51.

정재완 (2015). **코칭 리더십 실천 노트**. 서울: 매일경제신문사.

정진우 (2009). **폴정의 코칭 설명서**. 서울: 아시아코치센터.

정희정, 김경미 (2020). Q방법론을 활용한 코칭역량에 관한 주관성연구. **코칭연구**, 13(1), 29-49.

최인철 (2016). **프레임(개정판): 나를 바꾸는 심리학의 지혜**. 서울: 21세기북스.

한국코치협회 (2021). 코칭가이드, 코칭이란? http://www.kcoach.or.kr/02guide/guide01.html

한국코칭학회 (2021). C-PLUS 코칭 프로그램.

한국코칭학회. www.korea

홍삼열, 사용석 (2017). 코치역량의 구성요소와 인성 덕목 간의 관계에 대한 탐색적 연구. **한국인적자원개발학회 학술연구발표회 발표논문집** 12, 237-243.

홍은영, 도미향 (2017). 부모의 코칭역량이 유아의 리더십에 미치는 영향. **코칭연구**, 10(1), 5-24.

황현호 (2020). TRAIN 기초, 한국코치협회 기초 인증 전문코치훈련 교재.

황현호, 도미향 (2017). 전문코치의 역량강화를 위한 코칭핵심역량에 대한 탐색적 연구. **코칭연구**, 10(2), 53-80.

Abner, C., DiGirolamo, J., & Rogers, G. (2020). ICF Core Competency Updates ICF. Job Analysis 2017-19. ICF.

Belf, Teri-E. (2010). Coaching Competency Demystified. VA: Success Unlimited Network, L.L.C.

Brann, A. (2017). **뇌를 춤추게 하라: 두뇌 기반 코칭 이론과 실제**. 최병현, 이혜진 공역. 한국코칭슈퍼비전아카데미.

Brené Brown(2011). The power of vulnerability. https://www.youtube.com/watch?v=iCvmsMzlF7o&feature=emb_logo&ab_channel=TED

Brock, V. G. (2008). Grounded Theory of the Roots and Emergence of Coaching. Unpublished DPhil dissertation. Maui, HI: International University of Professional Studies.

Brock, V. G. (2015). **코칭의 역사**. 김경화 외 공역. 서울: 코쿱북스.

Buber, M. (2020). **나와 너**. 김천배 역. 대한기독교서회.

Capps, D. (2013). **재구조화: 관점의 변화를 이끄는 목회상담과 돌봄 사역**. 김태형 역. 서울: 엘도론.

Collins, G. (2004). **크리스천코칭**. 정동섭 역. 서울: IVP.

Collins, G. R. (2014). **코칭 바이블**. 양형주, 이규창 공역. 서울: IVP.

Covey, S. (2017). **성공하는 사람들의 7가지 습관**. 김경섭 역. 파주: 김영사.

Crane, T. G. (2009). **코칭의 핵심**. 김환영, 김재형, 신영철 공역. 서울: 메타프레스.

Creswell, J. (2015). **그리스도중심코칭**. 정재현외 역. 서울: 그리심.

Deci, E. L., & Ryan, R. M. (2000). The "what" and "Why" of human goal pursuits: Human needs and the self-determination of behavior. *Psycological Inquity, 11,* 227-228.

Doerr, J. (2019). OKR. 박세연 역. 서울: 세종.

Duhigg, C. (2016). 1등의 습관. 강주헌 역. 알프레드.

Duhigg, C. (2016). 1등의 습관: 무슨 일이든 스마트하게 빠르게 완벽하게. 강주헌 역. 서울: 알프레드.

Erhard, W., Guerin, G., & Shaw, R. (1975). The mind's dedication to survival. *Journal of Individual Psychology, 31*(1), 11—17.

Evered, R. D., & Selman, J. C. (1989). *Coaching and the art of management.* New York: American Management Association.

Gallwey, T. (2000). 이너게임. 최명돈 역. 서울: 오즈컨설팅.

Haberleither, E. (2002). 코칭 리더십. 이영희 역. 서울: 국일증권경제연구소.

Hargrove, R. (2015) 마스터풀코칭: 비즈니스코칭의 바이블. 김신배, 김재우, 최치영 공역. 서울: 쌤앤파커스.

Heidegger, M. (2008). 숲길. 신상희 역. 서울: 나남 출판사.

Hidetaka Ennomoto (2007). 마법의 코칭. 황소연 역. 서울: 새로운 제안.

ICF (2020a). 2020 ICF Global Coaching Study. ICF.

ICF (2020b). GET CONNECTED. https://coachingfederation. org/professional-coaches.

ICF (2020c). Updated ICF Core Competency Model. ICF.

ICF (2020d). PCC Markers. 2020. 09. ICF.

ICF (2021). Build a High-Performing Organization. https://coachingfederation.org/coaching -in-organizations/about.

Kimsey-House, H., Kimsey-House, K., Sandahl, P., & Whitworth, L. (2016). 코액티브 코칭. 김영순, 임광수 공역. 김영사.

Klar, Y., Mendola, R., & Fisher, J. D. (1990). Characteristics of participants in a large group awareness training. *Journal of Consulting and Clinical Psychology, 58*(1), 99-108.

Law, H., Ireland, S., & Hussain, Z. (2007). *The psychology of coaching, mentoring and learning.* Singapore: John Wiley & Sons.

Law, H., Ireland, S., & Hussain, Z. (2011). 코칭심리. 탁진국, 이희경, 김은정, 이상희 공역. 서울: 학지사.

Leonard, T. J. (1998). Becoming a Coach: The Coach U approach. Steamboat Springs, CO: Coach U.

Leonard, T. J. (2000). *Coaching Models.* Coachville.

Leonard, T. J. (2000). *The 28 Laws of Attraction.* New York: SCRIBNER.

Lukas, R. W. (1994). *Coaching Skills; A guide for Supervisors.* Burr Ridge. IL: IRWIN professional Publishing Mirror Press.

MacLean, P. D. (1988). Triune brain. Comparative Neuroscience and Neurobiology. Springer: 126-128.

Parker, P., Hall, D. T., Kram, K. E., & Wasserman, I. C. (2020). VUCA 시대의 조직문화와 피어코

칭. 최동하, 윤경희, 이현정 공역. 서울: 한국코칭슈퍼비전아카데미.

Passmore, J. (2019). **마스터코치의 10가지 중심 이론: 고급 코칭을 위한 완벽한 심리학 도구.** 김선숙, 김윤하, 박지홍, 송화재, 윤지영, 이민경, 이신애, 이윤주, 이은자, 정유리, 정윤숙, 최희승 공역. 한국코칭슈퍼비전아카데미.

Rhinehart, L. (2010). The Book of est, Hypnotice I Media LLC.

Rychen, D. S., & Salganik, L. H. (2002). DeSeCo Aymposium-Discussion paper. Paper present at the 2nd International DeSeCo Symposium, Geneva, February 11-13.

Schultz, D. (2007). **성장심리학: 건강한 성격의 모형.** 이혜성 역. 이화여자대학교 출판문화원.

Senge, P. M. (2014). **학습하는 조직.** 강혜정 역. 서울: 에이지21.

Szabo, P., &, Meier, D. (2013). **해결중심코칭.** 김은영 외 공역. 서울: 학지사.

Thomas Leonard Coaching School Class #2401 Learning Guide, 2002, Coachville

Thomas Leonard Coaching School Class #2413 Learning Guide, 2002, Coachville

Thomas Leonard Coaching School Class #2441 Learning Guide, 2002, Coachville

Thomas Leonard Coaching School Class #2704 Learning Guide, 2002, Coachville

Thomas Leonard Coaching School Class #2707 Learning Guide, 2002, Coachville

Thomas Leonard Coaching School Class #2712 Learning Guide, 2002, Coachville

Tolle, E. (2014). **지금 이 순간을 살아라.** 유영일 역. 서울: 양문.

Tolle, E. (2019). **에크하르트 톨레의 이 순간의 나.** 최린 역. 서울: 센시오.

Val Hastings, J., & Trigena, H. H. (2015). Professional Coach Training. Coaching4Todays Leaders

Welwood, J. (2008). **깨달음의 심리학.** 김명권, 주혜명 역. 서울: 학지사.

Whitmore, J. (1992). *Coaching for performance, a practical guide to growing your own skills.* San Diego: Pfeiffer & Company.

Whitmore, J. (2019). **성과 향상을 위한 코칭리더십.** 김영순 역. 파주: 김영사.

williams, P., & Davis, D. C. (2008). **라이프코치가 되는 법.** 조윤정 역. 서울: 아시아코치센터.

Wood, M. I. (2019). **코칭 프레즌스: 코칭 개입에서 의식과 자각의 형성.** 김혜연 역. 한국코칭슈퍼비전아카데미.

https://www.koreacoaching.kr.

https://coachfederation.org/core-competencies

https://dictionary.cambridge.org/dictionary/english

https://en.wikipedia.org/wiki/Awareness

https://ko.wikipedia.org/wiki/본질

https://coaching.kr

찾아보기

저/자/약/력

도미향

숙명여자대학교 이학박사 / MCC(ICF 마스터 코치) / KSC(한국코치협회 슈퍼바이저 코치)
남서울대학교 대학원장 / 코칭학과 학과장 / (사)한국보육코칭협회 회장
한국코칭심리연구소 대표코치 / 한국코치협회 인증심사위원
펜실베이니아대학교 사회정책대학원 방문교수
전) 국제코칭연맹(ICF) 코리아챕터 회장 / 한국코칭학회 회장
전) 하버드대학교 코칭연구소 펠로우
저서: 아이가 달라지는 엄마의 말, 최신 코칭학개론(공저), 성격과 코칭의 이해(공저),
　　코칭심리측정의 이해와 활용(공역) 등 다수

김두연

경희대학교 경영학박사 / MCC / KPC / Adlerian Certified Coach
아들러코칭센터 대표 / 한국코칭학회 상임이사
전) 아주대학교 경영대학원 협상·코칭연구센터장 / 특임교수
전) 국제코칭연맹(ICF) 코리아챕터 회장 / 한국코치협회 부회장
저서: 한국 기업교육 사례연구(공저), 관리자 교육의 문제점과 혁신방안(공저)

유충열

리젠트대학교 코칭리더십박사 / PCC / KPC / LLC Coach Trainer
안양대학교 경영행정대학원, 개신대학원대학교 코칭학 교수 / 인코칭 파트너 코치
한국코칭학회 부회장 / Coaching4Todays Leaders, ICF ACTP Faculty & Mentor Coach
토마스레너드 코칭교육원 원장
저서: 인생설계코칭 워크북 및 코칭가이드, 크리스천코칭입문, 스토리텔링 코칭 시리즈 1, 2,
　　토마스레너드의 프로페셔널코칭

최동하

국민대학교 문화학박사 / PCC / KSC / NLP 트레이너
단국대학교 경영대학원 협상코칭전공 주임교수 / KBC파트너스 대표
한국코치협회 인증심사위원 / 한국코칭학회 상임이사 / (전)한국코치협회 이사
저서: 코칭의 역사(공역), VUCA시대의 조직문화와 피어코칭(공역), 현장 실전코칭(공저) 등

확현호

남서울대학교 코칭학박사수료 / MCC / KSC / NLP 마스터 프랙티셔너
국제코치훈련원 원장 / 한국부부행복코칭센터 소장
전) 국제코칭연맹(ICF) 코리아챕터 회장 / 한국코칭학회 부회장
저서: 부부는 탁월함 때문에 싸운다(공역), 부부코칭 에니어그램, 코칭심리측정의 이해와 활용,
　　최신 코칭학개론(공저)

전문코치를 위한

ICF 8가지 코칭핵심역량

초판발행 2021년 10월 1일 **1판 1쇄 발행** | 2022년 3월 10일 **1판 2쇄 발행**
2023년 10월 30일 **1판 3쇄 발행**

지은이 도미향 김두연 유충열 최동하 황현호
펴낸이 최용구 | **펴낸곳** 도서출판 **신정**
주소 (04316) 서울시 용산구 원효로 89길 19 (원효로1가)
전화 02)3211-4782, 0266(영업부), 3211-4783(편집부), 3211-4784(팩스)
이메일 shinjeong72@naver.com | **홈페이지** www.sjbook.co.kr
등록 2001년 5월 11일 제13-702호
기획마케팅 최용구 장만동 최충구 송대용 | **책임편집** 석기은 황가연

ISBN 978-89-5912-762-7 93370
정가 17,000원